南雍学术经典

主编 张一兵 周 宪

胡小石文史论丛

周勋初 编

南京大学出版社

总　序

　　学术的传承与发展是一个长期的历史积累过程。在对中国现代学术的"世纪回眸"中，我们在重估和评价百年学术成果的同时，更应该从前辈学人勤勉的学术实践和科学的研究方法中汲取丰富的学术营养。就中国现代人文科学而言，无论是"旧学"还是"新知"，都留下前辈学人筚路蓝缕的足迹，他们的独辟蹊径汇成了我们的康庄大道。

　　众所周知，南京大学是当代中国为数不多的百年高校之一。她有两个历史源头，一个是肇始于 1902 年（光绪二十八年）创立的三江师范学堂。历史上各朝唯一的国家高等学府如太学、国子监等皆可称为"辟雍"，而明代曾于北京和南京各设一所国子监，号称"北雍"和"南雍"。因此，作为清政府创办于南京的新式学堂，三江师范在当时也就承膺了"南雍"的美誉。1914 年以后，历经两江师范学堂、南京高等师范学校、国立东南大学、第四中山大学、江苏大学、国立中央大学等时期，1949 年更名为国立南京大学，次年定名为南京大学。另一个是 1888 年（光绪十四年）成立的基督教会汇文书院，后来发展为金陵大学。在 20 世纪 50 年代初的全国院系调整中与南京大学合并，构成了现在的南京大学。这样的经历不仅显示出她的悠久，还显示出她的坎坷——不断地更名，不断地重组、合并、调整。其实这正是中华民族近现代颠沛历史的缩影。而南京大学历经沧桑，卓然屹立，形成了鲜明的学术传统，涌现出众多的名师大家，给我们留下丰硕的学术遗产，其中必有一种不可磨灭的精神力量，这大概就是南京大学的校训："诚朴雄伟，励学敦行。"其中"诚"字最为根本，也是南京大学历史上最早的校训。"诚"是真实而不虚妄的真理，也是追求真理、诚信不欺的美德。

1

南京大学深厚的人文社会科学传统是南京大学精神的典型体现。20世纪上半叶，伴随着民族文化的重建过程，中国现代人文社会科学发展史上充满了中学、西学、新学、旧学、科学、玄学的争论，"思想自由原则，兼容并包主义"是当时中国大学总体性的人文精神，而历史上的南京大学又提出过具有自我取向的"昌明国故，融化新知"、"人文与科学平衡"等学术主张和办学宗旨，可见南京大学采取的是一种"中庸"的态度，走的是温故知新、继承创新的学术路径。她的两个历史源头已经显示出这样的学术趋向：一是建立在中国教育传统上的"新学"，但提倡国学、艺术与科学三者兼通融合；一是具有西学东渐背景的教会大学，却对中国文化重视有加，成立了中国现代学术史上较早的中国文化研究所。这样的源头活水，不断地吸纳志同道合的名师大家，汇成源远流长、独立不迁的学术传统。

今天，中华民族进入伟大复兴的时代，南京大学迈向建设世界高水平大学的进程，我们饮水思源，愈加感到受益于这些名师大家们赋予我们的学术财富和精神力量，愈加渴望对他们蕴育的传统加以系统的研究总结，返本开新，发扬光大。

"南雍学术经典"丛书是南京大学历史上学术大师们的人文社会科学名著精选。它吸收中国传统学术史中"学案"的编纂形式，邀请大师们的学术传人或研究专家，精选荟粹大师们的学术代表作，对其生平、学术加以述评并制作学术年表，再按不同的学科陆续分辑出版。这样一项研究性的出版工程，不仅勾勒出南京大学人文社会科学的学术脉络，而且在新的视角下展示了南京大学人文社会科学的学术精华，其中不乏首次被整理、公布的珍贵资料。同时，为了进一步展示20世纪南京大学的学术面貌和学术贡献，我们以后还将陆续推出其他学术大家的经典著述。我们相信，这套书系的出版不仅是南京大学学术传统研究的丰硕成果，而且也为中国现代学术史研究提供了一份极富价值的学术文献。

《南雍学术经典》编委会
2008 年 3 月 28 日

目　录

《胡小石文史论丛》导读·························· 周勋初　1

《中国文学史讲稿》第一章　通论 ····················· 37

屈原与古神话 ····························· 50

楚辞辨名 ······························· 68

《楚辞》郭注义徵 ·························· 73

《离骚》文例 ···························· 113

《远游》疏证 ···························· 126

张若虚事迹考略 ·························· 137

李杜诗之比较 ···························· 141

杜甫《北征》小笺 ·························· 150

杜甫《羌村》章句释 ························ 164

南京在中国文学史上的地位 ···················· 172

唐人七绝诗论 ···························· 182

胡小石先生年表 ······················ 谢建华　241

胡小石先生

胡小石与夫人杨秀英晚年留影

胡小石三十年代留影

胡小石四十年代留影

胡小石五十年代留影

胡小石晚年挥毫作书

胡小石与夫人杨秀英、长子胡令德、长媳
陈慧瑛摄于中央大学家属宿舍内院

胡小石与夫人杨秀英、次子杨白桦、
幼女胡令馨摄于天竺路故居

胡小石南京天竺路故居

1920年胡小石至北京女子高等师范学校国文
系任教授,李大钊与部分师生欢迎并留影(中立
者为胡小石,右并立者为李大钊)

1926 年冬月，胡小石（左五）与陈仲子（左三）、
胡翔冬（左八）等摄于南京清凉山

1934 年胡小石（右五）与吴梅（右一）、宗白华（右三）、
常任侠、白杨等在南京雅集留影

1948年胡小石六十寿辰与宗白华（右一）、崔唯吾、杨白桦、
谭龙云、唐圭璋、曾昭燏、游寿等在玄武湖合影留念

四十年代末胡小石（右六）与陈瘦竹（右一）、段熙仲（右二）、
方光焘（右三）、罗根泽（右五）、管雄（右七）等在南京雅集留念

胡小石六十年代与南京大学师生王气中(右二)、
郭铠(右十)等合影,身旁小孩为外孙杨世雄

胡小石70岁时与夫人杨秀英、友人陈方恪(前右一)、学
生徐家婷(前右四)、吴翠芬、谭优学、周勋初、侯镜昶、
郭维森、杨其群(后排自右至左)等合影留念

大學教科叢書之一

中國文學史

胡小石 著

胡小石《中国文学史讲稿》书影

二十世纪八十、九十年代出版的胡小石文集

《胡小石文史论丛》导读

周勋初

　　胡光炜先生(1888—1962)，字小石，以字行。号倩尹，一号夏庐，晚年又号子夏、沙公。原籍浙江嘉兴(秀州)，然生长于南京。父亲胡季石，清代举人，曾在上海龙门书院从刘熙载(融斋)学习，后因候补道，故移居南京。胡家原为书香世族，家富藏书。季石先生长于古文与书法，生下小石先生后，督促甚严，希望其日后成为一名卓越的学者，故自五岁时即亲自授以《尔雅》。小石先生因家庭的影响，继承清儒朴学传统，与扬州学派有甚深之渊源。

　　光绪二十五年(1899)，季石先生病殁，家道遽行中落，其时小石先生年仅十一岁，只是依靠母亲为织造局络经的劳动收入及些微房租维持生活。至是小石先生乃就读私塾。其时孤儿寡妇，备尝世态炎凉。然小石先生不忘父亲的期望，始终努力奋进。清末废科举兴新学前，曾两次冒籍报考秀才，终因年龄过小而未遂，仅得一佾生(学政在落榜的童生中选取的乐舞生，祭孔时列阵，当时认为抵半个秀才)。

　　光绪三十一年(1905)，小石先生考取宁属师范简易科，后又考入两江师范学堂预科，光绪三十三年(1907)，插班进入农博分类科，学习生物、矿物、地质、农学等理论，接触到了当时所谓新学中的许多自然科学知识。其时严复翻译的赫胥黎《天演论》正风靡一时，小石先生因学习对象的一致，故受达尔文的进化论影响尤深。

学堂监督李瑞清(字梅庵,号清道人)为著名学者,又擅书画与鉴赏。他为办好教育,亲自赴日考察,延聘了许多该国学者来授课,小石先生年轻时即通日语,即因此故。其时社会上的人仍重视旧学,学校的文化活动中,国学的比重仍很大。有一次,梅庵先生出题测试,题目出于《仪礼》,小石先生家中藏有一部张惠言的《仪礼图》,他从小就喜欢此书,这时便据此写了一篇文章缴上。《仪礼》向称难治,其时学习三《礼》之学的人也已日见其少,梅庵先生发现学农博的学生中竟有一名新生能有条有理地做《仪礼》的文章,大喜过望,遂特加青睐,亲自授以传统的国学。

陈中凡(字觉元,号斠玄)先生于宣统元年(1909)考入两江师范学堂公共科读书,与小石先生前后同学,然因专业不同,并不相识。但他常从饶有文誉的同学周实丹处听到称赞小石先生才华的言词。有一次,二人同登清凉山的扫叶楼,见到署名光炜的题句"清丝流管浑抛却,来听山中扫叶声",不禁击节赞赏,可见小石先生学生阶段即已诗才洋溢。

清室灭亡前夕,恰值光绪与慈禧相继去世,两江总督端方遂迎拘于乡里的陈三立(字散原)至南京居住。散原先生为诗坛巨擘,梅庵先生乃介绍两位诗才崭露的学生小石先生与胡俊(字翔冬)先生前往受学。散原先生为清末诗坛"同光体"的领袖,而对古今诗歌的创作特点与技巧均有精深的理解。他在接见二胡之后,各让递上诗作数首,后评曰:小石诗情甚美,神韵绵邈,可先从唐人七绝入手,兼习各体;翔冬诗情湛深,句法老到,可学中晚唐五律,走孟郊、贾岛的路子。其后小石、翔冬先生均以擅诗获大名。小石先生之诗,古今各体均有建树,而七言绝句风调之美,并世罕睹。散原老人后尝赞曰:"仰追刘宾客,为七百年来所罕见。"此亦可见其水平之高。

宣统二年(1910),小石先生毕业,留任两江师范学堂附中博物教员。次年辛亥革命爆发,清廷逊位,两江师范学堂停办,小石先生遂先后就职于江苏第四师范学校、江苏镇江中学等校,均任博物教师。民国二年(1913),梅庵先生介绍他到长沙明德中学任教。小石先生身处外地,不免感到孤寂。学校条件又差,无法做实验,乃自行采集植物标本。然而讲授之时,感到日本教习所述我国动植物的名称与实物颇多不合,于是根据古代文献与实地调查予以纠正。前已提到,小石先生受清儒的影响很大,特别崇仰乾嘉学者程瑶田所作《九谷考》的徵实精神与科学态度,其后他在金陵大学国学班中还曾开设程瑶田研究的专题课,即以此故。

民国三年(1914)四月,小石先生患怔忡之症,辞职回宁,后至江苏女子第一师范任职,讲授博物兼教国文,又因人事上的问题而去职。在这几年中,小石先生健康不佳,职业又不稳定,梅庵先生乃于民国六年(1917)八月介绍他去上海仓圣明智大学任国文教员,又因脚气病而于十月返宁休息。次年一月健康好转,复应梅庵先生之召,寓其家中,在家塾内教授其弟侄辈。小石先生书法本有根柢,此时更为精进,于是师弟一起悬格鬻书。前辈著名书家曾熙(农髯)为之撰鬻书直例,序曰:"其为人孤峻绝物,苟非所与必面唾之,虽白刃在前不顾也。及观其事师敬友则循循然,有古人风。初居两江师范学校中专一科学,及学既成,据几叹曰:'此不过传声器耳,于我何与哉。'乃遂日求两汉经师家言,以古学为己任,于三代金文疑字,多所发明。其为文,则陶铸诸子百家,自立新说,不敢苟同也。"对于小石先生孤傲绝世的品格和文必己出的精神,作了很好的提示。

其时有一大批清代遗老寓居上海,彼此相互交往,小石先生因梅庵先生的关系,结识了不少著名学者,如沈曾植(子培)、劳乃宣(玉初)、郑文焯(大鹤)、徐乃昌(积余)、刘世珩(聚卿)、王国维(静安)等,这对他学术上的成就也有帮助。只是小石先生年辈较后,沉潜新学,所以没有沾染什么"遗少"的习气,他能随时代的前进而不断发展。

在上述前辈学者中,沈子培对他的影响尤为深远。沈是学识极为淹博的一位学者。王国维誉之为"综览百家,旁及二氏",陈寅恪称之为近代通儒,在国际上也有很高的声誉。他与季石先生原是乡榜同年,其时此老寓居上海徐家汇,因小石先生为故人之子,诱掖奖饰,倍感亲切。沈氏告以"嘉兴前辈学者非有真知灼见,不轻落笔,往往博洽群书,不着一字"。小石先生受此影响,学问博大而惜墨如金,体现了嘉兴学者的这一特点。

小石先生寓居梅庵先生家中前后有三年之久。梅庵先生为临川世家,所藏之书画碑帖至富,又精鉴识,小石先生耳濡目染,学识日进,其后他以精鉴著称,颇得力于这一阶段梅庵先生的培植。而他治经主《公羊》,喜读《史记》,也与梅庵先生的治学方向一致。

民国九年(1920),梅庵先生逝世,小石先生乃由中凡先生推荐,就北京女子高等师范学校之聘,任教授兼国文部主任,讲授文学史、修辞学与诗歌创作等课程。

民国十一年(1922),北京女子高等师范学校改为国立北京女子师范大学,七月辞职南返。先生旅居北京三年,学生中有冯沅君、苏雪林、黄庐隐、程俊英等人,日后均有所成,其中冯、程等人,一直与小石先生保持着紧密的联系。小石先生初入高校任职,就培养出了这么一批高足,一直引为快事。

是年八月,小石先生转至武昌高等师范学校任教授兼任主任,讲授散文、诗选与中国文学史。学生中有刘大杰、胡云翼、贺扬灵、李俊民等人,其后刘、胡均以研治文学史而知名。由其著述视之,可知均曾受到小石先生很大的影响。

民国十三年(1924),小石先生离开武昌高师,先在西北大学任教半年,兼任主任,后以母病,乃回南京,任金陵大学教授兼系主任。自民国十四年起,兼任东南大学教授,兼文理科长。南京向为中国文化重地,学校众多,其中金陵大学为教会创办的私立大学,东南大学则为国立大学。国立大学每有合并改名之举,故东南大学后曾改称第四中山大学、江苏大学、中央大学,小石先生一直在这公私两所学校内任教,每以国立大学为专任而在私立大学兼职,且常是出任研究室主任之类职务。

抗日战争时期,中央大学内迁重庆沙坪坝,小石先生曾在白沙女子师范学院兼职。民国三十二年(1943)休假时,则至云南大学任教。抗日战争胜利后,小石先生随中央大学复员南京,仍至金陵大学兼课。南京解放后,仍然如此。直到1951年,始不再兼任金陵大学职务。

政府易帜,中央大学改名为国立南京大学,1952年全国高等学校院系调整,南京大学与金陵大学文理学院合并,仍称南京大学。小石先生任职于此,直至 1962 年去世,时年七十四岁。

小石先生治学的领域至为广泛,在高校中开的课程也甚为丰富多样,内如书法史、甲骨文、修辞学、古器物研究等,都是前人从未涉及的新兴学科,于此可见其开拓能力之卓越,学术建树之丰富。然为当今学科分类计,他所常开的课程,仍为散文、诗歌、文学史、批评史等,今结合其撰述的若干论文,作综合介绍如下:

文 学 史

中国历史悠久,史学特别发达,然只限于政治史一类,其他有如学术史等门类,则长期附入其中而不能单独成长。中国文学史的情况与此相似。

清代末年,情势巨变。东方的老大帝国在西方列强的侵逼下,连遭打击,国势危殆,遂致群心思变。甲午之役,向以文化输出国自居的天朝上国败于蕞尔日本,更使朝野人士深受刺激,从而引起了深刻的反思。大家觉得一定要对一些旧制度加以变革,才能触发新机,从而摆脱覆国的危险。清廷乃于光绪二十七年(1901)下令续办京师大学堂,次年七月十二日上谕颁布《钦定学堂章程》,大学仿日本例,分为政治、文学、格致、农业、工艺、商务、医术等七科,文学科内则分为七目。光绪二十九年闰十一月二十六日又颁布《奏定学堂章程》,增设经学科,然于文学科内之情况则无所变动。

这是影响中国知识分子前途的一件大事。废除行之千年的科举,学习西方学术而兴新学。士人不再以几部儒家经典为中心进行综合性的学习,而是分门别类地接受专科教育。在这时代背景发生根本变化的前提下,中国文学史这一新兴学科乃应运而生。

大家知道,中国之有本国文学史一类的编著,首推林传甲与黄人二人所编的《中国文学史》。黄人其时在其居地苏州基督教会所办的东吴大学任教,因为学校的性质与所处的位置,这一讲义发生的影响无法与林传甲的著作相比。今即从林著《中国文学史》讲起。

侯官林传甲时在京师大学堂优级师范馆任教。他参照大学堂章程与其中的中国文学专门科目所列要求,编此讲义。中国古代本来没有这种分章分节逐项论述的著作。日本自明治维新后,接受西化的时间要比中国为早,已有多种新型的《中国文学史》出现,中国继起学习西学,自然需要参考日人的著作,因此大学堂章程亦云"日本有中国文学史,可仿其意,自行编撰教授"。这就形成了林著《中国文学史》的特点,一是遵循京师大学堂所订之章程,一是参照日本学者的著作而撰述。林氏自述亦云:"传甲斯编,将仿日本笹川种郎《中国文学史》之意以成书焉。"

可以说,早期各家《中国文学史》的撰述,大都与林著的编写方式相仿,虽然内容有深浅之别,实质则无多大差别。

林著内容包罗万象,第一篇讲文字,第二篇讲音韵,第三篇讲训诂,第四篇至第六篇讲古今文章内容作法之演变,第七篇至第十一篇讲经、子、史之文,第十二篇至第十四篇讲汉魏至"今"文体,第十五、十六两篇讲骈散两种文体。从今人眼中看来,实属庞杂而缺乏体系,但无论日本学者或中国学者,大家都认为若要学习中国文学,就得这么办。日人古城贞吉于明治三十年(1897)著《支那文学史》,或为彼邦出现的第一部较完整的文学史,内容就很相似。反映了那一时期人们的普遍看法。学习文学而无经、史、子方面的知识,则如无本之木;学习经、史、子而不从小学入手,则入门不正,难以取得成绩。显然,这是乾嘉朴学兴起之后形成的传统。

林传甲在《中国文学史》结束时分述骈散两种文体,反映了清末文学领域中两大文学流派的争竞。清代散文本以桐城派之声势为大,王兆符在《望溪文集序》中称方苞"学行继程、朱之后,文章介韩、欧之间",可知桐城派的特点即在模拟唐宋古文而宣扬程朱理学。因其祈向与清廷的政治意愿相符,因而一直得到统治者的青睐。然自清代中叶起,提倡骈文者实繁有徒。自阮元等人倡导学习《文选》始,又形成了后人称之为《文选》派的一大潮流。清代末年,骈文声势之盛,直有压倒散文之势。林传甲在书中结束时说:"散文以表意为主,空疏者犹可敷衍,骈文包罗宏富,俭腹者将无所措其手足也。……传甲谓泰西文法,亦不能不用对偶,中国骈文,亦必终古不能废也。"❶可知其时学人对于文坛两派发展趋势之关注。

京师大学堂转为北京大学时,以姚永朴、姚永概与林琴南为代表的桐城派,以刘师培、黄侃为代表的《文选》派,就曾或明或暗地展开激烈的争论。这里也有探讨中国文学特点的用意。章太炎撰《文学总略》一文,则以为桐城派与《文选》派的主张均不能说明中国文学的实际情况,因而持最广义之说,主张"榷论文学,以文字为准,不以彣彰为准。"❷直到朱希祖主讲中国文学史时,文学与学术的界线仍未划清,实际上是继承了其师章太炎的观点。

谢无量于民国七年(1918)在中华书局出版了《中国大文学史》一书,体系庞大,包容了当时所谓国学中的大部分内容,但仍博得大家的欢迎,一再重版加印❸,可见这种文学观念潜力之深厚。

民国九年(1920),小石先生北上至北京女子高等师范学校任教,讲授中国文学史。有关其时这一学科的情况,陈中凡先生曾有介绍,他说:

> 其时北京大学开有文学史课,由朱遏先先生主讲。看他的
> 讲稿,分经、史、辞赋、古今体诗等篇,近于文学概论。读其内容,
> 实则是学术概论,非文学所能包括。小石因举焦循《易馀籥录》

---

❶ 侯官林传甲编著《中国文学史》,宣统二年(1910)由武林谋新室印行兼发行。小石先生在《中国文学史讲稿·唐代文学》一章中介绍以地域关系来区分文学的学说时说:"这种议论,尤以日本人之研究中国文学者为尤甚,如笹川种郎之《支那文学史》便主此说,近来颇影响到中国作文学史的人。"可见他阅读过许多日本人的有关著作,并直接阅读了笹川种郎的文学史。

❷ 参看拙作《论黄侃〈文心雕龙札记〉的学术渊源》,载《文学遗产》1987年第1期,后收入拙著《当代学术研究思辨》,改称《黄季刚先生〈文心雕龙札记〉的学术渊源》,南京大学出版社1993年出版。

❸ 此书于民国七年(1918)年由上海中华书局出版,至民国二十一年(1932)时已重印十七次。1967年台湾"中华书局"又发行新版,至1983年时已重印六次。内地于1992年亦由郑州中州古籍出版社影印再版。

说，大意谓："一代文章有一代之胜，诗经、楚辞、汉赋、汉魏南北朝乐府诗，以及唐诗、宋词、明制义，各有它的特色。至后代摹拟之作，便成了馀气游魂，概不足道。"❶

可见小石先生的文学史观，比之前人与同时学者，已有很多不同。

小石先生在文学史研究中的重要贡献，即将文学从学术中区分出来。他总结前代经验，却是推重《文选》一派。在第一章《通论》部分，他从文笔之辨叙起，云："最后说到清代，对于文学有明显主张的，约分三派：（一）桐城派——主单语，重散文。即古之所谓笔，此派以方苞为首。（二）扬州派——主偶体，重骈文。即古之所谓文，以阮元为首。（三）常州派——调合文笔之说，如张惠言等均骈散兼工。"后即总结道："以上三派，论信徒之多，必推桐城派。若论立论之精准，却数扬州派。"这是因为"六朝人所下'文'的定义，即前人对于'诗'的定义。不惟当时文笔之分甚严，而所称为'文'者，除内涵之情感以外，还注重形式一方面。必求其合乎藻绘声律的各种条件。"可知他在抉择之时偏重《文选》派。因为《文选序》与《金楼子·立言》篇中均有重情与重形式技巧的主张，既有合乎当代文学观念之处，又能注意到我国语言文字的固有特点。

小石先生也反对章太炎在《文学总略》中提出的文学界说，认为"近来的章太炎氏，又主张极广义的：'凡著于竹帛者谓之文，论其形式，谓之文学。'照他说来，太无限定，凡公司之股票，神庙之签条，均可称之为文，讲去实不胜其烦。现在若要讲文学的界限，与其失之太宽，不如失之太狭。故宁宗阮氏之说，而不取章氏之论。"

小石先生因家庭的关系，本对扬州学派有所了解，这时他从文学界的纷争中进行抉择，基于他当时对中外文学理论的理解，也就自然地倾向于

---

❶ 《悼念学长胡小石》，载《雨花》1962 年第 4 期。朱希祖（1879—1944）字逖先，一作逷先，浙江海盐人。章太炎在日本讲授国学时，朱氏与黄侃、钱玄同、周树人（鲁迅）、周作人等同往听课。民国初期进入北京大学任职。曾撰《中国文学史要略》，北京大学出版部 1916 年版。

接受扬州学派的理论,从而郑重地介绍了焦循有关"文学一代有一代之所胜"的观点。应该说,这一学说的基本内容是符合中国文学史的实际的,所以后起的各种文学史中无不把汉赋、唐诗、宋词、元曲作为主要内容而加以申述。

小石先生还对焦循的这一学说作了分析,以为其中含有四种崭新的观念:(一)阐明文学与时代的关系,(二)认清纯粹文学之范围,(三)划立文学的信史时代,(四)注重文体的盛衰流变。这一结论,应是可以成立的。只是焦循列举的各种文体中,如明之制义,以为亦可视作一代文学之所胜,则近人无一赞同者;他举"汉之赋"为一代文学之代表,后人亦多争议。因为"纯文学"之说,原是中国学者接受西洋的文学观之后才提出的新观念。西洋向以诗歌、戏剧、小说为文学的主体,因此一些主张彻底贯彻西洋学说的人势难接受赋这样一种文体到文学的行列中去。曹聚仁编《中国平民文学概论》,仅列诗歌、戏曲、小说三种;刘经庵编《中国纯文学史纲》,即在《编者例言》中明确宣布:"本编所注重的是中国的纯文学,除诗歌、词、曲及小说外,其他概付阙如。"

赋是一种最富中国文化特色的文体。依用语及结构而言,介于韵文与散文之间;以性质而言,介于文学与学术之间。因此有些人就称它为文学中的"四不像"。汉代大赋的写作最富这一特点。作者写作这类文字,必须具有多方面的才能,因此《魏书》作者魏收才有"作赋须大才"之说。而且赋这一种文体对其他文体的写作影响至巨,例如杜甫的名篇《北征》即曾深受曹大家《东征赋》、潘岳《西征赋》的影响。汉代文士把聪明才智集中在大赋的创作上,《文选》中即首列汉赋多篇,研究中国文学而漠视汉赋的存在,无疑是偏颇不全的。

对汉赋之类文体持确认的态度,还是否决的态度,成了文学史者能否从中国实际出发进行撰述的一种标志。

小石先生采纳焦循文学"一代有一代之所胜"说而构建其文学史体系。自他强调汉赋之重要地位后,后起的一些著名文学史家,如冯沅君、胡云翼、刘大杰等,无不采择此说,这一体系遂在学术界成为共识。于此可见，小石先生的文学史观符合中国国情，既能克服前此学人墨守成说者之拘执，又能破除后起学人纯依西学而立论者之偏颇，他对中国文学史这一新兴学科的建设作出了巨大贡献❶。

小石先生的这一文学史讲稿乃于民国十八年（1929）时取一学生之笔记至上海人文社仓促付印，且仅刊出上编，故全称为《中国文学史讲稿上编》。行世之后，颇获好评。因为此书建立起了一种符合中国古代文学实际的史学体系，而著述者在讲授文学史时，重鉴赏，讲个人的创作经验，继承了以往文学批评的传统，融入了不少个人的心得，故有别于国内外学者的同类著述。余冠英先生亦赞之云："篇幅不长，颇具卓识。"

小石先生的著述态度极为严谨，例如为了讲清永明时所流行的四声八病之说，他广征载籍，参照沈约自己的作品和他所举的例证，证明"沈休文之浮切为平仄"。小石先生续云："我最初以为是一件小小的创获。但后来看见一部湖南人邹叔子所留下的《遗书·五均论》当中早已有此论调，可见刻书要占年辈，否则有剿袭前人的嫌疑。后来看到阮元《揅经堂续集》中的《文韵说》又早已如此说法。到后来又细翻到《新唐书》第二百零二卷《杜甫传论》（附《杜审言传》后）见到有以下几句话：'唐兴，诗人承陈、隋风流，浮靡相矜。至宋之问、沈佺期等，研扬声音，浮切不差，而号律诗。'宋子京在这里所说的'浮切不差'，岂不是明明白白指的是绝不可错乱的律诗中之平仄吗？于是更叹读书及持论之不易。"由此可见其不轻于立论如此。

《中国文学史讲稿上编》实为一部精审的学术著作，内中不但包容着许多可贵的研究成果，尤其可贵的是贯彻着精到的史识。

楚 辞

小石先生的研究工作，可说是从"楚辞"开始的。因任博物教师，注意

❶　参看拙作《文学"一代有一代之所胜"说的重要历史意义》，载《文学遗产》2000 年第 1 期；后收入《周勋初文集》第六册《当代学术研究思辨》，江苏古籍出版社2000 年 9 月出版。

到植物的名称,古今有异;有关的介绍,中外不同,因而致力于名实之辨,运用前此有关《尔雅》等方面的知识,研读"楚辞"。他在旧学方面有深厚的基础,新学方面有近代的科学知识,又因年轻时即已诗学湛深,各方面的修养均已齐备,其成就也就超出时人甚远。

民国九年(1920),小石先生至北京女子高等师范学校任教,讲授"楚辞"时,首用人神恋爱的新说解释"楚辞"中的爱情描写。这在楚辞学上具有划时代的意义。前人讲"楚辞"时,均据王逸、朱熹之说,以为屈原运用美人香草手法,借以表示眷怀楚国,系心怀王。尽管这种解释与"楚辞"文意扦格难合,但因其时尚无新的学术观念出现,大家只能默守成说。小石先生通过日语阅读过许多社会科学方面的著作,而他又喜博览,平时积累了很多民俗学、宗教学、神话学等方面的知识,于是首先提出了人神恋爱的新说。学生辈受到启发,起而阐扬此说,苏雪林随作《楚辞九歌与中国古代河神祭典的关系》等文❶,其后这一种新说遂为"楚辞"学界广泛接受。

小石先生至云南大学任教时,仍主讲"楚辞"。其时闻一多、游国恩在西南联合大学任教,亦授"楚辞"。闻、游二人于此均有很多著作行世,小石先生之新见因不留文字之故,罕为世人所知,实则他在这方面的见解,不逊于任何一位"楚辞"学者,他的贡献有益于学界者甚多。

闻、游二人的年辈,比之小石先生稍后,因此二人的文字,现代学术论文的色彩要明显一些,但其严谨的程度,却未必更高。闻一多本为新诗人出身,故在论证《九歌》诸神时想象的地方很多。游国恩在《楚辞》的很多方面作过开拓,但在文献的处理上或有不规范处,例如他在论证河伯的家族时,还把一些后代材料中的传说引作证据,实则这是不该用于论证先秦传说中的地祇的❷。

---

❶ 载《现代评论》第八卷二〇四至二〇六期,后收入《蠹鱼生活》,真善美书屋出版。
❷ 《论九歌山川之神》三《论河伯》,载《读骚论微初集》,商务印书馆 1934 年出版。

小石先生以时代先后与著作性质为准,把有关神话传说的材料分为五等。

一等材料为《诗经》、《尚书》。《诗经》中的《生民》、《玄鸟》等诗,保存着先民的感生说。《尚书》中可发掘部分材料,但此书已历史化,故对之不能存很大希望。

二等材料为《楚辞》中的《离骚》、《九歌》、《天问》等文。《山海经》、《穆天子传》很重要,先秦诸子中《庄子》、《吕氏春秋》等书中也有材料可发掘。

三等材料,如今文中的纬书,《易乾凿度》、《诗含神雾》、《春秋潜潭巴》、《孝经钩命诀》等,已多残佚,带有浓厚的方士色彩。《淮南子》和《史记》中的材料具中等价值。

四等材料,如《列子》、皇甫谧《帝王世纪》、干宝《搜神记》等。

五等材料,如王嘉《拾遗记》、沈约《宋书·符瑞志》、《神异经》、《汉武故事》、《汉武帝内传》等。

研究神话传说时,首应援用一、二等材料。在一般情况下,不宜援用四、五等的材料去论证先秦时期的神话传说。

于此可见他在治学方面的严谨态度。

小石先生著《〈楚辞〉郭注义徵》一文,就是在为发掘第一等材料而努力。郭璞是晋代的大学问家,《晋书》本传言其曾为《楚辞》作注,然至宋代,已无传本。今所存者,汉注唯有王逸一种。小石先生以为郭璞曾为《尔雅》作注,列为《音义图谱》,又注《三仓》、《方言》、《穆天子传》、《山海经》、《子虚上林赋》等数十万言,诸书内容均与《楚辞》相通,援用这些书中的材料,用以解释《楚辞》中的名物,自能相合。因此《〈楚辞〉郭注义徵》一文,可为郭璞《楚辞注》恢复基本面貌,用以阅读《楚辞》,其价值可与王注并重。

这一文字,可谓导夫先路。其后饶宗颐撰《晋郭璞〈楚辞〉遗说摭佚》,采取的是同样的视角与方法❶。

---

❶ 载《楚辞书录》外编《楚辞拾补》,为其中的第二部分,香港苏记书庄 1956 年出版。

　　他对名物的辨析具有独到的功夫,因此他在讲授《楚辞》时新见迭出。例如他在讲到《离骚》"余既滋兰之九畹兮,又树蕙之百亩"时,根据南宋吴仁杰的《离骚草木疏》,指出兰、蕙属唇科植物,一茎一花称为"兰",一茎数花称为"蕙"。"纫秋兰以为佩"中之"兰",为泽兰,方茎对叶,属唇形科,紫苏、薄荷之类。"朝饮木兰之坠露兮"中之"木兰",即木莲,木本,常绿植物,夏季开花,叶大,光滑,背有毛。解释草木之名,而能如此具体深入,只有博通古今者才能如此。又如他在讲到《九歌·国殇》中"左骖殪兮右刃伤"、"霾两轮兮絷四马"时,即依考古材料画出古时车子的图形,什么毂、轵、衡、盖等等,一一指陈,学生也就可以具体把握;又如讲到《湘夫人》中"筑室兮水中"时,也就绘出古时的居屋图,学生也就一目了然,对《楚辞》中叙及之生活环境均可清晰地了解。

　　如果说,《〈楚辞〉郭注义徵》一文体现了小石先生早年学习农博科而介入国学中的《楚辞》研究的人生转折,《〈离骚〉文例》一文则体现出了他深受清儒影响的另一侧面。小石先生在两江师范求学时,曾从日籍教授学习修辞学,而他又喜读高邮王氏之书,再加上他在专业训练中特别关注植物分类,因此在对古文献作整理与分析时,喜作文例的研究。例如他在研究古文字时,曾作《金文释例》、《甲骨文例》等文。其中有关甲骨的这一著作,学术界公认这是甲骨文中文法研究的开山之作。

　　屈原之作,以年代久远故,文字的表达方式与今有异,后人难于理解。小石先生以为历经汉、宋两代王逸、朱熹等人详加注释之后,文字大体可读;清儒戴震等人再加以梳理,文字上的层次始能了然。小石先生在此基础上再作深究,对语句中出现最多又起关键作用之词的用法详加辨析,藉此可以细致而正确地把握全文脉络。《〈离骚〉文例》条分缕析,共分三十二例,每一个例子中又分出几种不同情况,且各举例以明之。例如(廿四)言"既又"例曰:

　　(甲)以既又开阖为对文者,诗云:"终风且暴",犹言既风又暴也。

　　　纷吾既有此内美兮,又重之以修能。

余既滋兰之九畹兮，又树蕙之百亩。

既替余以蕙纕兮，又申之以揽茝。

（乙）以既又开阖而不为对文者。

闺中既以邃远兮，哲王又不寤。

既干进而务入兮，又何芳之能祇？

（丙）省又。

初既与余成言兮，后悔遁而有他。（言后又悔遁而有他也。）

（丁）省既。

苟中情其好修兮，又何必用夫行媒？

椒专佞以慢慆兮，樧又欲充夫佩帏。

固时俗之流从兮，又孰能无变化？

羿淫游以佚畋兮，又好射夫封狐；固乱流其鲜终兮，浞又贪夫厥家。

已矣哉！国无人莫我知兮！又何怀乎故都！

（戊）既在下列。

跪敷衽以陈辞兮，耿吾既得此中正。

从（甲）例引及《诗》"终风且暴"中句视之，可知此文乃循王引之《经传释词》的路子，而又作了新的发展。读者循此阅读《离骚》，可得正解。

小石先生写作《〈远游〉疏证》一文，明云仿孙志祖《孔子家语疏证》而成。这类文字偏重实证，不重推论，可觇其与清儒朴学传统联系之紧密。

小石先生将《远游》全文与其他文字比较，云是"细校此篇十之五、六皆离合《离骚》文句而成（《九章·惜诵》亦类此）。其馀则或采之《九歌》、《天问》、《九章》、《大人赋》、《七谏》、《哀时命》、《山海经》及老、庄、淮南诸书。又其词旨恢诡，多涉神仙。（《九辩》末'愿赐不肖之躯而别离兮'一节，亦颇相类，惟彼文结语曰'赖皇天之厚德兮，还及君之无恙'，则与超无为邻太初者异趣矣。）疑伪托当出汉武之世。"可知这里用的也是疏理出处再从学术上加以区分的方法。

　　小石先生引用例句时，表现出了很高的识见，例如他在阐释"恐天时之代序兮，耀灵晔而西征。微霜降而下沦兮，悼芳草之先零"数句时，云是"此数语隐括《离骚》'日月忽其不淹兮，春与秋其代序。惟草木之零落兮，恐美人之迟暮'大义。"于此可见小石先生对于典籍的精熟，亦可见其创作经验之丰富，只有那些老于此道的人才能发现前人变换笔法的踪迹。

　　又如他在阐释"壹气孔神兮……虚以待之兮"时，云是"'壹气'犹《老子》言'专气致柔'之'专气'。'孔神'《老子》言'孔德之容'。'孔'读为'空'，虚也。'虚以待之'，《老子》言'致虚极'，言'虚其心'，言'保此道者不欲盈'。"于此可见其视野之开阔。文字方面的正解，得益于朴学方面的深厚修养。

　　又如他在阐释"贵真人之休德"时，引《史记·秦始皇本纪》卢生说始皇："真人者，入水不濡，入火不蒸，陵云气，与天地久长。"这种诠释之法，不引申，不发挥，与时人颇为不同。二三十年代的辨伪学者写作有关《楚辞》的文章，采用进化的观点，涉及思想史方面的问题，旁徵博引，辗转为说，借此把《楚辞》方面的文章区别出作者的不同年代。这类文章看起来论证得似乎更细致，但因多用假设、推论等手段，其不确定性也会大大增加。小石先生的这类文字，纯以排比为手段，读者自可根据材料自行推断，故颇有引而不发之势，这就会给读者留下更多思考的馀地。

　　在小石先生为数不多的《楚辞》论文中，还有《楚辞辨名》一文值得注意。此文篇幅无多，文字简练，解决了《楚辞》方面很多混淆不清的问题。

　　后人阅读古书，每因不明体例而徒滋纷扰。小石先生举吴子良《林下偶谈》为例，言其"訾《选》名为无义"。实则后人常举某些人的一些名作作为代表，借以指代其他。昭明《文选》以"骚"为类而收入他文，刘勰《文心雕龙》于《辨骚》篇中纵论"楚辞"诸文，均属此意，而目下的一些《文心雕龙》学者尚阗阗争辩，有的学者还不明此义而责怪前人，实则小石先生早已把这个问题简单明了地解决了。

　　小石先生把《楚辞》的各种不同称呼一一分析，文字简练，举证丰富，末复归纳有力，云是：

> 合上所举观之，名"楚辞"，以声言；名"骚"，以情言；名"赋"，
> 名"经"，以地位言。

按此原理而读涉及"楚辞"之文，无不通达无碍，此文之可贵在此。

建国之后，小石先生还做过一个名为《屈原与古神话》的讲演。内分三个部分，一是古神话的一般问题，纵论中外许多古老民族神话传说，因地区不同在各种条件的影响下而各不相同，中国的神话传说中历史性的核心，被儒家扩大了它的作用，许多美丽动人的事分别散见于各种篇籍之中，长篇史诗产生特迟。二是屈原与《天问》。这是讲演的重点。小石先生以为，屈原赋中著录古代神话最丰富的篇什是《天问》，其实乃"问天"之作。上半篇所问者多属自然现象，下半篇所问者大概属古史记录的方面，许多神话材料杂出散见其中。他从其中抽出（一）人类始祖说；（二）自然现象；（三）洪水故事；（四）古英雄记四个方面，各举例以阐说。从中可见其视野之广阔，各种文献与地下发掘材料，中外相类故事，均驱使自如。小石先生随后指出："屈原不是一个神话传播者，相反的他是一个神话的怀疑者。""他不像那些把神话历史化的人，拿理性化的历史去说教。他从幻想的自然观和社会观的迷雾中飞跃出来追求唯物的真理，是科学思想的开端。我们可以这样说：人类智慧的发展，到此大大地进了一步。"于此可见，小石先生的研究工作客观而公正，尊重事实，不歪曲文本而迎合政治需要与世俗之见，这也是他的研究著作能够经受得住历史考验的原因之所在。

唐 诗

小石先生在东南大学任教时，与扬州李详（审言）、江宁王瀣（伯沆）共事，俱授杜诗。李详为《选》学大师，曾撰《杜诗证选》、《韩诗证选》等文，讲授杜诗时，也以诠释杜诗之出处为重点；王瀣服膺宋学，讲课时不忘时政，因此讲授杜诗时，也时而联系古今政治进行阐发。

李、王二人声名早著,年辈比小石先生为高。三人同时讲授杜诗,对于小石先生来说是有压力的。但他诗学湛深,对杜诗饶有心得,因而讲授之时自成一格,同样受到学生的欢迎。

小石先生因出身师范教育之故,在教学的每一个环节,如情绪的掌控、板书的编排等方面,都有高超的表现。又加口才特佳,且加上一手漂亮的字,学生都称听胡先生讲课,犹如一场享受。然因前时缺乏录音等设备,又无听课记录可供参证,今日已难复原小石先生讲授杜诗时之风神。只是小石先生前后曾作过三场有关杜诗之学术讲演,后已整理成文章,亦可藉此一窥先生杜诗学之一斑。

《李杜诗之比较》一文,乃据1924年的一份讲演记录稿整理而成。李、杜为盛唐时期并立于诗坛的巨擘,在中国文学史上占有重要地位。二人风格各异,成就不同,后人常作比较的研究,用以分析彼此不同的创作特点,进而探讨其成因。1927年时,傅东华作《李白与杜甫》一书;1933年时,汪静之作《李杜研究》一书,均由商务印书馆出版。可知小石先生的研究为时更早。相比之下,小石先生的分析更为透辟,见解更为深入。

小石先生首先介绍了前人进行比较的几种方法。有的人以地域不同作比较,以为杜甫代表北方诗人,李白代表南方诗人,这是民国初年一时很风行的理论。日本人研究李、杜的诗,多从此入手,如对中国文学史研究产生过很大影响的笹川种郎《支那文学史》中便主此说。自刘师培作《南北文学不同论》后,此说更为风行。但小石先生以为,交通便利、政治统一之后,以地理作区分,已靠不住。李、杜生于盛唐,不宜依此理论剖析。

有的专家根据思想的不同而作比较,以为李白代表道家,杜甫代表儒家,李作多有超出人世之感,杜作则句句不脱离社会。小石先生以为这话有一部分道理,但应注意二人思想并非根本上不相同,因此这一点也不必引申。

李、杜之不同,最好侧重艺术上之表现来作比较,为此他把中国古代诗歌之流程作了历史的考察,说明二人所走的路完全不同。下面他又分从甲,用字;乙,内容;丙,声调等不同方面着眼而进行分析。因为他在诗歌的创作上有丰富的经验,故对此有个人独到的体会,如云"少陵五律最长最有名的如《秦州杂诗》二十首之类,可认为从庾信《咏怀》诗化出。这是唐人所未走的路"。由此可觇杜甫在诗体创新上的贡献之巨。

小石先生论杜诗声调,则从观察拗体着眼,以为"子美作诗,内容及声律都极力求避前人旧式,所谓用一调即变一调,后来宋人能学他的善变处,至于明人只学得他的高腔大调罢了"。可见他的观察问题,是把李、杜诗歌放在中国诗歌发展史的长河中进行考察的。

小石先生在讲演结束时,又作了简明扼要的总结:

> 李守着诗的范围,杜则抉破藩篱。李用古人成意,杜用当时现事。李虽间用复笔,而好处则在单笔;杜的好处,全在排偶。李之体有选择,故古多律少;杜诗无选择,只讲变化,故律体与排偶都多。李诗声调很谐美,杜则多用拗体。李诗重意,无奇字新句,杜诗则出语惊人。李尚守文学范围,杜则受散文化与历史化。从《古诗十九首》至太白作个结束,可谓成家;从子美开首,其作风一直影响至宋、明以后,可云开派。杜甫所走之路,似较李白为新阐,故历代的徒弟更多。总而言之,李白是唐代诗人复古的健将,杜甫是革命的先锋。

这一研究成果极富启发性,对后人有巨大影响。1962年中华书局印行《杜甫研究论文集》第一辑时即被收入。

小石先生所作《杜甫〈北征〉小笺》、《杜甫〈羌村〉章句释》二文,原来是二十世纪六十年代为中文系同学所作的两场报告,从中可见他在讲授杜诗时的一些思路。

《杜甫〈羌村〉章句释》开端,有小序介绍二诗之关系与不同。首云"《羌村》作于至德二载秋自凤翔还鄜州省家后,殆与《北征》同时。所写情景,多可补《北征》中所未道者,而以小诗形式出之"。其后他就诗体之大

小不同者作比较的研究,分述云:

> 凡诗之长篇与短篇,为用不同。以戏曲譬之,长篇如整体连台戏,短篇则折子戏。长篇波澜壮阔,疏密相间,变化起伏,而不能处处皆警策。短篇则力量集中,精彩易见。亦犹观折子戏者每感其动人之效果迅速,易于见好也。

小石先生之释《羌村》,可注意者,一为体察之细,一为功力之深。后者如释"兵革既未息,儿童尽东征"二句,曰:

> 东征意指收京。"儿童",一作"儿郎",今不取。二语差异甚大。言儿郎可以该"丁",尚未尽兵祸之惨酷。言儿童则壮丁尽而未成年者亦执戈而赴戎行。杜《新安吏》作于乾元二年九节度相州溃师之后,诗云:"客行新安道,喧呼闻点兵。借问新安吏,县小更无丁。府帖昨夜下,次选中男行。中男绝短小,何以守王城?"事与此正同。案:唐人丁口制度,随时变更。据王溥《唐会要》卷八十五《团貌》条,自高祖武德至玄宗天宝,丁年凡三变(《旧唐书·食货志》文同)。今条列如下:
>
> 武德六年(六二三)三月　始生为黄　四岁为小
> 　　　　　　　　　　　　十六为中　二十一为丁
> 　　　　　　　　　　　　六十为老
> 神龙元年(七〇五)五月　二十二成丁
> 　　　　　　　　　　　　五十九免役
> 天宝三载(七四四)　　　十二月　十八以上为中
> 　　　　　　　　　　　　二十三以上成丁
>
> 凡朝野太平,则成丁之岁数亦较晚。今丁已尽遣,乃及中男或更幼者,故云儿童尽东征也。至《垂老别》,则征及老翁。《石壕吏》索老翁不得,并老妪亦往应征,为状更惨。

"儿童"为常见之词。诸家注杜,未见有如是深入者。小石先生考成丁年岁之变化,用以分析其时征战之残酷,人民受苦之深,读者自可由此懂得注释诗歌水平之高下。

一般人读诗,每视难字与典故为拦路虎,实则这些都可借助辞书加以解决。读者欲求欣赏水平的提高,自不能停留在这一层面上。他们必须在通解全诗的基础上,阅读一些富有启发性的赏析文字,进而探求古人用字遣词之妙。

小石先生在释《羌村》第一章首句"峥嵘赤云西,日脚下平地"时说:"'西'在此,不仅是方位字,当读为动词。如山之大云向西而移,知其时为东风。言赤者映日之故。云隙漏出日脚,日脚下地,言将暮也。"就是一种深入一层的解读法。常人于此每囫囵吞枣,体会不到杜诗措辞之妙。小石先生随后于释"妻孥怪我在,惊定还拭泪"后说:"开门一见,不言喜而言怪者,以为甫死久矣,不意其尚在。言喜反浅也。"随后他又申述道:

> 前辈诗人在技术上有一控制世间万象之武器,即动词是也。故凡动词之选择与烹炼,须求其效果能生动、深刻、新颖而又经济,实费苦心。观昔人改诗诸例,如"身轻一鸟过"之"过","天阙象纬逼"之"逼","僧敲月下门"之"敲","春风又绿江南岸"之"绿"。其所经营再四而后能定者,皆属动词,可以悟其理。

这样的文字,富有启发性,对读者最为可益。

《〈北征〉小笺》一文,首先对杜诗中的这一鸿篇巨制的历史意义作出评价,文曰:

> 《北征》为诗中大篇之一。盛唐诗人力破齐、梁以来宫体之桎梏,扩大诗之领域,或写山水,或状田园,或咏边塞,较前此之幽闭宫闺、低回哀怨者,有如出永巷而骋康庄。至杜甫兹篇,则

结合时事,加入议论,撤去旧来藩篱,通诗与散文而一之,波澜壮
阔,前所未见,亦当时诸家所不及(元结同调而体制未弘),为后
来古文运动家以"笔"代"文"者开其先声。后来诗人如元和中韩
退之,如宋代庆历以来"宋诗"作者之欧、王诸家以至"江西诗
派",至近世如所谓"同光体",其特征大要皆以散文入诗,其风气
几无不导源于杜,亦可云自《北征》一篇开端。

这就为《北征》一诗在文学史上的地位树立了指标的意义。莫砺锋在
《杜甫评传》中也援引上文而指出:"我们认为对于《北征》的总体评价以胡
小石《杜甫〈北征〉小笺》为最确切。"❶

小石先生接着对此诗写作手法的创新作了具体分析,文曰:

《北征》,变赋入诗者也,题名《北征》,即可见之,其结构出
赋,班叔皮《北征》、曹大家《东征》、潘安仁《西征》,皆其所本,而
与曹、潘两赋尤近。其描写最动人处,如还家见妻儿一段,则兼
有蔡文姬《悲愤》、左太冲《娇儿》两作之长。其胪陈时事,直抒愤
懑,则颇得力于庾子山《哀江南赋》。杜极称庾诗赋曰:"清新庾
开府"。《哀江南》在赋中为新,《北征》在诗中亦为新也(杜短韵
亦多得力庾子山拟咏怀诗)。总之,《北征》一方则奄有众长,一
方又独抒己见,两者结合,诚所谓古为今用也。

其后他就全诗逐句进行分析,内中有笺证,有鉴赏,妙义纷披,令人起切理
厌心之感。中如释"坡陀望鄜畤,岩谷互出没。我行已水滨,我仆犹木末"
曰:

---

❶ 见第二章《广阔的时代画卷与深沉的内心独白》,南京大学出版社 1993 年 10
月出版。

人非猿猱，何得行于树杪？盖诗人写景，往往祇取片时之感觉，纳入文字，不俟说明，骤见似无理，而奇句却由此而生，谢朓《郡内高斋闲望》云：“窗中列远岫，庭际俯乔林”，已创斯妙。而杜自早岁即喜用之，如《渼陂行》云：“船舷暝戛云际寺，水面月出蓝田关。”稍后，如《白水县崔少府高斋》云：“高斋坐林杪，信宿游衍阒。清晨陪跻攀，傲睨俯峭壁。”尤妙者，以此拔入咏画之作，遂极突兀可喜。如《丹青引》“玉花却在御榻上”，马竟登床，如《奉先刘少府新画山水障歌》云：“堂上不合生枫树，怪底江山起烟雾。”树生堂上，尤奇者如《严郑公厕事岷山沱江画图》云：“沱水流中座，岷山到北堂，白波吹粉壁，青嶂插雕梁。”白波吹壁而壁不倾，青嶂插梁而屋不破，是画也，非真也，然说出反浅。所谓诗要通，又要不通，要不通之通。

这类文字，体会细腻而真切，从中可见作者非仅胸罗万卷，其难得者尤在对诗中的隐微之处能一一抉发而将奥妙之处娓娓道出。

然统观全局，小石先生之释此诗，最难能可贵之处犹在窥破杜诗中之史识。《北征》末尾，结合时事，入以议论，叙当时战局曰：

仰观天色改，坐觉妖氛豁。阴风西北来，惨澹随回纥。其王愿助顺，其俗善驰突。送兵五千人，驱马一万匹。此辈少为贵，四方服勇决。所用皆鹰腾，破敌过箭疾。圣心颇虚伫，时议气欲夺。

小石先生释之曰：

“阴风西北来，惨澹随回纥”二句影射回纥衣饰，此应与《留花门》诗相参证。《留花门》诗有“连云屯左辅，百里见霜雪”句，亦状回纥之服色。按回纥奉摩尼教，其教色尚白。摩尼教出自波斯教。波斯教本为袄教,又曰拜火教,摩尼教即由袄教发展而来。摩尼教何时开始传入中国,此有二说。法人沙晚于《摩尼教流行中国考》中云不早于唐肃宗宝应元年(七六二年)。则子美作《北征》际,尚不见摩尼教于中国,此说实误。沈曾植《和林三唐碑跋九姓回纥毗伽可汗碑跋》中叙摩尼教与回纥关系极精确,云"开元以后,为大食所驱,乃东徙而入回纥",并云:"其徒白衣白冠。"及后,会昌中曾禁此教,逼使教徒服便衣。由此可证:至德二载回纥已信摩尼教矣。回纥旌旗为白色,此文献有证。《旧唐书·回纥传》:"子仪至新店,遇贼军战,却数里,回纥望见,逾山西岭上曳白旗而趋击之,出其后,贼众大败。"(《新唐书》同段作"即逾西岭,曳旗驱贼",则失其旨矣。)又《旧唐书·李嗣业传》亦载此事:"嗣业与子仪遇贼于新店,与之力战数合,我师初胜而后败,嗣业遂急应接。回纥从南山望见官军败,曳白旗而下。"

从这一段笺证中,可知小石先生识见之卓越,诚可谓读诗有得。沈曾植(子培)为清末研究西北史地之杰出人物。小石先生在学术上深受其影响,由是对于唐代西北诸多少数民族之宗教、习俗、服饰等有详尽之了解,才能对这类诗句的底蕴有深入的发掘。这些地方足徵小石先生之学识,比之前人与当代注家,均有其优胜之处。

而小石先生之释《北征》,目光关注者,尤在"凄凉大同殿,寂寞白兽闼"二句。这两句,"宋以来注家皆未注意,亦未得其解。"所以他在《小笺》中详加阐发。

首先,他对这两句诗内的殿阁之名加以说明。

宋敏求《长安志》九,记南内兴庆宫、勤政楼之北曰大同门,其内大同殿。案兴庆宫位于京城朱雀街兴庆坊,坊本名隆庆,玄宗龙兴旧邸。此宫玄宗即位后仍常居之。著名之勤政、花萼二楼，龙池、沉香亭皆在其中。《新唐书》二百七《宦者传·高力士传》："帝斋大同殿，力士侍。帝曰：'我不出长安且十年，海内无事，朕将吐纳导引，以天下事付林甫，若何？'力士对曰：'天子顺动，古制也。（中略）天下柄不可假人，威权既振，孰敢议者？'帝不悦。力士顿首，自陈心狂易，语谬当死。帝为置酒，左右呼万岁。"案此处问答数语，实与后来天宝乱事有关。而问答之地，乃在大同殿。白兽闼当为白兽门，以协韵改闼。白兽门，《长安志》无记。以唐宫三内，门户繁多，实不胜载。向来注家多引《三辅黄图》释之。以汉宫例唐宫，终不得确解。今据《旧唐书》八《玄宗纪》，记玄宗诛韦后奠定帝业始末云：中宗暴崩，韦后临朝称制，"遂以庚子夜，率（刘）幽求等数十人，自（禁）苑南入。（苑）总监钟绍京又率丁匠百馀人以从，分遣万骑往玄武门（宫城北门，北临禁苑。入门即西内太极宫。太宗诛太子建成，即率众由此门入。）杀羽林将军韦播、高嵩，持首而至。众欢叫大乐，攻白兽、玄德等门，斩关而进。左万骑自左入，右万骑自右入，合于凌烟阁前。时太极殿前有宿卫梓宫万骑，闻噪声，皆披甲应之。韦庶人惶惑，走入飞骑营，为乱兵所害。"《新唐书·玄宗纪》略同，但云入玄武门，会两仪殿（在太极殿北），而不及白兽、玄德等门。据《长安志》图凌烟阁所在，近西内宫城东北隅，西南往太极殿，以旧书所记参之，玄宗率众入白兽等门，斩关而进，合于凌烟阁，则白兽门当在凌烟阁北不远之地，入门至阁，经阁西南行至太极殿，此门在当时，必为西内入玄武门后由北往南所经之一要地。《资治通鉴·唐纪·睿宗纪》上记此役颠末，即略本《旧唐书》，云隆基使李仙凫将右万骑攻白兽门。胡三省注：白兽门即白兽闼，即杜甫《北征》所谓"寂寞白兽闼"者。与玄武门皆通内诸门之数，可谓近之。杜特著之诗句中，见玄宗后来成帝业与之有关。

小石先生随后又说："杜《北征》诗篇末方颂新君，忽著此二语，皆关上皇旧事，其用意甚深微曲折。"随后他即广徵载籍，叙及玄宗蒙尘途中有分道制置之举，而肃宗旋即皇位于灵武。制置之谋，肇于房琯，陈陶斜之败，肃宗归罪于房琯，杜甫以谏官上疏救之，几罹不测。"肃宗以怨父者怨琯，又以恶琯者恶杜，故杜自此后由华州窜秦州，由秦州窜同谷，由同谷窜成都转夔巫，出三峡，流落湖湘，羁旅终身，漂泊以死，诗人固李氏王朝宫廷政争中之一牺牲品也。"文章分析至此，读者始可明白这两句诗的涵义之深，涉及面之广。如此读诗，始可知杜诗何以会享诗史之盛誉。

小石先生随后又总结道：

> 《北征》于歌颂中兴之馀，忽参入此二语，其事皆与肃宗无关，而悉出上皇，与上文似不甚连类。用意极隐微，实一篇主旨所在。故杜早于灵武擅立、成都内禅之日，已豫见玄、肃将来父子之关系必至恶化，固不待南苑草深，秋梧叶落，始叹上皇暮境有悲凉之感。古今行内禅者亦多此结局也。

熟悉杜诗的读者当可发现，小石先生走的是以诗证史的路子，故与钱谦益的治学方法相通。此文末尾也说："昔钱牧斋作《草堂诗笺》，深得知人论世之义，高出诸注家。其于《洗兵马》一篇，即发扬玄、肃当时宫闱隐情。惟于《北征》初未之及，故复于此曲折说之，俟言诗者教焉。"实则钱谦益对《洗兵马》一诗的笺释，颇多穿凿，故自《草堂诗笺》问世时起，即招到潘耒等人的诘责。小石先生不没前人之长，为前贤讳，他的后续工作，确已显得更为精当。因此此文于1962年《江海学刊》第四期刊出后，即为学界所推重，旋被1963年中华书局出版的《杜甫研究论文集》第三辑所收入。

邓小军在《杜甫〈北征〉补笺》中说：

> 《北征》是杜诗煌煌巨制。对于了解杜甫和杜诗，具有举足

轻重的作用。1962 年，胡小石先生在《江海学刊》发表《北征小笺》，对《北征》的研究取得突破性成就。本文拟在《北征小笺》基础上作出补充笺证，详人之所略，略人之所详，以就教于方家。❶

由此可见此文影响之巨。

小石先生还曾写过一篇《张若虚事迹考略》。然因文献缺如，只能对张氏事迹作了尽可能的发掘，而从小石先生的驱使材料而言，可见其对于文献之娴熟，亦可见其对于此诗之挚爱。

小石先生还曾作过一次《南京在中国文学史上的地位》的讲演，最后总结道：

> 合而观之，则南京在文学史上可谓诗国。尤以在六朝建都之数百年中，国势虽属偏安，而其人士之文学思想，多倾向自由方面，能打破传统之桎梏，而又富于创造能力，足称黄金时代，其影响后世至巨。

论证南京文学之显著于世，当自孙吴之后，故叙其发展，首重东晋以下南朝时期之诸代，而以后来之南唐为其尾声。"盖以有创造性之事实言之，当如此也。"可见他的考察问题，总是以"创造"为首要，即使是对一时一地之宏观透视，亦作如是观。因此，他在这一讲演中提出的几点看法，对于研究中国文学史的人实有重要的指导作用。

小石先生指出：中国文学，及其有关诸方面，真正在南京本地创成者，以次数之，可有下列诸事：

（一）山水文学。

（二）文学教育，即文学之得列入大学分科。

（三）文学批评之独立。

---

❶ 载《北京大学学报（哲学社会科学版）》第 44 卷第 3 期，2007 年 5 月。

（四）声律及宫体文学。

他对这四个方面都有精到的分析。例如介绍《宋书·雷次宗传》中记宋文帝元嘉十五年（438）在北郊鸡笼山（今之北极阁）开四馆教学，而以谢元（谢灵运从祖弟）主文学。"此次开四馆，可为世界分科大学之最早者。而以文学（诗赋）与儒学（经学）平列，又为文学地位增高之新记录。此与唐代自开元起以诗取进士，有同等重要。吾人于此不得不言对于文学脱尽西汉以来之传统观点，真能明了其价值者，实从南京起也。"这样分析问题，纯出客观，具有说服力，绝非对于生长地区的阿好之词。

这次讲演最后论声律与宫体，态度也极为客观，故结论亦合乎事实。云是"所谓宫体者，以托咏宫闱，词旨轻艳，为纯粹抒情诗之一。此类专言人世男女恩怨之作，实起自民间多数无名人之歌咏。""山水文学盛行后，一般文士更辟新路，即以此等民间俗文学为基础，而加之藻采，复与声律之原则结合，以增声音上之铿锵，纯乎惟美主义。其描写闺阁女性，往往犯色情之诮。然是时帝王以至士大夫能诗者，殆莫不好此，此为南方文学特殊现象之一。""隋人平陈，固取得征服者地位，然炀帝杨广，即为一出色之宫体诗人，其平陈也，乃并南京之文学而接收之。如《春江花月夜》一曲，陈代原作已失传，今世所见者，反以炀帝所作二首为最早也。""宫体文学发展至最后，往往浸入玄想，初唐之张若虚、刘希夷诸家之长歌，堪为好例。"这一番议论，可谓宫体文学的一段小史，即以今日之目光视之，亦可称精彩纷呈，可圈可点。

七 绝

小石先生早年从散原老人学诗，因才情卓异，风神秀美，故受命从唐人七绝入手，而后再依性之所近，兼习各体。小石先生诗名日盛，精通各体，然于七绝仍情有独钟，生平讲诗，喜作七绝之剖析。1934 年时曾为金陵大学研究生专设一课，尚存其时的讲义。吴白匋先生在《胡小石先生传》中介绍说：

首作引论，言我国诗歌，擅长于短篇中见其机趣，而七绝最妙。其源流正变，始于刘宋汤惠休之《秋思引》，自南齐永明以后，逐渐采用律调，其内容乃当时宫体。不离闺情，至唐人扩大范围，方尽其能事。唐乐府诗可以被之管弦者，往往为七绝诗，实为"词"体之祖。七绝以抒情为正格，以叙事议论为变格。次论唐七绝句正格，自显而隐，分十六格，各举一名作为首例，下录同格者若干首附之。……十六格中，第一至第五格为对比今昔，第六至第八格为对比空间差别，第九格为超过因果关系，第十格第十一格为设问答，第十二格至第十四格为假设想象，第十五格为事物之人格化，第十六格为意在言外。最后附唐人习用三字之名词押末句韵脚，以求重点突出，音节铿锵一法。经此解剖，七绝诗作法大明，乃极便于鉴赏与追摹矣。又次讲七绝变格，所选为杜甫诗数十首，择要言之，最后以王建、王涯宫词与曹唐小游仙诗大篇叙事诗作附录备参考。❶

《七绝诗论》中，其有关"今昔对比"者讨论得尤为深入。今人作诗歌赏析，亦莫不致力于此，小石先生过人之处，在于能将诗人抒发今昔之感如何落实，有具体而明确之指陈。他借用了绘画理论中的一个术语"勾勒"，借以提示诗人如何将此四句写得跌宕起伏，前呼后应。这样的分析，不但可以帮助读者明白诗歌的结构，而且有助于指导读者也去从事创作。

按前人运用勾勒说分析文学问题者颇多❷。小石先生赋予新的涵义，意指诗中的一些关键词，涉及全诗意脉流动中之呼应与结构。详观他在全文中的分析，实与他在诗歌与书法等方面具有深厚的学养与具体的体验有关。

---

❶ 吴徵铸，字白匋，二十世纪三十年代初就读于金陵大学。所作《胡小石先生传》，发表在《文献》1986 年第 2 期。
❷ 参看张仲谋《释"勾勒"》，《文学遗产》2007 年第 5 期。

今先详引全文开端分析王昌龄《从军行》（五首之一）一诗之分析文字。王诗云：

琵琶起舞换新声，总是关山旧别情。撩乱边愁听不尽，高高秋月照长城。

小石先生分析道：

七绝书写情趣，若加以分析，其最重要之一点在于表现时间上之差别，即今昔之感。生命短促，时间不能倒流。屈原悲"老冉冉其将至"，"冉冉"为行貌，继乃申之曰："日月忽其不淹兮，春与秋其代序。惟草木之零落兮，恐美人之迟暮。"夫人生最感甜蜜者为回忆，回忆即将过去所得之生命，使其重新活动于眼前。如饮苦酒，虽苦而能令人陶醉也。此意后世诗人各以当时流行之形式写之。如郭璞《游仙诗》之一：

六龙安可顿，运流有代谢。时变感人思，已秋复愿夏。（铸按：先师题所居为"愿夏庐"本此）

夏日炎炎可畏，而在秋时回忆之，亦足留恋。贾岛《渡桑乾》：

客舍并州已十霜，归心日夜忆咸阳。无端更渡桑乾水，却望并州是故乡。

在并州则忆咸阳，离去时则又留恋之。蒋捷《虞美人》词：

少年听雨歌楼上。红烛昏罗帐。中年听雨客舟中。江阔云低、断雁叫西风。

如今听雨僧楼下。鬓已星星也。悲欢离合总无情，一任阶前、点滴到天明。

借听雨叙少、中、晚年生命之不同，非常明晰。

凡此皆写对于过去生命之留恋与追忆。中国诗如此写者甚多，不必一一列举。然时间为不断之流，难于具体描写，故往往以不同之空间说明之。如以两个不同之空间,说明两个时间之变迁,其初步为划清时间之界域,每用相对性之文字说明之,称为"勾勒字"。"勾勒"乃画家术语,工笔画以线条作框廓,谓之"勾勒",即泼墨写意,亦须作数笔勾勒,方见神采。七绝用勾勒字,目的正同。其源亦出于《诗》、《骚》。《采薇》:"昔我往矣,杨柳依依。今我来思,雨雪霏霏。"以"昔""今"为勾勒字。《离骚》"朝饮木兰之坠露兮,夕餐秋菊之落英。"以"朝"、"夕"为勾勒字。(《离骚》此类语颇多,《诗》亦然,不具引。)

　　第一格即为此种显用相对之勾勒字以说明时间或事物者。王昌龄此作,以"新""旧"二字勾勒。王闿运《王志》卷二论七绝句法曰:

　　　　此篇声调高响,明七子皆能为之,而不厌人意者,彼浮响也。此诗何以不浮? 则以"新""旧"二字相起,意味无穷。杜子美"听猿"、"奉使"(《秋兴八首》)亦以虚实相起,彼则笨伯,此则逸才,能使下二句亦有神采。

　　此论精当,试再加以说明。琵琶本为胡乐,极盛行于唐时,军中亦用之,读唐人边塞诗可证。首句劈空说起,起舞而换奏新声,面似欢庆,实则戍边士卒,穷愁无聊,作乐自遣。第二句转入正意。"总是"概括自古以来征戍之苦。著一"旧"字,谓虽唱新调而苦情如故也。第三句点明边愁无尽。此三句皆抽象语,故以具体景语作结。"长城"与"关山"映带,亦写"旧"字。秋月凄清,然不以"高高"字形容之,则与万里长城不称,写不出凄清寥旷之境矣。若言唐音,则唐人习用响亮之双字或双声叠韵之连绵词,以达成之,明七子皆师其法,而无深情厚意,组合完篇,则为王氏所讥之"浮响"矣。

其下又引顾况一诗,亦以"新""旧"为勾勒字者,诗云:

暂出河边思远道，却来窗下听新莺。故人一别几时见？春
草还从旧处生。

小石先生指出，此诗实从古人诗中化出。他说：

　　首句用蔡邕《饮马长城窟》"青青河畔草，绵绵思远道，远道
不可思，夙夕梦见之"意。古人多临河而怀远，如（传）李陵诗"临
河濯长缨，念子长悠悠"即是，盖河水流动，可使舟行，故临河而
思远也。次句用谢灵运《登池上楼》"池塘生春草，园柳变鸣禽"
意。新莺既鸣，听者则感时序已变，远人犹未归来。上二句实
写，下二句虚写。"旧处"盖指昔日与友人游赏处，春草又生，怀
旧之感自起。此诗颇善学古人，用二名篇意，参差错落，浑化含
蓄，乃如己出。

　　小石先生于所分十六格中，各举有代表性的七绝名篇为标本，提示其
勾勒字之作用，从而阐明全诗之脉络及优胜之处。但也有一些诗中无勾
勒字可言，如《诗论十五》举王昌龄《送窦七》云：

　　清江月色傍林秋，波上荧荧望一舟。鄂渚轻帆须早发，江边
明月为君留。

下云：

　　此格乃诗人情绪之扩大，蒙蔽一切，使之同化。在修辞学上
谓之活喻，即事物不问其有无生命，均予以人格化。每用于感情
最浓郁激昂之时。无勾勒字而形象浑然天成。

此格与前所说者迥异，分析亦随之作另一种提示。小石先生随之又

举李白《闻王昌龄左迁龙标遥有此寄》一诗以明之。唐人七绝,首推李白、王昌龄二人之作,七绝因字数不多之故,风格上之差异本难区分,李、王二人之作空灵飘逸,更难以笔墨形容而说明其不同。然小石先生于此二首之后曰:"出语明快,此青莲异于龙标处。"寥寥数语,极富启发性,非深于诗道者不能道。

小石先生又于刘禹锡《伤愚溪》诗后评曰:"唐人七绝,青莲(李白)、龙标(王昌龄)最高,然极不易学,可学者为刘、白。(铸按:先生毕生为七绝诗,得力于此二家。)学李商隐亦可,嫌稍晦耳。"

小石先生之读诗,非目下所谓鉴赏者依据若干西方理论泛泛而谈者可比。他于朴学沉潜至深,读书不轻放过一字,故在鉴赏之前每字必求得正解,这方面亦可见其功力。例如《诗论六》,引王维《送沈子福之》诗曰:

杨柳渡头行客稀,罟师荡桨向临圻。惟有相思似春色,江南江北送君归。

小石先生释之曰:"临圻之'圻'当读若'矶',不读'祈'。用谢灵运《富春渚》诗:'溯流触惊急,临圻阻参错。'《文选》李善注曰:'圻读与碕(即矶字)同。'谓近岸也。"诗下略缀数语,能在人们习焉不察的地方,作明晰之区分,有益于读诗匪浅。又如《诗论九》引李白《陪族叔刑部侍郎晔及中书贾舍人至游洞庭》一诗,中有"潇湘江北早鸿飞"一句,释之曰:"潇湘,潇,清也。古时湘水最清,潇湘即清湘之意,非谓二水。"又如《诗论十六》引柳宗元《酬曹侍御象县见寄》,曰:

破额山前碧玉流,骚人遥驻木兰舟。春风无限潇湘意,欲采蘋花不自由。

后又详释之曰:

象县,唐时亦称象州,明、清时属广西柳州府。破额山,未详所在,或云湖北黄梅有破额山,显与此诗境不合。碧玉,形容水色之美,盖指柳江,流经柳州东南入象县。木兰舟,唐宋以来,习用为舟船美称,简作"兰舟",未必真为木兰木制。蘋花,草本,生浅水中,开花白色。"自由"一语,汉代已有之,《礼记·少仪》:"请见不请退。"郑玄注曰:"去止不敢自由。"

第三句"春风无限潇湘意",暗用《九歌·湘夫人》"白蘋兮骋望,与佳期兮夕张"辞意。下一句"欲采蘋花不自由",言外之意,乃佳期不可得也。

有关此诗,还可介绍程千帆先生聆教时的另一种感受,藉供参考。千帆先生也是二十世纪三十年代就读于金陵大学的学生,他曾追忆道:

记得我读书的时候,有一天我到胡小石先生家去,胡先生正在读唐诗,读的是柳宗元《酬曹侍御过象县见寄》:"破额山前碧玉流,骚人遥驻木兰舟。春风无限潇湘意,欲采蘋花不自由。"讲着讲着,拿着书唱起来,念了一遍又一遍,总有五六遍,把书一摔,说,你们走吧,我什么都告诉你们了。我印象非常深。胡小石先生教《唐人七绝诗论》,他为什么讲得那么好,就是用自己的心灵去感触唐人的心,心与心相通,是一种精神上的交流,而不是《通典》多少卷,《资治通鉴》多少卷这样冷冰冰的材料所可能记录的感受。我到现在还记得当时胡先生的那份心情、态度,就是在这样的情况下,我学到了以前学不到的东西。❶

于此可见小石先生之授诗,因材施教,不拘一格,方法极为多样。然

---

❶　《两点论:古代文学研究方法漫谈》,载《古典文学知识》1997年第2期。又见巩本栋编《程千帆沈祖棻学记》,贵州人民出版社1997年出版。

均重启发,重感悟。对前人之作则反复吟咏,藉此激发情愫,沟通今古,作心灵上之交流,故非当下死板的章句之学所可比拟。

小石先生对于诗中花草树木的说明,因具专业知识的关系,其阐释尤为与众不同。例如他在《诗论十一》引陈标《蜀葵》诗,释之曰:"蜀葵是菜类,非今之向日葵。为锦葵科植物。'蜀'字含有'大'意,非地名也。或称'菺',或称'戎葵'(见《尔雅》),五月开花,似木槿,五色夺目。"又如《诗论十四》引钱起《秋夜送赵洌归襄阳》诗,云:

斗酒忘言良夜深,红萱露滴鹊惊林。欲知别后思今夕,汉水东流是寸心。

释之曰:

斗酒,点明饯行。忘言,别愁难言也。萱,《离骚》作"蕿",又名"鹿葱",《诗·伯兮》:"焉得谖草,言树之背。"《毛传》曰:"谖草使人忘忧。"《释文》曰:"本又作萱。"故又称"忘忧草"。其实萱根有毒,食之易失记忆。萱花色红,开于五月间,此处言秋夜,盖借表忘忧之意,不关时令。鹊惊林,盖暗用魏武《短歌行》"月明星稀,乌鹊南飞。绕树三匝,无枝可依"故实,表示离散失所。佳处在后两句,言别后思念之情如汉水东流无尽,总过襄阳。

由上可见,《唐人七绝诗论》虽篇幅无多,小石先生的诠释又采引而不发之势,仅在难解之处略作点拨,但循此读诗,则不仅能真切地理解文字,把握诗意,而且能知古人创作的奥秘,进窥七绝的神髓,其有益于读诗与写诗者盖亦多矣。

胡小石书自作诗　　　　　胡小石楷书楹联

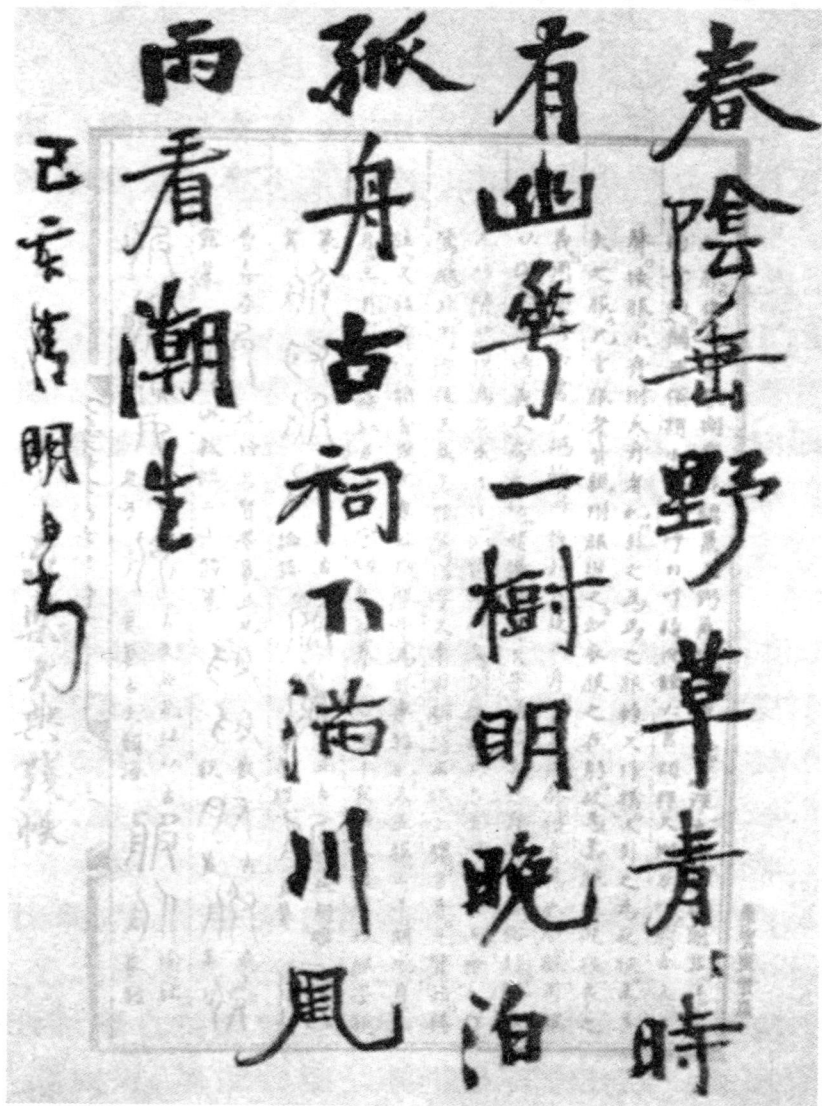

胡小石书宋苏舜钦《淮中晚泊犊头》诗

《中国文学史讲稿》第一章　通论

引　言

　　中国虽说是一个富有文学宝藏的古国,文学作品的数量颇不在少数,而且各体皆称完备,每代都有新文体产生。但是提起笔来将历代文学的源流变迁明白地公正地叙述出来而能具有文学史价值一类的书,中国人自己所出的反在日本及西洋人之后。这是多么令人惭愧的事!不过从前虽无整个的文学史出现,许许多多的文人,倒有不少谈到关于文学流变的种种问题,散见于零篇碎简之内。而且此中正有颇合乎近代论文的旨趣,及应用演进的理论以说明过去历代文学的趋势的人,我们在这里要举一位清代大儒焦里堂的论文名著为代表。这篇也可以说这是中国人最先所著的一部具体而微的文学史。焦君的话,引在下面(见《易馀籥录》十五):

　　　　商之诗仅存颂。周则备风、雅、颂,载诸三百篇者尚矣。而楚骚之体,则三百篇所无也,此屈、宋为周末大家。其韦玄成父子以后之四言,则三百篇之馀气游魂。汉之赋为周、秦所无,故司马相如、扬雄、班固、张衡为四百年作者,而东方朔、刘向、王逸之骚,仍未脱周、楚之窠臼。其魏、晋以后之赋,则汉赋之馀气游魂也。楚骚发源于三百篇,汉赋发源于周末,五言诗发源于汉之十九首，及苏、李而建安，而后历晋、宋、齐、梁、陈、周、隋，于此为盛。一变于晋之潘、陆，宋之颜、谢。易朴为雕，化奇为偶。然晋、宋以前，未知有声韵也，沈约卓然创始，指出四声。自时厥后，变蹜厉为和柔。宣城（谢朓）、水部（何逊）冠冕齐、梁，又开潘、陆、颜、谢所未有矣。齐、梁者，枢纽于古、律之间者也。至唐遂专以律传。杜甫、刘长卿、孟浩然、王维、李白、崔颢、白居易、李商隐等之五律七律，六朝以前所未有也。若陈子昂、张九龄、韦应物之五言古诗，不出汉魏人之范围。故论唐人诗，以七律五律为先，七古七绝次之。诗之境至是尽矣。晚唐渐有词，兴于五代，而盛于宋。为唐以前所无。故论宋宜取其词，前则秦（观）、柳（永）、苏（轼）、晁（补之），后则周（密）、吴（文英）、姜（夔）、蒋（捷），足与魏之曹、刘，唐之李、杜，相辉映焉。其诗人之有西崑、西江诸派，不过唐人之绪馀，不足评其乖合矣。词之体，尽于南宋，而金元乃变为曲，关汉卿、乔梦符、马东篱、张小山为一代巨手，乃谈者不取其曲，仍论其诗，失之矣。有明二百七十年，镂心刻骨于八股，如胡思泉、归熙父、金正希、章大力数十家，询可继楚骚、汉赋、唐诗、宋词、元曲，以立一门户。而李（梦阳）、何（大复）、王（世贞）、李（攀龙）之流，乃沾沾于诗，自命复古，殊可不必者矣。夫一代有一代之所胜，舍其所胜，以就其所不胜，皆寄人篱下者耳。余尝欲自楚骚以下，至明八股，撰为一集，汉则专取其赋，魏、晋、六朝至隋则专录其五言诗，唐则专录其律诗，宋专录其词，元专录其曲，明专录其八股，一代还其一代之所胜，然而未暇也。偶与人论诗，而纪于此。

从上面所引的焦君的文章看起来，可得到下列种种观念：

（一）阐明文学与时代之关系：他最能认清在什么时代，就产生什么文学。"一代有一代之所胜"，"汉则专取其赋，魏、晋六朝至隋则专录其五言诗，唐则专录其律诗，宋则专录其词，元专录其曲，明专录其八股。一代还其一代之所胜"。

（二）认清纯粹文学之范围：中国人自来哲学与文学相混，文学又与史学不分，以致现在一般编文学史的，几乎与中国学术史不分界限。头绪纷繁，了无足取。焦君此篇所举的历朝代表文学作品，如楚骚、汉赋、唐诗、宋词、元曲等，均属于纯文学一方面。文学的面貌既被他认清楚，讲起来才不至于夹杂不清。

（三）划立文学的信史时代：文学为感情之表徵。有人类即有感情，有感情即有文学。"虽虞夏以前，遗文不覩；禀气怀灵，理无或异。"但我们要讲的是文学的信史，须以文学之著于竹帛而且能够确实证明是真的作品为断。因此，我国文学的信史时代，不得不因之而缩短。焦君所讲断自商代，因为他相信经古文家之说，以《商颂》为商代作品。他并不远取《击壤》、《南风》、《卿云》等歌谣，甚至于葛天、伏羲时的选著，这是他的一种尊崇信史的谨严态度，很可供后来讲文学史者所取法。

（四）注重文体之盛衰流变：每种文体，都是最初时候很兴盛，以后渐渐衰败，终于另外出一种新文体去代替旧的地位。但新文体既产生之后仍然有一般人保存着旧的文体，这种人"舍其所胜以救其所不胜，皆寄人篱下者耳"。这种论调，是从前一般过于贵古贱今的文人所不敢出口的。

至于这篇中偶有误点，如相信《商颂》的时代及苏、李诗，且把韦玄成祖孙误为父子等外，大体的主张，是很值得我们注意的。

文学的意义之各种解释

先从"文"的字义来说，《说文》载有二字：

（一）"文，错画也，象交文。"按此即现今流行的图案画之类。

（二）"彣，馘也。从彡从文。"此字每与彰字同用。

"彰，文章也。从彡从章，章亦声。"

第二的一个彣字与第一个不同之点，是多一个彡字。《说文》："彡，饰画毛文也。"凡与毛饰有关的字,如"须""颛"等字,均从彡。而且从彡之字,多含有美意。如"修"字,从彡,引申为修美。文学也自然与美脱不了关系。不过美是一种超实用之物,正如吾人面上的须眉之类,有之却无大用,然缺之便觉丑陋不堪。

且古来对于"文"字涵义最泛,略分以下各种解释。

(一)文字叫做文:

《左传》:"有文在其手曰友。"

《说文序》:"依类象形谓之文。"

(二)口语叫做文:

《左传》:"言之不文,行之不远。"

(三)文物叫做文:

《易经·贲卦》:"刚柔交错为天文,文明以止为人文。"

(四)华美叫做文:

《论语》:"周监于二代,郁郁乎文哉。"这里是与质并举的。

(五)礼乐制度称为文:

《论语》美尧之词:"焕乎其有文章。"又:"文王既没,文不在兹乎?"

(六)典籍称为文:

《论语》:"文献不足徵也。"

《孟子》:"其文则史。"

以上所举的都只是"文"字单用。最早书籍中将文学二字连用的,有《论语·先进》"文学:子游、子夏"一语。试看这两位的文学怎样,子游事迹及学问,不多见于古代篇籍,但在《檀弓》上可见到他的种种轶事,大概是一位礼学家。子夏著述之多,为孔门弟子中的第一人,实为后代经师的远祖。如此看来,《论语》中所讲的文学,正和后世《史记》、《汉书》说的"彬彬多文学之士"一样,乃是泛指一切学术而言,与现今要谈的文学的意义完全不同。今人所说的文学的意义,正与古人所举的诗的定义很合。

《尚书》:"诗言志。"

《乐记》:"诗,言其志也。"

《诗大叙》："诗者,志之所之也。在心为志,发言为诗,情动于中而形于言,言之不足,故嗟叹之;嗟叹之不足,故咏歌之;咏歌之不足,不知手之舞之,足之蹈之也。"

关于《大叙》真伪的问题,三家诗均不曾道及。子夏作过《诗大叙》,或者为毛公伪托。然而此篇虽不出于子夏之手,至迟也不出于西汉的初年。其中的"情动于中而形于言"两句,不是绝妙的文学定义吗?

《诗》三百篇,汉人尊之为经,视为高文典册,并不敢用文学的眼光去对待它。汉人以词赋为文学,但此种事业不见尊贵,当时皇帝每以俳优蓄文学之士,所以扬子云说"童子雕虫篆刻,壮夫不为"。曹子建亦深以当一文人为大耻,尚不及乃兄曹丕,知道文学的重要,称为"不朽之盛业"。

自魏、晋直到盛唐,一般人对于文学之界限,都看得明晰,分得清楚。至于六朝人,更长于"文""笔"之分,故界说亦颇中肯。略举几条:

陆机有名的《文赋》大半讲的是文之修辞,并找不到文之定义,只得勉强抽出二句:"思涉乐其必笑,言方哀而已叹。"于是可见他正以为文乃由情而生的。

至于修史书,特辟文苑一门的,当以作《后汉书》之范晔为第一人。前乎此的《史记》,只在屈原、贾谊、司马相如等列传内选载了他们所作的词赋。《汉书》把严助、朱买臣、吾丘寿王、主父偃、徐乐等人的传,都归入一卷之中。

《三国志·王粲传》附载了同时的许多文人,却并没有为文人特立一栏。至于谢沈等的《后汉书》久已失传,内中有无文苑一门,不得而知。

当时因为文笔之分很谨严,所以《文苑传》所收的文人,都是韵文的作者。且看范晔的《文苑传赞》上说:"情志既动,篇辞为贵。抽心呈貌,非雕非蔚。殊状共体,同声异气。言观丽则,永监淫费。"按情志二句,显然是受《诗大叙》"情动于中而形于言"的影响而发生的。

直到齐、梁之间,才有论文之专书出现。最著者如刘勰之《文心雕龙》、钟嵘之《诗品》。

《文心雕龙》:"昔诗人篇什,为情而造文。……盖《风》《雅》之兴,志思蓄愤,而吟咏情性,以讽其上,此为情而造文也。"

《诗品叙》:"气之动物,物之感人,故摇荡性情,形诸舞咏。"

《南齐书·文学传后论》:"文章,盖性情之风标,神明之律吕也。"

《梁书·文学传后论》:"夫文者,妙发性灵,独拔怀抱。"

我们再看梁代昭明太子所撰的一部总集,所谓文学的标准又是怎样?他认为不是文学而不入选者,有下四种:

(一)经——姬公……之籍,孔父之书。

(二)子——老、庄……之作,管、孟之流。盖以立意为宗,不以能文为本。

(三)忠贤谋夫之说辩。

(四)史乘。

必要合于"沈思翰藻"的条件,方得称之为文,而后入选。阮元《读〈文选序〉》解释此段最精,节抄如下:

> 昭明所选,名之曰文,盖必文而后选也,非文则不选也。经也,史也,子也,皆不可专名之为文也。故昭明《文选序》后三段,特明其不选之故。必"沈思翰藻"始名之曰文,始以入选也。

萧绎《金楼子·立言篇》:"至如不便为诗如阎纂,善为章奏如伯松,若此之流,汎谓之笔。吟咏风谣,流连哀思,谓之文。"

综合以上诸说,可见六朝人所下"文"的定义,即前人对于"诗"的定义。不惟当时文笔之分甚严,而所称为文者,除内涵之情感以外,还注重形式一方面,必求其合乎藻绘声律的各种条件。

自汉至唐,文学之界域大略如此。首先改变这种风气的人,即唐代韩愈。他每以"笔"为"文"。他善于作散文,然而他同时的人,也只称之曰笔。但看刘禹锡替他死后作的祭文,有"子长在笔,余长在论",及杜牧的诗中所称"杜诗韩笔"之说,并不承认他所作为文学正宗。及至宋代,文笔之界更混淆不清。苏轼作《潮州韩文公庙碑》,把唐人所说的笔,亦名之曰

文,谓退之"文起八代之衰"。嗣后更把文学的本体,弄得不明不白。且看:

周敦颐说:"文,所以载道也。"

王安石说:"礼乐刑政,先王之所谓文也。"

最后说到清代,对于文学有明显主张的。约分三派:

(一)桐城派　主单语,重散文。即古之所谓笔,此派以方苞为首。

(二)扬州派　主偶体,重骈文。即古之所谓文,以阮元为首。

(三)常州派　调和文笔之说,如张惠言等均骈散兼工。

以上三派,论信徒之多,必推桐城派。若论立论之精准,却数扬州派。

近来的章太炎氏,又主张极广义的:"凡著于竹帛者,谓之文。论其形式,谓之文学"。照他说来,太无限定,凡公司之股票,神庙之签条,均可称之为文,讲来实不胜其烦。现在若要讲文学的界限,与其失之太宽,不如失之太狭。故宁宗阮氏之说而不取章氏之论。

什么是文学

无论甚么道理,只要不故意去追寻一种很玄妙的解释,都能得着普通的意义。文学这件东西,并非从天上掉下,只是由人造的。根本上说来,人就不是一个甚么玄妙的东西,不过是生物之一种。所以我们最好是从生物学上去给文学的起源,下相当的解释。

一切生物的生存,都具有两种目的。一为个体的维持,一为种族的维持。要求达到第一种目的为"食",要求达到第二种目的为"色"。人们自然不能算为例外,故生活问题与配偶问题,为人类往古来今之两大事件,正如中国古人所谓"饮食男女,人之大欲存焉",西哲所说的"饥与爱"。

但这两种欲望,不一定人人都能够满足。有时个体生活偏偏不能维持,种族生活更说不上。于是因种种不满,而发出欲望之呼号,甚至酿成战争的惨剧。

人类因求生意志的不遂,和欲望的不能如愿以偿,且同时又受社会上的风俗习惯的束缚,法律舆论的制裁,不能为所欲为,所以就发明一种"移情"的方法。在实际生活上所获得的许多烦恼,转而向空虚的地方去求慰安。照这一点看来,文学与宗教恰有相似之处。然而二者发生的情形虽同,而最后的结果颇不一致。宗教造幻想以安慰将来,所希望的幸福却在身后。而文学则造幻想以安慰现在,正欲求得眼前之陶醉或解脱。

因文学与宗教在某点上有相同的作用,故宗教兴盛之时,亦即文学发达之日。如建安之世,五斗米教盛行,而邺中七子生于此时。东晋时有沙门慧远倡净二宗,当时彬彬文学之士最多。南北朝佛教势焰不小,骈俪的作家可车载斗量。五代时人多崇信佛法,有大批词人散居十国之中。概由于时局纷扰,一般人生活失去常态,深感觉现世的不满足,想另外寻一块理想之乐土以自适。不钻入宗教之圈套,便逃入文学的领域。

有人说,文学的创造,为人生之艺术化,或又名之曰美化。我看也未必尽然,反不如说创造文学,是使人生活虚化较为确切些。以上所说的,都是关于"移情"一方面。

除了移情以外,还另外有一种作用。文学家最不爱说直话,美人芳草之词,风雨鸡鸣之喻,表现的语辞和内涵的意义不一定是那一回事,这可名之曰"移象"。即如模山范水,游仙谈玄,何尝又不用是言在此而意在彼呢?

因文学是逃往于虚境者的产品,故文学说不上有些甚么大的实用。又因为文学多产生于不满足之际,故文学每多愁苦悲叹之声。如"《诗》三百篇,大底圣贤发愤之所作为也","屈原之作《离骚》,盖自怨生也。"然而文学一方面虽由穷愁而起,一方面又可以安慰穷愁。文人虽形容憔悴,亦能怡然自得。正如《诗品》所说:"穷贱易安,幽居靡闷,莫尚于诗。"

个体的维持与种族的维持,是一般生物和全人类的共同的要求。把这两种要求表现在文学里面,所以一种民族里的作品,能博得任何民族的同情。这就叫作文学的普遍性。即《诗叙》说"言天下之事,系一人之本,谓之风。"这一人非是别人,就是作诗之人呀!

又从另一方面看去,文学是逃实入虚,而发泄不足之感的利器。然同时因种种关系，又不容作者尽量发泄，所谓极浪漫之能事。尤以自来儒家之伦理观念，极为文学之大障碍。所以《诗序》上有"发乎情，止乎礼义"的话，就是要制止极奔放的热情，使过于浪漫的情感有所节制。

日本厨川白村在他的《苦闷的象徵》一书中解释文学的起源，由于创造生活力之压抑。创造生活所包者广，即如消遣亦即其中之一种。如公子或隐士之养鸟莳花，兴趣十分隆厚，至如猎人之天天捕鸟，园丁之日日栽花，反成苦境。又与其说马之拉车，不如说车之推马。因为马并不愿意自己拉车，乃由人驾车子催着马走，而此拉车的马，已失去他的创造生活了。

但是创造生活的被压抑，由于实际生活之不满足。如实际生活满足以后，则创造生活力之受压抑必不如是其甚。文学之产生，是因于创造生活之被压抑而生之反响。如是说来，凡是境遇充裕之人，必皆不能成为著名的文人了。其实不然，人们永无满足现状之一日，生活一天，总要求向上一天。纵然一己的境遇虽感觉得好，若对于其他境遇不如己的人表同情，自然便发生同感，亦能创造文学。如魏之贵为皇亲之曹子建，唐之早年科第之白香山，作诗多陈民间疾苦。清人中如纳兰容若之大贵，项莲生之大富，而读《饮水词》与《忆云词》，可以不断的得见他的悲哀的情调，不像大富贵人家的口吻。所谓"伤心人别有怀抱"，是不是？

从以上的种种说法，可以知道文学是一样甚么东西了。在此"未能免俗"，聊为文学下一种界说：

文学是由于生活之环境上受了刺戟，而起情感的反应；藉艺术化的语言而为具体的表现。

今人多谓文学为人生之表现，此乃指文学之对象，而忽略他的动机。或又谓文学所以指示人生之途径，又把文学弄成伦理学之奴隶。指示途径，可说是他的副产品，与文学之本身无关。"情动于中"，正是文学的动机，也正是其内容，但这情感，不是白白发生出来的，乃由受环境之刺戟，而反应出来的。若如此说，则人生已包括在内。"而形于言"，乃兼及外表。这种语言，又和寻常日用的不同，是被艺术化的，有声有色的。因纯文学自然有他的音节，又不能用音乐以表现之，因音乐太抽象了，故贵乎用一种具体的语言。且文学最忌抽象的表现，与其空说春景鲜明，不如说"杂花生树，群莺乱飞"。与其空说秋容惨澹，不如说"嫋嫋兮秋风，洞庭波兮木叶下"。

所以论列一种文学，对于作者的环境更当特别注重，在讲文学史的人，尤其应该如此。有人又以为文学纯为天才产物，本不受环境的限制。其实两说都言之成理，然又各有所偏。古已有之，列举于下：

（一）先天说　曹丕《典论·论文》："文以气为主，气之清浊有体，不可力强而致。譬诸音乐，曲度虽均，节奏同检，至于引气不齐，巧拙有素，虽在父兄，不能以遗子弟。"我国文人，最喜谈"气"，解释各不相同。这里所指的气，即是"才性"。后来清代姚鼐、曾国藩一般人所倡的阳刚阴柔之说，即从此生出。

（二）后天说　司马迁《报任少卿书》："《诗》三百篇，大抵皆贤圣发愤之所为作也。屈原放逐，乃著离骚。……"

谢灵运《拟邺中集诗小叙》论王粲："家本秦川贵公子孙，遭乱流寓，自伤情多。"论陈琳："袁本初书记之士，故述丧乱事多。"

钟嵘《诗品》论李陵："使陵不遭遇辛苦，其为文亦何能至此？"

两说不为无理，然先天、后天必兼而有之，始能卓然成文学名家。创造文学，必须天才，是不消说的。譬如天才是水，天才不丰富的，正如涸池浅沼；富有天才的，好比长江大河。然若水不遇风，则波平浪静，毫无奇观。或微风乍起，吹皱一池春水；或狂风怒号，卷起万顷波涛。后天的修养及其刺戟，亦正如风一样，既受先天之惠，复得后天之助，文学不患不成。若专恃天才，而无相当修养，不惟怠人志气，即早成熟的亦多华而不实。故讲文学史的人与其重先天，不若重后天还好些。

文学史之研究

文学史与文学本身之关系与其他学术史与学术本身之关系迥然不同。因为他种学术史与其所叙述之学术的本身，都同是客观的。文学史固然也是客观的,然而被他叙述的文学的本身,并不是客观的。文学家之所以异乎常人的,就是能将一切客观的事象,加以主观之解释。明明是空气流荡而成之风,竟说它在怒号;明明是由高就下之泉响,又说他在鸣咽。以数目来论,"虽九死其犹未悔",一个人怎能死到九次?"白发三千丈",古今中外,那有若长的头发?"南风吹山作平地","南山塞天地",试问天下何处去寻如此之大风与峻岭? 然而无害其为最优美之文学。以文学之创造,不妨完全掺入主观的成见。可是拿这同样的态度来研究文学史,那就糟透了。故研究文学史,要纯粹立于客观地位,"言之非艰,行之维艰。"谈文学史的人,多半是爱好文学之士。凡人有所爱,必有所憎。如喜欢汉、魏的人,每骂八家为浅薄。而崇拜后者的人,又骂前者为假古董。不过我们要极力免除此种弊端,虽不敢说成见减至于无,总要求能减至最低的限度。

因此,研究文学史应注重事实的变迁,而不应注重价值之估定。所应具的态度,应与研究任何史的态度应具的一般。

(一)冷静的态度　不染任何宗派色彩,不拥护何派,亦不诋毁何派。

(二)求信的态度　只问作品之真不真,不问作品之美不美。

(三)求因果的关系之注意　每种文学之产生,非突然的,必有其来因。既发生以后,必有其相当的影响,与其后来的效果。

(原载《中国文学史讲稿上编》,〔上海〕人文社一九三○年三月出版)

山中

稻向潭山深霞行，道人

（塲）擁帚笑相迎侍

練流管渾咖却来

聽山中揮葉散

胡小石《山中》诗手稿

秋暉

春歸歲歲長留眼　不道秋暉

眼轉長　霜柳今朝顏色改

却教人　認是歸鴉黄

胡小石诗稿手迹

屈原与古神话

一 古神话一般问题

神话有许多是在未有文字时期产生的,也即是文字以前的文学。我们应该了解:神话的发生必定在人类脑力已经发达以后。一般说,是当时劳动人民对现实生活的种种幻想——此等幻想或者是广大劳动人民对自然现象的解释——自然观。或者是对社会现象的解释——社会观的反映。但所表现的形式则必然是民族的。

古代人对自然现象的解释和对社会现象的解释,其中是包括很多方面的。例如:宇宙的开辟是怎样的传说;为什么有寒、暑、昼、夜、日、月、风雨等的传说;地形原来是怎样的传说;人类如何遭受自然灾害(像洪水)的传说;人类姊祖的传说;古代英雄事迹的传说;还有人民反抗统治阶级的传说。而所有这些传说,往往在古代各个事情中是彼此相似的。因为人类社会发展,东西方大体相差不远。各个不相同的民族根据不同的生活特点,经过幻想而形成的神话,就自然会大同小异。这并不是谁学谁的。譬如:关于洪水的传说,中国、巴比仑和希伯来都有。像英雄事迹的传说,中国和希腊都有。我们不能说这些传说是东方学西方,或是西方学东方。我们要理解到:这是各个民族在社会发展上,在生活与生产方式上必然的结果,是自生的,正如同各个民族的生产工具由用石器进展到用铜器,由用铜器进展到用铁器的情况一样。

可是正因为如此，所以各个民族间的神话形式的形成，又必然会伴随着各个民族在他们生活的地区和各种条件的影响之下而各不相同。例如：同一洪水故事，中国与希伯来就不同。同一英雄故事，中国与希腊也有所不同。所以说凡是神话的形式，必然一定是民族的，道理在此。

同样理由，各个民族的神话传说中，如果以形象言之，必然有各种不同的现实因素为根据。因此，神话中神的形象，往往用人像与各种动物形象混合起来。在人和动物形象相结合的神话中，"蛇"几乎是东西方各民族皆有的。因为蛇这种动物是分布最广，几乎到处都有的，形象普遍，所以结合也普遍。至于像埃及人首狮身象，印度婆罗门教有象鼻的神之类的形象，就不能在中国出现。因为中国没有"狮"和"象"。（"象"在神话中偶尔一提，但不多。）因此中国古神话就不把狮、象的形象列神话。总起来说：神话传说虽是幻想的产物，但幻想的头可以高昂在九霄云外，幻想的脚是必需要人站在地上的。这就是神话民族形式的根据。同时，各个民族的宗教形成，也是如此。所以各民族各有上帝，彼此不同。

按照中国文学史的发展情况来说，中国上古时期是有很丰富的神话传说，我们并不是缺乏神话的国家。例如：古书上传说"昆仑玄圃"是"帝之下都"，是群神聚集的福地，那里的宫阙崔巍，珍禽异兽、琪花瑶草是极其雄奇美丽的。这与希腊的奥林匹克是一样的。又如：印度摩诃波罗多中写出"般度"与"俱卢"两族十八天的大战，真是如火如荼的一首长史诗，我们中国书上记黄帝"修德振兵，教熊罴、貔貅、貙虎与炎帝（神农一族）战于坂泉之野"的剧烈，与他并无两样。尤其像屈原始祖颛顼与共工氏争立为帝的斗争，共工大败后，用头触不周之山闯下"天不满西北，地不满东南"的大祸。其精彩夸张并不在印度古史诗之下。希腊赫拉克利斯的英雄事迹，我们羿的表现，只有比他更好。屈原描写的东君的可爱，何减于阿波罗？至于像希腊普罗弥修斯的事迹，由于他从天上盗火给人类，为上帝罚受苦刑的传说，是人人歌颂的。但我们中国《山海经》所记的"二负之尸"，因为他擅杀了龙头食人叫做"窫窳"的怪物，上帝就把二负一只脚上加了镣，把头发和手都连在一起反缚着长埋于地下。其惨酷动人的情节是不让普罗弥修斯的盗火被囚专美于前的。

总之,中国的神话传说,尽管是丰富多彩,但可惜的是:(一)许多这类美丽动人的事实,皆分别散见在各种篇籍之中,没有像印度、希腊有人用巨大的长篇史诗把这些事实集中起来,传播开去。——中国长篇史诗产生特迟,是中国文学史上的特色。(二)神话中历史性的核心,被儒家扩大了它的作用。儒家老祖宗孔子就是以"不语怪、力、乱、神"来说教的。伏羲、神农的名字在晚期儒家口中才提起,并且把伏羲、神农说成是个完全历史人物,就连大禹治水的奇迹,在《尚书》、《论语》、《孟子》等书中也成了正常的历史记载。这也就是司马迁著《史记》所以不取三皇而从五帝开始的原因。《史记·五帝本纪》中说过"其尤雅者"才能入史。换句话说,凡是"言不雅驯"者,都在排斥之列。什么是不雅驯之言呢?那就是神话故事和传说。(三)在古典书籍中,除了大多数著者完成了"神话历史化"的使命而外,也还有些书中是喜欢记载神话的。我们从古典经籍中看:《左氏春秋》是常常记录些神怪故事的,所以唐朝韩退之老先生就认为"左氏浮夸"了。此外,从上古时代保存下来的《诗》——三百篇里的"雅"和"颂"有些是有史诗性质的,也有含有神话的诗篇,如《生民》(大雅)之诗说姜嫄履大人足迹而生后稷的故事;故《玄鸟》(商颂)之诗说简狄吞燕卵而生契的故事等。这都是最宝贵的东西。——屈原后来在他的作品《天问》里也提到,使我们知道关于这两件事的传说,南、北是一致的。

二 屈原与《天问》

要想搜集上古神话,是需要在儒书以外的古籍中去搜集。因为除掉"外道"(借用佛家话,指不是所谓正统的儒家书籍),书中是很少有神话的记载的。这就不能不使我们今天有必要来讲一讲屈原和他的重要作品《天问》了。

先说屈原。关于屈原的出身、经历,以及他在文学史上的成就和价值等,在这里我不想说。我要说的是:我们的天才诗人屈原是出现在当时落后社会的南方——楚国的。为什么要这样说呢？我们知道关于我们中国古代的社会分期是有种种争论的，像中国奴隶社会与封建社会的划界时期，迄无定论，早的说在西周，迟的又到汉代，更迟的可以放到南北朝。真是纷纭不一。在我个人看来：中国疆域面积如此辽阔广大，社会发展进程势难平头齐进。要划分两个社会的"更替"界限，是跟说明建子、建丑的历法一样，不应该求之于笼统概括的"时间"，而应该求之于各种各式的"空间"。就是说，同一时期，有些地方是先进，有些地方还是落后；先进的可以是封建社会，落后的还是奴隶社会。这是考古学者都知道的常识。我们从屈原作品中经常描写的"人神恋爱"的关系来说，可理解为这是奴隶社会思想的反映。因此，我认为至少屈原当时所处的江汉流域的楚国社会，有可能仍然处于落后的奴隶社会。不难理解，正如我国今天的社会性质已是社会主义的社会，但某些边远地区少数民族的生产关系，还有属于封建社会以上的阶段一样。我们的宪法开端正说明这一点。

再说屈原赋中所载录的关于古代神话材料的，计有《离骚》、《九歌》、《天问》、《招魂》等篇。他在这些篇中所列举的神名和神的事迹，是古代中原（即北方）典籍所少见的。这和淮水流域所产生的《庄子》，以《南山经》起首的《山海经》（这是南方人所著书，排方向由南而西，而北，而东。《大荒经》便从东方起，这是比较后出的），杂家者流的《吕氏春秋》（是有南人有北人写的书）以及在楚故都（安徽寿县是楚亡国时最后的一个都城）由刘安的门客淮南小山等集体创作的《淮南子》等书，是一家眷属。只有七国末期的神话故事《穆天子传》是出在北方，但所写的内容比较简单。因而不能不令我们想起《左氏春秋》所记楚灵王称赞左史倚相"是能读三坟五典、八索九丘"的话——我们应该明白认识到所谓三坟五典，所谓八索九丘，不是中原文献，一定是保存在南方蛮国中的古代书籍，而不是如汉儒所解的三皇、五帝、八卦、九州的书。

其次，我们说《天问》。在屈原赋中著录从古代传来的神话，最丰富的篇什应该是《天问》。标题"天问"，其实是"问天"。（这是动词在名词后，殷人语法也往往有之。）他一共向天发出一百七十二个问句，这是屈原作品中最难解的一篇文字。唐代柳宗元曾经大胆地作过一篇《天对》,向他所问的话——一置答,那只可叫做"天不对"。直到今天我们也还是有很大部分不能解。但是这篇作品是有它一定组织的。大体上说:上半篇所问的多是属于自然现象的事,下半篇所问的大概是关于古史记录方面的事。把许多神话材料杂出散见在其中,——现在我们从《天问》里抽出几个重点来谈谈——大约有如下几类:

图一　东汉武梁祠石室画像之二
(仿《东洋文化史大系》古代支那及印度第一百三十七页插图)

(一)人类始祖说——《天问》说:"登立为帝,孰道尚之? 女娲有体,孰制匠之?"这是屈原提出有关人类始祖问题的句子。按:王逸注以为"登立为帝"二句属伏羲,"女娲有体"二句属女娲。现在我们不能肯定说上二句就是伏羲,但下二句当属女娲是无可怀疑的。因为自来古人对于伏羲与女娲都是连类及之的。特别在古代文献中,如汉代画像石刻上所见到的伏羲与女娲的事,总结起来,最使人值得注意的有二点:一、伏羲、女娲均是人首蛇身作交尾状。二、伏羲、女娲是兄妹关系。据此,可以说明伏羲女娲的传说是极其原始的。而这些东汉时代的石刻画像,在四川汉墓中几乎随处都可以见到。其他如河南南阳草店的汉墓群及最著名的山东武梁祠画像均为好例子(图一)。甚至远在西方新疆吐鲁番唐棺内也有此类画像。同时我们必需注意到武梁祠画像中的"神农"像,在各个神话中应当是牛头,可是在此处完全改成人形。独有伏羲、女娲像,仍刻作人首蛇身作交尾状的,并且于两个神像中间刻有一个"婴儿"。这就明明告诉人们这就是"人类始祖"。——换句话说,古人刻这样画是象徵着我们人类是伏羲、女娲所生。——至于画成蛇身者,这种特征是本能的人、野蛮人尚未能使自己与自然分开的说明。而传说中的兄妹交尾,则又是旧石器时代原始氏族社会里的"血婚"遗迹。因为那时他们认为兄弟与姊妹结婚是合乎道德的。所以古人都说伏羲、女娲皆姓"风",这就是社会性质的证明。但是伏羲与女娲的名字,不见于古代中原人的经典中,(《诗经》提到禹,《尚书》述尧、舜)尤其是儒家。孔子也只讲尧、舜。淮水流域的庄子,始多言黄帝。直到《周易·系辞传》(不是孔子作,是晚期战国时儒家的话)中才说:"昔者庖牺氏之王天下也……以佃以渔"云云。因此,我颇疑伏羲、女娲的神话传说是起源于我国西南——是巴蜀的神话。观于今日四川汉墓石画中刻伏羲、女娲人首蛇身像之多,可以推见(图二)。我以为这个神话传说以四川为中心,然后逐渐流传扩大到河南、山东等地。要说明这一点,我们看《山海经·海内经》说:"西南有巴国;太皞生咸鸟,咸鸟生乘厘,乘厘生后照,始为巴人。"而"巴"正是今日四川东部和东北部。又《说文》卷十四下"巴,虫也。"或曰食象蛇,象形。伏羲与女娲正是蛇身。据此,则伏羲与女娲为人类始祖的传说当起源于此了。

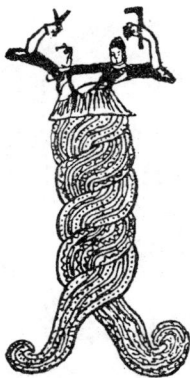

图二　隋高昌故址阿斯塔那墓室彩色绢画(仿史坦因《亚洲腹地考古记》插图)

图三　重庆沙坪坝石棺前额画像(仿常任侠沙坪坝出土之石棺画像研究插图。《时事新报》渝版《学灯》第四十一期。)

谈到人类始祖问题,自然不能不说到"自从盘古始分天地"的问题。按"盘古"开辟之说产生最迟,于三国时吴人徐整所作《三五历记》(《太平御览》七八引)谓"天地混沌如鸡子,盘古生其中……一日九变……天日高一丈,地日厚一丈,盘古日长一丈。如此一万八千岁。……后有三皇"云云,以后又见于《五运历年纪》,再后,梁人任昉作《述异记》居然指出(盘古)是"吴楚间说,今南海(广州)有盘古氏墓"等。由此可知,盘古传说也是起源于中国南部的。我以为如果从语根来说,"庖牺"即"盘古"的变称;因为从这两个名词的音来说,盘之与庖,古之与羲,与牺,声根是相同的,盘古庖牺是一声之转。又《后汉书》记西南蛮族以"盘瓠"为始祖,同时我以为如果仍以语根相同来说,则盘瓠亦即"盘古""伏羲"之异称。至于说"盘瓠"形象类狗,这疑是他们的当时"图腾"形状,这和伏羲之人首蛇身是相同的(图三)。

以上我说的是最原始的伏羲、女娲。这种传说,到了东汉末年应劭作《风俗通》便说:"女娲抟黄土为人,剧务力不暇供,乃引绳絙泥中,举以为人。故富贵贤知者,黄土人也。贫贱凡庸者,引絙人也。"我们知道这种说法不是原始社会的伏羲、女娲传说,而是已经有了阶级社会之后的说法了。因为神话是随着时代而发展的,但不管传说怎样变,我们祖先是仍然相信人类的始祖是伏羲、女娲。这可以说是中国的亚当与夏娃。

说到这里,我们还应该附带说一说古圣人的"感生说"。因为在中国历史上有许多古圣人是无父亲的。这正可以说明古代社会"知有母而不知有父"的意义。在《天问》中有"简狄在台喾何宜?玄鸟致贻女何喜"的句子,这与"商颂"里"天命玄鸟,降而生商"的说法相同,是说殷人祖先"契"是感生的圣人。又如《天问》中的:"稷惟元子,帝何竺之?投之于冰上,鸟何燠之?"这两句,也是同样与《诗经》中《生民》之诗说姜嫄的足践了大人的足迹而生后稷,置之隘巷,置之平林,置之寒冰都不能把后稷弄死是一致的。不但周的祖先是感生的圣人,此外像伏羲是母感履巨人迹而生,神农是母感神龙而生,黄帝是母见大霓绕北斗星感而成孕,少昊是母见大星如虹,下流华诸感而生,高阳是有瑶光如霓贯母身而生,帝尧是母梦与赤龙交而生,帝舜是母见大虹感而生,以及禹母梦吞薏苡感而生等传说,总是说古圣人是可以"无父而生"的。无父而生的说法,在西方对宗教的成立是有它极大意义的。我们看基督教义中把处女怀孕的"奇迹"认为是一大事,就不难理解它的作用何在了。可笑的是汉高祖——刘邦本是个流氓,做了皇帝以后,恐怕人家说他出身微贱,他不顾他老子太公的难堪,硬编造出他娘刘媪在大风雨中与蛟龙交合才生出了他的"怪事"。这位皇帝甘心做一个不是人养的人,岂非笑话!

　　(二)自然现象——由于古代人民要求对自然界——例如:天、日、月、寒、暑、昼、夜等想得到些适当的解释,所以在《天问》里就反映了如"八柱何当? 东南何亏?"以及"鳌戴山抃? 何以安之?"等等的问题。这是古人试图解释地是安置在什么东西上的幻想;说"八柱",说"鳌戴",这和印度古代人民传说地是有十二个柱子顶着,或说是有大象负着是同样的。所以今天流传在民间口头上的有"地动是鳌鱼翻身"的说法。另外,《天问》里又提到"夜光何德,死则又育? 厥利维何,而顾菟在腹?"这是反映出古人说月亮的由亏而盈,是它死了又能够再甦,而且它的肚腹里有个兔子。又如:"何阖而晦? 何开而明? 角宿未旦,曜灵安藏?""羿焉弹日? 乌焉解羽?"这是反映着古人以一个器物——如匣子之类的有开有阖来说明昼、夜、晦、明的原因,以及日中有乌的传说——谈到日中有乌,月中有菟,这在汉人石刻画中也是常见的,今天民间还有在过中秋节供养"菟二爷"的风俗,可谓是由来已久的事。可注意的是《天问》里提到"日安不到? 烛龙何照"的话,我们只要看看《山海经》内"钟山之神,名曰烛阴,视为昼,瞑为夜,吹为冬,呼为夏……人面蛇身,赤色"的记载,就知道这大约是北方的神话,被屈原采用的。因此我们可以看出:《天问》中是包括了南方和北方的传说的。这就足以知道屈原闻见的广博了。例如《天问》里有"焉有石林? 何兽能言"的说法,他不相信兽能说话和石头会长成像树林子,可是在我国西南——云南省路南县就真有"石林",是天下奇观。这个疑问的提出,大约是与屈原同时代的一个楚人叫庄蹻的开发滇国后因而流传东来的。其他像《九歌》中的"湘君"和"湘夫人"是南方的水神,"河伯"是北方的水神等，也是南、北兼包的。

（三）洪水故事——水是人类生活最重要的东西，和空气一样不可缺少的。我们看许慎《说文解字》里所收的字以"水部"为最多（计四六八字），而屈原作品里所歌咏的神也以水神最多，如宓妃、湘君、湘夫人、河伯、阳侯都是。因此，在《天问》里言治水大神——禹的句子亦较多。本来在古代各民族中像巴比仑、像希伯来皆有洪水故事传说，而且水灾又都是发生在大河流的下游。例如，巴比仑传说的洪水神话算最古，他的都城在"两河流域"的下游，即名"水都"。其主神亦有水神。因此，我们中国在"尧"时闹洪水，水约亦在黄河下游，如《尚书·禹贡》里说到"桑土既蚕，始降丘宅土"的话，是在兖州，是黄河与济水入海的地方。孟子说禹治洪水，亦是侧重下游。后来有人说禹"凿龙门，开砥柱"的话，不但见于晚出的书如《吕氏春秋》、《淮南子》之类，而且按照今天的龙门砥柱情况来看，也不是大禹时代的人力可以开凿的。大约禹治洪水有功，人们为了纪念治洪水的这一历史因素，未免夸大了禹的事迹。这也表现了人民对禹这样有功于人民的人的歌颂。现在我们顺便来谈谈大禹的事迹：第一，《商颂·长发篇》首言"洪水芒芒，禹敷下土方"的功绩是和《天问》一致的。第二，禹的治水，是继承父业的。因为禹父"鲧"照《尚书·尧典》上说由于他治水"九载绩用弗成"才把他殛于羽山的。所以《离骚》中有"鲧婞直以亡身兮，终然夭乎羽之野"的叹嘅，因而在《天问》里就有"不任汩鸿，师何以尚之？佥曰何忧，何不课而行之？"以及"阻穷西征，岩何越焉？化为黄熊，巫何活焉？"同"永遏在羽山，夫何三年不施？伯禹腹鲧，夫何以变化"等质问的句子被提出。第三，说大禹这个人的出生是有异徵的，因为传说禹是圣人，圣人是感生的，可是在《吕氏春秋》和《帝王世纪》上都说：禹母背裂而生禹。这就与印度传说释迦牟尼佛生时是剖其母右胁而出的一样。第四，禹又是一个劳动英雄形象。《尚书·皋陶谟》说他娶于涂山氏之女，生儿子都不回家看一看，忙着在治水的工地上。因此，孟子说他曾经三过其门而不入，《史记》也说他有十三年不曾回家。他一心为了治洪水，忘记了自己的家庭，所以累得他"身患偏枯"之症，"手无爪，胫无毛"，完全是一个"手胼足胝"劳动不休的英雄。这和后来墨子"摩顶放踵,利天下而为之"的精神是一贯的。所以有人说"墨学"是出于禹的。第五,又传说禹能变形。照《淮南子》的说法,禹的老婆每次送饭给他吃,他总是忙着。所以禹和他老婆相约,他有功夫吃饭时,就击鼓为号,他老婆就送饭来。不想有一天他正从一块石头上跳过去,无意跳在鼓上,鼓响了,他老婆自然送饭来,一看大禹这时正显出狗熊的形象,他老婆感到万分惭愧,因而立时就化为石头。据说后来禹的儿子"启",就是在这块石头的北面裂开而生出的。汉代嵩山下的"开母庙"就是纪念这件事。第六,据说大禹治水所以成功,是依靠了一个法宝叫"息壤"的。并且还有许多神物帮助他。其实禹所运用的法宝息壤,他父亲鲧治水时也用过。就因为盗用息壤而遭到天帝的处罚,但大禹接受过来就能成功。关于这个传说在《山海经》和《淮南子》上都有记载。并且还传说:现在湖北荆州江陵县城外还存有息壤遗迹。外面盖着一个屋子,人是不能动的,否则会大雨不止。至于帮助大禹治水的神物有叫"应龙"的,他用尾巴为大禹在地上画成沟道,使水流入里面。因此《天问》上说:"应龙何画?何海何历?"第七,人民传说禹在治水时是有过极其艰苦的斗争的。特别是杀了许多水怪妖神。例如:《山海经》就说有一个名"相柳"的水怪,生得九个头、蛇身,所过之处,陆地即成为溪泽。大禹把它杀了。这怪物的血腥臭经久不散。血流过的地上,不能再长五谷。大禹虽然想尽方法来改变它,但是都没用。后来只好在那地上筑个"群帝之台"来镇压住。又如:《山海经》上也记载着另一个妖神叫"天吴"的。这个妖神是水伯,有八个头,像人,老虎身子,有八足、八尾,浑身青黄色,是极其凶猛的。相传禹也把它杀了。再如:大禹也锁过一个著名的水怪叫"巫支祁"的,把它囚在洪泽湖边龟山井内。这故事见于《古岳渎经》。宋人乐史所著的《太平寰宇记》也有。《盱眙县志》上还曾经说过,在唐代宗时刺史李汤用五十条牛从井中牵出了巫支祁的故事,原来它是一个五丈高的猴子。我以为这些故事都显示了一个观念:就是大禹治水胜利,是从无数斗争中得来的。——根据以上传说,我们可以总结一下,那就是:一、治洪水最早是以黄河下游为主。这一传说,到战国末期才移至上游龙门砥柱。二、禹的形象是一个劳动英雄。他的事迹是古代人民传说与歌颂的对象。三、据《论语》说他能"尽力沟洫",是以"灌溉"为主,这似乎和古代东方亚细亚生产方式——灌溉有关。又各种古书上记载他的治水工具都是农具。这也该注意。四、据《越绝书》引"风胡子说","禹时以铜为兵"。大禹时代应该是铜器时代了。

由于以上的洪水故事传说,我们不难看出:中国洪水故事与巴比仑或希伯来的不同。例如:《旧约·创世纪》记挪亚方舟的故事,是受了上帝命令为了"避难"。(这一故事是起源于巴比仑的。)大禹治水却是为了"征服自然"。所以挪亚的故事,只适合宗教口味。而神话本质应当表现人民向自然作斗争取得最后的胜利的。只有这样,才是健康的思想。正因为有大禹治洪水的传说,就教育了我们,使我们中国历代——由汉到清都非常讲究治水的工程。(《清史稿》志传记治水的故事特详。)这与今天新中国的大兴水利,思想是一贯的。这是中国神话中优秀的传统本质。由此出发,像什么"精卫填海"和"愚公移山"的神话传说,皆是由这种处处表现向自然作斗争的精神派生、蜕化而来的。甚至像陶渊明诗中所歌颂的"刑天之民"(见《山海经》),就是把头斫下仍然要向统治中心——上帝作斗争。而《西游记》把孙行者号称"战斗胜佛",也应该认为是中国神话传统本质积极的体现。至于逃避水灾的传说,在古代也有过。像《天问》中有"水滨之木,得彼小子?夫何恶之?滕有莘之妇"的句子,这是说伊尹的母亲(有莘氏)怀着伊尹时,梦见神女对他说:"臼灶生蛙,亟去无顾。"不久,臼灶中果然生蛙,母去东走,回看其邑,尽为大水。母被淹死,化为空桑之木。木中生一小儿,便是后来的伊尹。这件事《吕氏春秋》和《天问》王逸注所说大略相同。但是这种避灾的故事在洪水故事中,地位只是次要的。清代康熙十七年水漫泗州城,到今日也有这样的话:说是有神教人看到州衙前的石狮子眼中出血,便要快走,不可回头看。后来有人在石狮眼中涂上猪血,大水果然来了。这就是由"有莘之妇"避水故事承袭、演变来的。

另外,我还想附带说一说关于西南民族治洪水的故事。《华阳国志》载:古蜀杜宇,在七国时称帝,号曰"望帝",以褒斜为前门,以熊耳、灵关为后户。会有水灾,其相开明决垒山以除其害。望帝即将帝位让给他,自升西山隐居,后化为杜鹃鸟云云。因此,后来蜀人听子规鸟鸣,即认为是杜宇的声音。此事虽然屈原赋中不见,但传说的基本精神是治水除害,这和大禹治洪水的神话,恐怕是一个来源。

(四)古英雄记——在屈原的《天问》中提到的"羿",是一个古英雄。现在我们把可能引证的材料联系起来谈一谈:

先说"羿"字。说文弓部"羿"是帝喾的射官。《论语》也说"羿善射"。我们知道人类能利用弓箭是中石器后期——亦即新石器初期才有的。它不但是武器,同时也是生产工具和一种乐器的开始。(管弦字从弓,可以推知创琴瑟的神话,必在此期以后。)古英雄羿的出现,至早不能超过这时期以前。中国古书上说的羿有各种不同的时代——或在帝喾时,或在帝尧时(这是射日的羿),或在夏初时(这是有穷后羿)。因为羿在古代不是专名,而是善射者之公名。有如大巫推"巫咸",尧时有巫咸,殷也有巫咸,"扁鹊"是名医,黄帝时有个扁鹊,后来战国时的名医"秦越人"也叫扁鹊一样。不特如此,就在今日也还有这一类的具体例子。例如:十七世纪南方匠人雷发达应募到北京参加营造宫殿,经历清朝末年已经七代,都称"样子雷"(或作样式雷)。我们说羿应该理解为公名的根据在此。

《天问》上说:"羿焉彃日?乌焉解羽?"这指的是尧时的羿,是说他射落九日的故事。中国古神话羿是英雄形象的集中,他等于印度古史诗中的"罗摩"和希腊古英雄"赫拉克利斯"。而羿与后者尤其相类。他在当日以他的无比的勇力,绝顶射艺,为人民除害,立了八大功劳。八大功劳:第一,是射日。关于十日的灾害,除《天问》王逸注而外,还见于《山海经·海外西经》、《吕氏春秋·求人览》、《淮南子·本经训》。屈原的《招魂》里也说到东方的可怕是十日代出,流金烁石。当十日并出,焦草木,杀禾稼,民无所食的时候,尧乃令羿仰射之。羿射中九日,日中九乌皆死了,并且把羽毛堕落地上。第二,是射河伯。这在《天问》里有"何射夫河伯,妻彼洛嫔"的句子。据王逸注说:河伯曾经化为白龙,游于水旁,羿见了射它。把河伯的左眼射瞎了,河伯就跑到上帝面前去告,也没有得直。又据《淮南子·氾论训》:"羿除天下之害,而死为宗布。"高诱注说:羿是尧时的一个诸侯,因为河伯溺杀人民,他才把他射瞎左目的。第三,是杀封豕。第四,是断长蛇。我们看《天问》里有"冯珧利玦,封豨是射"的句子。再看《淮南子·本经训》说:当尧之时,封豨、长蛇皆为民害,尧乃使羿断修(长也)蛇于洞庭(在巴陵),擒封豨于桑林。《山海经·海内经》上也有同样的记载。第五,是诛凿齿,凿齿是怪人。据传他齿像"凿子"一样,吐出在口外,长可三尺,很凶暴。羿和他战于寿华之野,羿是用的弓矢,凿齿是用的盾牌。大战结果是羿把他射杀了。这故事《山海经》的《海外南经》、《大荒南经》及《淮南子·墬形训》里都有。内容大致也相同。第六,是杀九婴。九婴大约是个长颈项的怪物,可能是蛟龙一类的东西。据《淮南子·本经训》说:"羿杀九婴于凶水之上"。为什么说是个长颈项的怪物呢?因为九婴即"勾婴",婴可能是颈。第七,是缴(射也)大风。《淮南子·本经训》说:"羿缴大风于青丘之泽"。又据高诱注:"大风是风伯,能坏人屋舍。"这好像我们今天的"龙卷风"。高诱注中又说:"一曰鸷鸟"。《离骚》中的"蜚廉"——风神,就是鸟形的神。令人联想到甲骨文字中风字作"𩙿",正像鸟形。据此,就知道羿所射的一定是个兴风作恶的怪鸟了。第八,是杀猰貐。《淮南子·本经训》说:"羿上射十日而下杀猰貐"。高诱注:"兽名。状若龙首。或曰似狸,善走而食人。"《山海经·北山经》、《海内南经》亦都记载这个怪物。羿因为他食人,才把他杀了。

特别是《淮南子·本经训》在说羿除了八害以后,总结一句是"万民皆喜"。因此,羿的除八害颇与希腊赫拉克利斯立十二大功相同。但赫拉克利斯立的十二大功,有些是故造奇迹,不像羿除八害是完全为人民服务。

如果我们把羿的故事传说总起来看,可以得出这样一个结论,那就是:(一)羿是善射英雄。弓矢到了中石器时代才有,羿之出现,必在此后。(二)羿之所以成为大英雄,完全是因为他能战胜一切自然敌人,为民除害,与禹治水的精神正同。(三)羿杀封豕长蛇,可以看出古代人兽相搏的情况。是当时现实生活的一种反映。(四)古代人动作是以集体为主。羿是个个人英雄(因为善射是个人技术)。这个夸大了的个人的幻想,是生产力提高的幻想。——再说:羿的形象和功劳是人民忘不了的。他究竟有没有缺点呢?可以说,是有些的。他大约有些过于天真的地方。例如:他收藏的"不死之药"被他妻子嫦娥偷吃了奔向月中。又如:他一生善射,把技术都教给学生,可是最后终于被他所教的学生"逢蒙"杀死了。这都是他平日过分把人当好人看待,太缺少警惕的结果。因此,我们说羿的形象,是有一些天真的。天真虽然与自己不利,但却不是个阴险狡猾、卑鄙无耻的人。他是个内外一式的英雄,仍不失为可爱。

现在我们再把大禹和羿这两个人的神话传说结合起来看,就可以看出中国古神话反映出中国古代人民最优良的品质。凡是为我们古代人民所歌颂、所喜爱的神和英雄,他们必须具有以下的条件:(一)能征服自然灾害,为民造福,对于一切困难不低头。(二)并且是不断劳动的,以群众利益高出于个人利益的。(三)同时又是毫无宗教的柔软、懦怯性,而是永久斗争下去的。(四)斗争可以一直到死不休(如"刑天",如"精卫");可以把事业传诸子孙(如"愚公移山");即使是斗争者的遗物,也还可以发展壮大(如"夸父逐日",弃其杖,化为邓林的传说)。(五)对上帝常常不满(屈原作品中对上天向不说好话,见《离骚》、《招魂》),对统治阶级反抗(如"刑天"、如"孙行者"),对旧制度憎恨抗争(如《孔雀东南飞》一诗结尾的冢上鸳鸯;如梁山伯、祝英台的化蝴蝶),而最后胜利一定属于被压迫者。

正因如此,所以我们史不绝书的历代人民革命起义,都能把侵略者打垮,推翻。直到今天,我们民族所以取得反封建主义、反殖民主义的革命胜利以及能不断地和大自然作斗争的精神(如治淮、根治黄河等),这可以说都与我们祖先创造神话、歌颂英雄事迹的教育启发是分不开的。这就是我们祖国文学遗产的最可宝贵之处。

三 《天问》的精神本质

事情还得说回来。《天问》里既是保存着这许多古代神话传说,或许有人要问:屈原是不是神话传播者呢?答覆是:不!屈原不是一个神话传播者,相反的他是一个神话的怀疑者。《天问》与屈原其他作品不同,说得更明确些,屈原写《天问》,不是从感情出发,而是从理智出发的。他虽然在一百多个问话中分别引用或举出各种各样的神话传说,在今天我们应该认为这是研讨古代神话材料的一座宝库;然而我们伟大的诗人——屈原,对所有这些材料一一加以怀疑,一一予以反诘。他对于一切传统的东西,都一一用"何"、用"安"、用"焉"、用"谁"一类的问词,加以诘难。对事用"何"、用"胡",对地用"安"、用"焉",对人用"谁"来表明了他自己的不信任。

我们知道中国古代的正统经典,它们对神话是一概加以高度"历史化"的,换句话说,本来神话传说是人变成神来体现的。而古代经典却用"历史化"这一法宝,把神变成人了。儒家利用这个办法,来证成他自己的理想,从而扩大宣传说教的效率。我们的诗人就不这样。他不要什么说教。他对于传统的东西,一律致疑,一律给以破坏。例如:他说"遂古之初,谁传到之? 上下未形,何由考之?"他写《天问》一开口就对于当时开辟的传说不满意! 他说:"八柱何当? 东南何亏?"就打破了地放在柱上的可笑的谬说。他说:"何阖而晦? 何开而明? 角宿未旦,曜灵安藏?"又说:"日安不到? 烛龙何照? 羲和之未扬,若华何光?"就肯定了光明只是从太阳发出的,别的东西皆不能代替。他说:"羿焉彃日? 乌焉解羽?"这两句连古英雄事迹都动摇起来了。同时还否定了"日中有乌"和"月中有菟"的传说。(如"夜光何德,死则又育? 厥利惟何,而顾菟在腹?")又如他说:"雄虺九首? 倏忽焉在?"是不信蛇能有九头的。他指出:"女岐无合,夫焉取九子?"把各种荒诞无稽的感生说,一扫而空。他说:"化为黄熊? 巫何活焉?"明斥"鲧殛于羽山,其神化为黄熊"传说的不合理。因为屈原不信人能变形,正确认识到:"人"和"兽"是应该有区别而不混乱的。这就摆脱了古代人把人和自然不分的混沌观念。他说:"何所不死? 长人何守?"这不但不信古人传说有什么"不死之国",而且对当时燕齐间方士宣传的什么"求仙",什么"长生之术",予以致命的打击。后来秦始皇、汉武帝如果有此等敏锐的眼光,便不会受到那些方士们的愚弄,造成许多笑话,让司马迁作《封禅书》来嘲讽他们。再有就是从古以来关于"昆仑山"夸大传说。《山海经》中把昆仑写成是天帝下都,是群神汇集的乐园。奇迹最多,灵异惊人。而我们诗人却提出:"昆仑县圃,其居安在? 增城九重,其高几里?"对它的存在有疑问了。到了张骞寻河源,便将这古来一个美丽的迷梦戳穿了(打开《史记·大宛传》的论来一看便知)。在近代有许多探险家到过昆仑山,所见到乃是一带终年积雪的大荒山,证明这一很早提出的疑问的正确性。

屈原这许多对于神话的怀疑和反诘,我们必需理解他的精神本质。他不像那些把神话历史化的人,拿理性化的历史去说教。他从幻想的自然观和社会观的迷雾中飞跃出来追求唯物的真理,是科学思想的开端。我们可以这样说:人类智慧的发展,到此大大地进了一步。

大家都记得,我们几年前纪念世界四大名人时,是把我们的诗人屈原和创造"天体运行"新说的伟大波兰科学家尼古劳斯·哥白尼并列的。固然屈原在科学上的成就不能和哥白尼比并。这是历史条件的规定。但是屈原在他所生的时代里,他的敢于怀疑传统学说而企求真理的精神,在古代可算是首举义旗的。《天问》这篇大诗,早在公元前三世纪末年已经打下了哥白尼思想的奠基石。恩格斯曾经把哥白尼看作是把科学从神权束缚中解放出来的革命战士。而我们伟大诗人屈原,则可说是冲破人类原始误解的黑夜中的举火者了。

可惜的是在屈原死了不久,中国就遭到秦始皇任用李斯等法家的机械冷酷的统治。不久,又遇到汉武帝尊崇儒术、罢黜百家的腐蚀政策,把中国学术引入了经院的铁门。两千多年思想上的枷锁,直到今天才真正扭断。幸而前此我们尚有过王充,有过孔融,有过范缜,有过刘知几,有过李贽,有过归庄等唯物主义思想者。他们的影响,虽因历史条件的限制,不能十分发扬光大,但都是《天问》精神在长夜漫漫里继续不断的流星闪光。

我们古神话所遗留下来的伟大优美的文学与教育意义,和我们的诗人——屈原大胆的怀疑、追求真理的唯物主义精神是并垂不朽的。

　　(本文系作者一九五六年演讲记录稿,原载《雨花》一九五七年一月〔号〕、二月〔号〕)

胡小石仿汉简书法

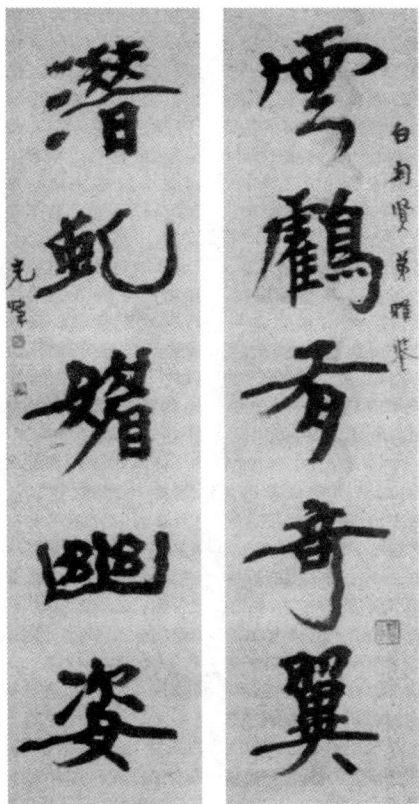

胡小石为吴白匋书楹联　　　　　　胡小石隶书楹联

楚辞辨名

　　"楚辞"之名,西汉已有之,最早见于《史记·酷吏传·张汤传》中。文云:"始长史朱买臣,会稽人也,读《春秋》。庄助使人言买臣,买臣以楚辞与助俱幸,侍中,为太中大夫。"又《汉书·朱买臣传》:"会邑子严助贵幸,荐买臣,召见,说《春秋》,言楚词,帝甚悦之。"又《王褒传》:"宣帝时……徵能为楚辞九江被公,召见诵读。"自此以后,遂为定名。王逸叙《九思》曰:"读楚辞而悲愍屈原,故为之作解。"晋、宋以下,郭璞、何晏、杨穆、皇甫遵、徐邈之属著书,皆题"楚辞"云云矣。

　　"楚辞"之名,当以其声,买臣召见,言"楚辞",此言当读为"子所雅言"之言,又《御览》五百八十九引《七略》言"被公年衰老,每一诵,辄与粥",则此虽不歌,亦当异常调,又买臣能言"楚辞",而传言其"担束薪,行且诵书,其妻亦负戴相随,数止买臣毋歌讴道中。"意者或是歌"楚辞"耳,则买臣妻之求去,正为屈大夫所累也。又《隋书·经籍志》云:"隋时又释道骞善读之,能为楚声,声韵清切,至今传楚辞者,皆祖骞公之言。"可见"楚辞"成诵,古有专门。买臣(吴人)、被公(九江人)皆南人,近楚,故能为之。《汉书·礼乐志》言"高祖乐楚声,故房中乐楚声也"。武帝立乐府,有赵、代、秦、楚之讴。又武帝使淮南王安为《离骚传》,而买臣以"楚辞"进,又《王褒传》言被公所以召见,乃以宣帝时修武帝故事。由此推之,则"楚辞"之名,当成于武帝时,而东汉人多沿用之,如《说文·萑部》蒦下引《离骚》"求矩蒦之所同",而称"楚辞曰"云云。王逸为《离骚》以下诸篇作章句,而总目之为"楚辞"是也。

原为楚人，"楚辞"又特异诗。以雅以南，雅为北音，南是楚音之类矣。（《小雅·北山之什·鼓钟》："以雅以南，以籥不僭。"）其后拟者，并其声而拟之，故曰"楚辞"。

《礼乐志》又言："河间献王……因献所集雅乐，天子下大乐官。当存肄之，岁时以备数，然不常御。"河间好经术，此雅乐是北音也。黄伯思谓"屈宋诸骚，皆书楚语，作楚声，纪楚地，名楚物，可谓之楚辞，若些只羌谇蹇纷侘傺者，楚语也"（《东观馀论·翼骚序》）云云，可见"楚辞"实以声重。

后世以"楚辞"名书，或以"骚"名该全辞。案：班固、贾逵但为《离骚》作传，其外十五篇，阙而不说。自王逸以下，总以屈、宋全文称"楚辞"，其第一篇则曰《离骚》。其以"骚"为通名者，当起汉、魏以下。《中山经》曰："少室之山，百草木成困，其上有木焉，其名曰帝休，叶状如杨，其枝五衢。"郭注曰："言树枝交错相重五出，有像衢路也。《离骚》曰：'靡萍九衢'。"又《海外东经》"汤谷"，郭注曰："《离骚》所谓：'羿焉弾日？乌焉解羽？'者也。"又《大荒东经》"东海之外大壑"，郭注曰："《诗含神雾》曰：'东注无底之谷。'谓此壑也。《离骚》曰：'降土大壑。'"又《大荒北经》"烛龙"注：《离骚》曰："日安不到？烛龙何照？"案：靡萍、弾日、烛龙，并出《天问》，"降土大壑"出《远游》，而郭俱称之曰《离骚》，则已以"骚"该馀篇矣。《水经》三十六温水注："《山海经》曰：'离耳国、雕题国皆在郁水南。'林邑记曰：'汉置九郡，儋耳与焉，民好徒跣，耳广垂以为饰，虽男女衮露，不以为羞，暑衮薄日，自使人黑，积习成常，以黑为美。《离骚》所谓玄国矣。'"案今《离骚》无玄国之文，惟《招魂》言南方雕题黑齿与此合，是道元引"楚辞"，亦以"骚"该馀篇矣。《文心雕龙·辨骚》自"《离骚》之文，依经立义"以下，兼举《天问》、《涉江》、《招魂》而纳之篇中，是亦举"骚"见全。《文选》三十二至三十三刊"骚"为一目，含《离骚》、《九歌》（六首）、《九章》（一首）、《卜居》、《渔父》、《九辩》（五首）、《招魂》，其例同刘。吴子良《林下偶谈》訾《选》名为无义，其实此端不自昭明始也。《直斋书录》十五录本《离骚》释文，《九歌》、《天问》以下，统以"骚"称之，其后金人瑞（《唱经堂汇稿·序骚》一卷）、屈复（《楚辞新注》）皆沿其说。

　　刘向集"楚辞",尊《离骚》为经,王逸因之,此实汉儒相承之陋习。《文心雕龙》谓:"昔汉武爱《骚》,而淮南作传,以为国风好色而不淫,小雅怨诽而不乱,若《离骚》者,可谓兼之。"又云:"王逸以为诗人提耳,屈原婉顺。《离骚》之文,依经立义。"又云:"及汉宣嗟叹,以为皆合经术。杨雄讽味,亦言体同诗雅。四家举以方经,而孟坚谓不合传。"洪兴祖即不以此说为然。司马、淮南,则只称《离骚》耳。

　　《汉志》列入赋类,屈原赋二十五篇,后人以原为辞赋之祖(新赋始于荀子入楚,又受屈之影响也)。《志》本《七略》,则以为赋者,亦西汉旧说,盖以赋继诗,兼包六义,班生所谓古诗之流也,近儒戴注屈《骚》,即用班名。

　　合上所举观之,名"楚辞",以声言;名"骚",以情言;名"赋"、名"经",以地位言。

　　吾谓"楚辞"本自名诗,十五国风无楚风,古楚无诗也,《汉志》言:"春秋之后,周道寝坏,聘问歌咏不行于列国,学《诗》之士逸在布衣,而贤人失志之赋作矣。大儒孙卿及楚臣屈原离谗忧国,皆作赋以风,咸有恻隐古诗之义。"案:班意以赋继诗,然考之"楚辞"本文,实有以诗自名之证,今刊五例如下:(一)《九怀·陶壅》曰:"悲九州兮靡君,抚轼叹兮作诗。"《九怀》拟《九歌》,而王褒乃云作诗。(二)《哀时命》曰:"志憾恨而不逞兮,抒中情而属诗。"王注"则抒我中情,属续诗文,以陈己志也。"案:庄忌拟原作,而自命所作为诗。武帝好声,世乃更名为"楚辞"耳。(三)《悲回风》曰:"眇远志之所及兮,怜浮云之相羊。介眇志之所惑兮,窃赋之诗所明。"王注:"言己守高妙之节,不用于世,则铺陈其志以自证明也。"(四)《惜往日》曰:"惜往日之曾信兮,受命诏以昭诗。"(五)《九歌·东君》曰:"翾飞兮翠曾,展诗兮会舞。"补曰:"展诗犹陈诗。"是原亦自以楚巫所歌为诗。巫歌为诗,则屈、宋所作为楚诗,不亦可乎?

　　(原载中央大学中国文学月刊社《中国文学》第一期〔一九四四年重庆〕)

挽弓当挽强，用箭当用长。射人先射马，擒贼先擒王。杀人亦有限，列国自有疆。苟能制侵陵，岂在多杀伤。

仲伟书 沙心

团扇生绡捐已无掩书示读阖。精庐故人笑此中产树。一日秋风，一日疏冬，此诗今日方知其味。

胡小石书法四屏条（选一）　　　　胡小石行楷书法

胡小石 1961 年 73 岁书迹（横卷）

《楚辞》郭注义徵

　　《晋书·郭璞传》云：璞撰前后筮验六十馀事，名为《洞林》。又钞京费诸家要最，更撰《新林》十篇，《卜韵》一篇。注释《尔雅》，别为《音义图谱》。又注《三仓》、《方言》、《穆天子传》、《山海经》及《楚辞》、《子虚》、《上林赋》，数十万言。皆传于世。《隋志》集部录诸家《楚辞》音注，自汉迄隋凡十部，首列王逸注，次列郭璞注《楚辞》三卷，其后新、旧两《唐志》丁部，皆录郭璞注《楚辞》，则作十卷。案：旧志叙云：今录开元盛时四部诸书，以表艺文之盛。其所据盖为当时元行冲所上《群书四部录》，或毋煚所撰《古今书录》之类。屡经兵火，丧失过半。新志出于旧志，其叙称今著于篇有其名而亡其书者，十盖五六。《隋志》所录《楚辞》十部，今日仅存王注。郭注在宋代，晁《志》、陈《录》，皆无其目，洪、朱作注，亦罕徵引。意其遭厄煨烬，或早在天宝、广明诸乱中，幸得于隋唐诸志见其目耳。至其分卷，或三或十，前后不同。盖《隋书》成于唐初，所见或为先代旧书，注疑单行，故仅三卷。两唐志所据，或是开元三年重加整比之本，辞注相合，卷数乃增至三倍耶？近世敦煌所出古籍，有写本《楚辞音》残卷，起《离骚》"驷玉虬以乘鹥"，迄"杂瑶象以为车"，存者共八十四行，藏巴黎国立图书馆中。王重民先生尝校书巴黎见之，据卷中"兹"字下骞案云云，定为隋释道骞撰《楚辞音》。又以"珵"下云郭本止作程，谓即郭璞《楚辞注》之孑遗。闻一多教授为之跋，其文载《巴黎敦煌残卷叙录》第一辑中，推勘甚备。以卷中"兹"字下郭云"止日之行，勿近昧谷也"，为释"望崦嵫而勿迫"；"鸩"字下郭云"凶人见欺也"，为释"鸩告余以不好"；"鸠"字下郭云"奸佞先己也"，为释"恐鹈鴂之先鸣"。其说皆是。又谓《文选·江赋》"悲灵均之任石,叹渔父之櫂歌",李善注谓《怀沙》即《任石》也,义与王逸不同,可视为郭氏《楚辞》遗说。说亦至确。惟鄦意郭注《楚辞》虽亡,而其所注他书,如《尔雅》、《方言》、《穆天子传》、《山海经》诸注皆在。其所为《尔雅》《山海图赞》及《三仓》、《子虚》、《上林》诸注,亦往往散见群籍中。(《子虚》《上林》二注,《文选》所收非全本)今就道骞《楚辞音》残卷所引郭说三事审之,似其注诠释义旨者,体例亦与王氏章句不甚相远。惜书缺不可悉见。若夫名物训诂之说,则就见存诸书中求之,其义涉《楚辞》者,为证实繁,固不止《江赋》一事。今案其诸注,有直引《楚辞》本文者,如《尔雅·释天》"正月为陬"注云:"《离骚》曰:'摄提贞于孟陬。'""蜺为挈贰"注云:"蜺,雌虹也,见《离骚》。""暴雨谓之涷"注云:"今江东呼夏日暴雨为涷雨,《离骚》曰'令涷雨兮洒尘'是也。"《释草》"卷施草"注云:"宿莽也,《离骚》:'夕揽洲之宿莽。'"《尔雅图赞》亦云:"卷施之草,拔心不死,屈平嘉之,讽咏以比"云云(《艺文类聚》八十一引)。《方言》:"凭酥苛怒也,楚曰凭。"注云:"凭,恚盛貌,《楚辞》曰:'康回凭怒。'""凡草木刺人,江湘之间谓之棘"注云:"《楚词》曰:'曾枝剡棘,亦通语耳。'"《山海经·西山经》"西南三百六十里曰崦嵫之山"注云:"日没所入山也,《离骚》奄兹两音。"《北山经》:"敦薨之山,其兽多兕旄牛。"注云:"或作扑牛,扑牛见《离骚》《天问》。"《中山经》:"少室之山,其上有木焉,其名曰帝休,叶状如杨,其枝五衢。"注云:"言树枝交错,相重五出,有像衢路也,《离骚》曰'靡萍九衢'。"又"东一百二十里曰洞庭之山"注云:"今长沙巴陵县西,又有洞庭陂,潜伏通江,《离骚》曰:'邅吾道兮洞庭,洞庭波兮木叶下',皆谓此也。"又"帝二女居之"注云:"天帝之二女,而处江为神,即《列仙传》江妃二女也。《离骚》《九歌》所谓湘夫人称帝子者是也"云云。《山海经图赞》:"厥苞橘櫾,奇者惟甘,朱实金鲜,叶蒨翠蓝,灵均是咏,以为美谈。"(道藏本)又:"神之二女,爰宅洞庭,游化五江,惚恍窈冥,号曰夫人,曰惟湘灵。"(同上)又:"象实巨兽,有蛇吞之,越出其骨,三年为期,厥大何如,屈生是疑。"(《艺文类聚》九十六)凡此之属,与其《楚辞》本注,下义必同。又如《尔雅·释宫》:"西南隅谓之奥"注云:"室中隐奥之处。""暗谓之台"注云"积土四方"。"有木者谓之榭"注云:"台上起屋。"《释器》"木谓之簴"注云:"县钟磬之木,植者名簴。"《释天》"回风为飘"注云:"旋风也。"《释地》"两河间曰冀洲"注云:"自东河至西河。"《释丘》"坟大防"注云:"谓堤。"《释草》"菉王刍"注云:"菉,蓐也,今呼鸭脚沙。"《释木》"椒樧丑菜"注云:"樧,似茱萸而小,赤色。"《释鸟》"燕燕鳦"注云:"一名玄鸟。"《穆天子传》"河伯无夷之所居"注云:"无夷,冯夷也。"而"封□隆之葬"注云:"隆上疑作丰,丰隆筮御云,得大壮卦,遂为雷师。"《山海经·南山经》"鹊山多山桂"注云:"桂,叶似枇杷,长二尺馀,广数寸,味辛,白花"云云。"糈用稌米"注云:"糈,祀神之米名。""祷过之山,其下多犀兕"注云:"兕亦似水牛,青色,一角,重三千斤。"《西山经》"嶓冢兕山"注云:"今在武都氏道县南。""槐江之山,实惟帝之平圃"注云:"平圃,即玄圃也。""泑山神蓐收居之"注云:"亦金神也,人面虎爪白尾,执钺。""号山其草多药虋芎䓖"注云:"药,白芷别名。芎䓖,一名江离。""绣山其草多芍药"注云:"芍药,一名辛夷,亦香草属。"《中山经》"翼望之山其中多蛟"注云"似蛇而四脚,小头,细颈"云云。《海外南经》"帝喾葬于阴"注云:"喾,尧父,号高辛。"《海外北经》"雨师妾在其北"注云:"雨师,谓屏翳也。"《海内北经》"维冰夷恒都焉"注云"冰夷,冯夷,即河伯也"云云。《大荒南经》"有羲和之国"注云"羲和,盖天地始生主日月者也"云云。《大荒西经》"帝俊生后稷"注云:"俊宜为喾,喾弟二妃生后稷也。""大荒之山开,上三嫔于天"注云:"嫔,妇也,言献美人于天帝,得《九辩》与《九歌》以下,皆天帝乐名也"云云。《海内经》"九嶷山"注云:"山今在零陵营道县南,其山九溪皆相似,故云九疑,古者总名其地为苍梧也。"《文选·子虚赋》"江离麋芜"注云:"江离似水荠。""桂椒木兰"注云:"木兰皮辛可食。"《上林赋》"烦鹜庸渠"注云:"烦鹜,鸭属也。""龙茈崔巍"注云:"皆高峻貌。""鸣玉鸾"注云:"鸾,铃也。"此类虽未尝言及《楚辞》,然解说名象,彼之与此,当无大异,或亦可当《离骚》《九歌》《天问》《九章》《远游》《卜居》《招魂》诸注之逸义欤?又案校诸说,往往同王。试以敦煌本《楚辞音》残卷所得四事证之。"崦嵫"句郭云:"止日之行,勿近昧谷。"王注此句,则云:"欲令日御按节徐行,望日所入之山，且勿附近。""鸩告"句郭云："凶人见欺。"王注此句，则云：
"其(鸩)性谗贼，不可信用，还诈告我，言不好。""珵美"句郭本作程，取同
音。知不改义。"鹈鴂"句郭云："奸佞先己。"王注则云："以喻谗言先至。"
两家之旨，无大出入。他文若此者甚众。然间亦有王异义者。如宿莽，王
但云草冬生不死者，楚人名曰宿莽。郭则举卷施实之。菊有三名，率以秋
华者为蘜。王说餐菊，但云芳华，义不别出。而郭说《尔雅》，则以为治墙。
王说"启《九辩》与《九歌》，夏康娱以自纵。"以夏康为启子太康。郭注《大
荒西经》云："得《九辩》与《九歌》以下，皆天帝乐名。"则当读夏为下，已启
后儒王念孙之先，以文例言之，读下为长。"羿又射夫封狐"，王注："封狐，
大狐也。"记近人有疑当为封猪者，虽无直证，然《山海经图赞》固云："有物
贪婪，号曰封豕，荐食无餍，肆其残毁，羿乃饮羽，献帝效技。"稽之《天问》，
亦云："帝降夷羿，封豨是射也。"王以飞廉为风伯，郭注《上林》，说为龙雀，
鸟身鹿头。又郭说古巫皆为医。王注巫咸为古神巫，当殷中宗之世。郭
巫咸《山赋序》，以为帝尧医。王注"帝告巫阳"云："帝谓天帝，女曰巫，阳
其名也。"郭说亦以为神医。王注"鸣玉鸾之啾啾"，以鸾为鸟。《上林赋》
"鸣玉鸾"，郭注乃以为铃。王说湘君湘夫人为尧二女，其义盖本《史记·
秦始皇本纪》。郭注《九歌》，则谓天帝之二女，处江为神，力斥说尧女之
非。而李善注《江赋》协灵湘娥，乃引王逸《楚辞注》尧二女坠湘水者为说，
非其伦矣。王于河伯，不言何名。郭则以为冯夷。王说冯夷，亦但称为水
仙人也。王说倏忽乃电光。郭注帝江，引庄生混沌倏忽事，则意以为神。
"启棘宾商"王注："宾，列也。"郭读宾为嫔。王注"大坟"云："水中高者为
坟。"郭注《释丘》以为堤。《招魂》"发激楚些"，王注激为清声。《上林赋》
"激楚结风"郭注则云："激楚，歌曲。"若夫说《怀沙》为《任石》，李善以为与
王逸不合。王注《悲回风》"重任石之何益"，言虽欲自任以重石，终无益于
万分。郭注《任石》："义即怀沙砾自沉。"此固闻君所已引也。以上诸条，
虽取舍各殊，并足资学者之参证。兹就披览所及，以意比次，自笑若锥之
餐壶。其有疏略，愿于异日能补正之耳。庚辰冬，昆明圆通山讲舍写竟，
故记之。

《离骚经》

帝高阳之苗裔兮

　　《山海经·大荒西经》"有国名淑士,颛顼之子"注:"言亦出
　　自高阳氏也。"

摄提贞于孟陬兮

　　《尔雅·释天》"正月为陬"注:"《离骚》云:'摄提贞于孟陬。'"

皇览揆余初度兮

　　《释言》"揆度也"注:"商度。"

扈江离与辟芷兮(《文选》离作蓠)

　　《西山经》"号山其草多药囍芎䓖"注:"药,白芷别名。芎䓖,一名
　　江离。药,音乌较反。"《史记·司马相如传·子虚赋》"芎䓖",《索隐》
　　引郭璞云:"今历阳呼为江离。"《文选·子虚赋》"江蓠靡芜"郭注:"江
　　蓠,似水荠。"《汉书·司马相如传·子虚赋》"江离靡芜"颜注引郭说
　　同。

朝搴阰之木兰兮

　　《方言》"攓取也,南楚曰攓"注:"音蹇。又音骞。"《文选·子虚
　　赋》"桂椒木兰"郭注:"木兰皮辛可食。"《史记·司马相如传》集解引
　　郭说略同。

夕揽洲之宿莽

　　《释水》"水中可居者曰洲。"《释草》"卷施草拔心不死"注:"宿莽
　　也。《离骚》云。"《艺文类聚》八十一引《尔雅图赞》:"卷施之草拔心不
　　死。屈平嘉之,讽咏以比。取类虽迩,兴有远旨。"

乘骐骥以驰骋兮

　　《穆天子传》"赤骥"注:"世所谓骐骥。"

杂申椒与菌桂兮(菌一作箘)

　　《中山经》"琴鼓之山,其木多谷柞椒柘"注:"椒为树,小而丛生,
　　下有草木则蠹死。"《艺文类聚》八十九引《山海经图赞》:"椒之灌植,

实繁有伦。薰林列薄，舒其芬辛。服之不已，洞见通神。”《中山经》“暴其木多簵箘”注：“箘，亦筱类，中箭，见《禹贡》。”《南山经》“鹊山多桂”注：“桂，叶似枇杷，长二尺馀，广数寸，味辛，白花，丛生山峰，冬夏长青，间无杂木。”《吕氏春秋》曰：“招摇之桂。”《艺文类聚》八十九引《山海经图赞》：“桂生南裔，拔萃岑岭。广莫熙葩，凌霜津颖。气王百药，森然云挺。”

岂惟纫夫蕙茝

《文选·上林赋》“揜以绿蕙”，郭注《山海经》曰：“蕙，香草，兰属也。”《释草》：“蕲茝蘼芜”注：“香草，叶小如萎状。”《淮南子》云：“似蛇状。”《山海经》云：“臭如蘼芜。”《北山经》：“錞于毋逢之山，其祠皆用一藻茝瘗之。”注：“香草，兰之类。音昌代反。”《西山经》：“嶓冢之山有草焉，其叶如蕙。”注：“蕙，香草，兰属也。或以蕙为薰叶，失之。”

畦留夷与揭车兮（“揭”一作“藒”，《文选》作“藰荑藒车”）

《文选·上林赋》“杂以留荑（五臣作藰荑）”郭注：“留夷，新荑也。”《北山经》“绣山其草多芍药”注：“芍药，一名辛夷，亦香草属。”《释草》“藒车芞舆”注“藒车，香草，见《离骚》。”《史记·司马相如传·上林赋》“揭车”《集解》引郭璞曰：“揭车，一名乞舆。”

杂杜衡与芳芷

《释草》“杜土卤”注：“杜衡也，似葵而香。”《西山经》：“天帝之山有草焉，其状如葵，其臭如蘼芜，名曰杜衡。”注：“香草也。”又“可以走马”注：“带之令人便马。或曰马得之而健走。”明道藏本《山海经图赞》：“狌狌奔人，杜衡走马。”

夕餐秋菊之落英

《释草》“蘜治墙”注：“今之秋华菊。”《艺文类聚》八十一、《太平御览》九百九十六引《尔雅图赞》：“菊名曰精，布华玄目。仙客薄采，何是华发。”《释草》：“荣而不实者谓之英。”

贯薜荔之落蕊

《西山经》：“小华之山，其草有萆荔，状如乌韭，而生于石上，亦无木而生。"注:"葟荔,香草,蔽戾两音。"

骞朝谇而夕替

　　《释诂》:"谇,告也。"《释言》"讯,言也"注:"相问讯。替,废也。"

驰椒丘且焉止息

　　《史记·司马相如传·上林赋》"出乎椒丘之阙",《集解》引郭璞
　　曰:"椒丘,丘名。"

制芰荷以为衣兮,集芙蓉以为裳

　　《释草》"荷芙蕖"注:"别名芙蓉,江东呼荷。"《艺文类聚》八十二引
　　《尔雅图赞》:"芙蓉丽草,一曰泽芝。泛叶云布,映波霞熙。"

高余冠之岌岌兮

　　《释山》"小山岌大山峘"注:"岌,谓高过。"

将往观乎四荒

　　《释地》"觚竹、北户、西王母、日下谓之四荒"注:"觚竹在北,北户
　　在南,西王母在西,日下在东,皆四方荒之国,次四极者。"

芳菲菲其弥章

　　《文选·上林赋》:"郁郁菲菲,众香发越。"郭注:"香气越散也。"
　　《汉书注》引作射散。

女嬃之婵媛兮

　　《南山经》"又东四百里曰亶爰之山"郭注:"亶,音蝉。"案:亶爰即
　　婵媛。

曰鲧婞直以亡身兮("鲧"一作"鲧"),终然殀乎羽之野

　　《南山经》"又东三百五十里曰羽山"注:"今东海祝其县西南有羽
　　山,即鲧所殛处。计此道里不相应,似非也。"《海内经》"白马是为鲧"
　　注:"即禹父也。"《世本》:"黄帝生颛顼,颛顼生鲧。"又"帝令祝融杀鲧
　　于羽郊"注:"羽山之郊。"

薋菉葹以盈室兮

　　《释草》"茨蒺藜"注:"布地蔓生,细叶,子有三角,刺人。见
　　《诗》。""菉王刍"注:"菉,蓐也,今呼鸭脚沙。""葹耳苓耳"注:"《广雅》

云：'枲耳也。亦云胡枲，江东呼为常枲，或曰苓耳。形似鼠耳，丛生如盘。'案菒即枲耳。"

济沅湘以南征兮

　　《海内东经》"沅水"注："《水经》曰：'沅水出牂牁且兰县，又东北至镡城县为沅水，又东过临沅县南，又东至长沙下隽县。'"又"湘山出舜葬东南陬西环之"注："今湘水出零陵营道县阳湖山，入江。"

启《九辩》与《九歌》兮，夏康娱以自纵

　　《大荒西经》："大荒之山开，上三嫔于天，得《九辩》与《九歌》以下"注："皆天帝乐名也。开登天而窃以下，用之也。开筮曰：'昔彼九冥是与帝辩同宫之序是为《九歌》。'又曰：'不得切辩与《九歌》以国于下。'义具见于《归藏》。"

又好射夫封狐

　　《艺文类聚》九十五引《山海经图赞》："有物贪婪，号曰封豕。荐食无餍，肆其残毁。羿乃饮羽，献帝效技。"《文选·上林赋》"射封豕"郭注："封豕，大猪也。"

固乱流其鲜终兮

　　《释水》"正绝流曰乱"注："直横渡也。《书》曰：'乱于河。'"

跪敷衽以陈辞兮

　　《穆天子传》"曾祝敷筵席设几"注："敷，犹铺也。"

驷玉虬以乘鹥兮

　　《史记·司马相如传·上林赋》"六玉虬"，《集解》引郭璞曰："虬，龙属也。"

朝发轫于苍梧兮

　　《海内南经》"苍梧之山帝舜葬于南"注："即九疑山也。《礼记》亦曰舜葬苍梧之野也。"

夕余至乎县圃（县一作悬）

　　《穆天子传》"先王所谓县圃"注："《淮南子》曰：'昆仑去地一万一千里，上有曾城九重，或上倍之，是谓阆风。或上倍之，是谓玄圃。以次相及。'"《山海经》曰:"明明、昆仑、玄圃各一山,但相近耳。"又曰:"实惟帝之平圃也。"《西山经》:"槐江之山实惟帝之平圃"注:"即玄圃也。"《穆天子传》曰:"乃为铭迹于玄圃之上,谓刊石纪功德,如秦皇、汉武之为者也。"

吾令羲和弭节兮

　　《大荒南经》"有羲和之国,有女子名曰羲和,方浴日于甘渊"注:"羲和,盖天地始生主日月者。故启筮曰:'空桑之苍苍,八极之既张,乃有夫羲和,是主日月,职出入以为晦明。瞻彼上天,一明一晦,有夫羲和之子,出于汤谷。'故尧因此而立羲和之官,以主四时,其后世遂为此国作日月之像而掌之,沐浴运转之于甘水中,以效其出入汤谷虞渊也。所谓世不失职耳。"又"羲和者,帝俊之妻生十日"注:"言生十子,各以其日名名之,故言生十,日数十也。"《文选·子虚赋》"于是楚王乃弭节徘徊"郭注:"弭,犹低也。节,所仗信节也。"《汉书注》引同。《史记集解》引郭璞曰:"或云:'节,今之所仗信节也。'"

望崦嵫而勿迫

　　《西山经》"西南三百里曰崦嵫之山"注:"日没所入也。"《离骚》奄兹两音。敦煌本《楚辞音》"兹"字下郭云:"止日之行,勿近昧谷也。"

饮余马于咸池兮

　　《大荒南经》"有女子名羲和,方浴日于甘渊"注云:"沐浴运转之于甘渊之中。"案:王注:"咸池,日浴处也。甘咸声同。"

总余辔乎扶桑

　　《海外东经》"汤谷上有扶桑"注:"扶桑,木也。"

折若木以拂日兮

　　《海内经》"有木名曰若木"注:"树赤华青。"《艺文类聚》八十九引《山海经图赞》"若木之生,昆山之滨。朱华电照,碧叶玉津。食之灵智,为力为仁。"

聊逍遥以相羊("逍遥"一作"须臾","羊"一作"佯")

　　《史记·司马相如传·上林赋》"招摇乎襄羊"《索隐》引郭璞曰:

"襄羊,犹仿徨。"《文选》作"消摇乎襄羊",郭注:"襄羊,犹仿佯。"《汉
书注》引作"彷徉"。

后飞廉使奔属

《文选·上林赋》"椎飞廉",郭注:"飞廉,龙雀也,鸟身鹿头。"《史
记集解》《汉书注》引郭同。

鸾皇为余先戒兮

《西山经》:"女床之山有鸟焉,其状如翟,而五采文,名鸾鸟,见则天
下安宁。"注:"旧说,鸾似鸡,瑞鸟也。周成王时西戎献之。"

雷师告余以未具

《穆天子传》"而封□隆之葬"注:"隆上字疑作丰。丰隆筮御云:
得大壮卦,遂为雷师云云。"

吾令凤鸟飞腾兮（《文选》作凤皇）

《释鸟》"鶠凤其雌皇"注:"瑞应鸟。鸡头,蛇颈,燕颔,龟背,鱼
尾,五采色,其高六尺许。"《南山经》"东五百里曰丹穴之山,有鸟焉,
其状如鸡,五采而文,名曰凤皇"云云注:"汉时凤皇数出,高五六尺,
五采。庄周说凤,文字与此有异。"《广雅》云:"凤,鸡头,燕颔,蛇颈,
龟背,鱼尾。雌曰凰,雄曰凤。"

飘风屯其相离兮

《释天》"回风为飘"注:"旋风也。"《北山经》"錞于毋逢之山其风
如飚"注:"飚,急风貌。音戾。或曰飘风也。"

帅云霓而来御

《释天》"蜺为挈贰"注:"蜺,雌虹也。见《离骚》。"

吾令帝阍开关兮

《释言》"开,辟也"注:"《书》曰:'辟四门'。"

相下女之可诒（诒一作贻）

《释言》"贻,遗也"注:"相归遗。"

吾令丰隆乘云兮

《穆天子传》"而封□隆之葬"注:"隆上字疑作丰。丰隆筮御云:

'得大壮卦,遂为雷师',亦犹黄帝桥山有墓。封增高其上土也。以礼显之耳。"

求宓妃之所在(宓一作虙)

《中山经》"洞庭之山,帝之二女居之"注:"江湘之有夫人,犹河洛之有虙妃也。"

夕归次于穷石兮

《海内西经》"弱水"注:"《淮南子》云:'弱水出穷石',穷石,今之西郡那冉,盖其派别之源耳。"

览相观于四极兮

《释地》:"东至于泰远,西至于邠国,南至于濮铅,北至于祝栗,谓之四极。"注:"皆四方极远之国。"

望瑶台之偃蹇兮

《海内北经》"帝喾台"云云注:"此盖天子巡狩所经过,夷狄慕圣人恩德,辄共为筑立台观,以标题其遗迹也。"

吾令鸩为媒兮,鸩告余以不好

道藏本《山海经图赞》:"蝮惟毒魁,鸩鸟是噉。拂翼鸣林,草瘁木惨。羽行隐戮,厥罚难犯。"敦煌本《楚辞音》"鸩"字下郭云:"凶人见欺也。"

恐高辛之先我

《海外南经》:"长臂国,帝喾葬于阴"注:"喾,尧父,号高辛。"

闺中既以邃远兮

《释宫》:"宫中之门谓之闱,其小者谓之闺,小闺谓之阁。"注:"大小异名。"

户服艾以盈要兮

《释草》"艾,冰台"注:"今艾蒿。"

岂珵美之能当

敦煌本《楚辞音》"岂珵美之能当"注:"郭本止作程,取同音。"

巫咸将夕降兮

《海外西经》:"巫咸国在女丑北,右手操青蛇,左手操赤蛇,在登葆山,群巫所上下也。"注:"采药往来。"《大荒西经》:"大荒之中,有山名曰丰沮玉门,日月所入,有灵山、巫咸、巫即、巫盼、巫彭、巫姑、巫真、巫礼、巫抵、巫谢、巫罗十巫从此升降。""百药爰在"注:"群巫上下此山采之也。"道藏本《山海经图赞》:"群有十巫,巫咸所统。经技是搜,技艺是综。采药灵山,随时登降。"《艺文类聚》七引巫咸《山赋序》:"盖巫咸巫者,实以鸿术,为帝尧医。"《日知录》廿五巫咸条即据此为说。

怀椒糈而要之

《南山经》"鹊山糈用粭米"注:"糈,祀神之米名,光吕反。今江东音所。一音壻。粭稻也,他睹反。糈或作疏,非也。"

九疑缤其并迎(《湘夫人》作"九嶷")

《海内南经》"苍梧之山帝舜葬于南"注:"即九疑山也。《礼记》亦曰:'舜葬苍梧之野也。'"《海内经》"九嶷山"注:"山在今零陵营道县。"

恐鹈鴂之先鸣兮

敦煌本《楚辞音》"鴂"字下郭云:"奸佞先己也。"

众薆然而蔽之

《释言》"薆,隐也"注:"谓隐蔽。"

楘又欲充夫佩帏

《释木》"椒楘丑菜"注:"楘,似茱萸而小,赤色。"

精琼靡以为粻

《释言》"粻,粮也"注:"今江东通言粻。"

邅吾道夫昆仑兮

《西山经》"西南四百里曰昆仑之丘,是惟帝之下都"注:"天帝都邑之在下者也。"《穆天子传》曰:"吉日辛酉,天子升于昆仑之丘,以观黄帝之宫,而封丰隆之葬,以诏后世。"言增封于昆仑山之上。又"帝之平圃下"云:"南望昆仑,其光熊熊,其气冤冤。"《海内西经》:"海内昆仑之墟在西北,帝之下都,昆仑之墟,方八百里,高万仞。"注:"皆谓其墟基广轮之高庳耳。自此以上二千五百餘里，上有醴泉华池，去嵩高五万里，盖天地之中焉。见《禹本纪》。"

鸣玉鸾之啾啾

《文选·上林赋》"鸣玉鸾"郭注："鸾，铃也。"《汉书注》引郭璞曰："在轼曰鸾，在轼曰和。"《羽猎赋》"啾啾跄跄"，善曰："郭璞《三苍解诂》曰：'啾啾，众声也。'"

凤凰翼其承旂兮

《释天》"有铃曰旂"注："县铃于竿头，画交龙于旒。"

忽吾行此流沙兮

《西山经》："西水行四百里曰流沙。"《海内西经》："流沙出钟山，西行，又南行昆仑之墟西南，入海黑水之山。"注"今西海居延泽，《尚书》所谓流沙者，形如月生五日也。"道藏本《山海经图赞》："天限内外，分以流沙。经带西极，颓唐委蛇。注于黑水，永溺徐波。"

遵赤水而容与

《穆天子传》"赤水之阳"注："昆仑有五色水，赤水出东南隅"云云。《西山经》："赤水出焉而东南流，注于汜天之水。"注："汜天，亦山名，赤水所穷也。《穆天子传》曰：'遂宿于昆仑之侧，赤水之阳。'阳，水北也。汜，浮剑反。"《大荒南经》注："赤水出昆仑，流沙出钟山也。"《史记·司马相如传·子虚赋》"翱翔容与"，《索隐》引郭璞曰："言自得。"《汉书》、《文选》注同。

麾蛟龙使梁津兮

《南山经》"祷过之山其中有虎蛟。"注："蛟，似蛇，四足，龙属。"《中山经》"翼望之山，其中多蛟"注："似蛇而四脚，小头细颈，颈有白瘿，大者数十围，卵如一二石瓮，能吞人。"《史记·司马相如传·子虚赋》："蛟，鼍。"《正义》引郭注《山海经》此文略同。

路不周以左转兮

《西山经》"又西北三百七十里曰不周之山"注："此山形有缺不周匝处，因名云。西北不周风自此出。"《大荒西经》："西北海之外，大荒

之隅,有山而不合,名曰不周负子。"注:《淮南子》曰:"昔者共工与颛
顼争帝,怒而触不周之山,天维绝,地柱折,故今此山缺坏不周匝也。"
乱曰:
　　《释诂》"乱,治也"注:"予有乱臣十人。"

《九歌》《东皇太一》

璆锵鸣兮琳琅
　　《释器》"璆琳,玉也"注:"璆琳,美玉也。"《释地》"西北之美者有
　　昆仑虚之璆琳琅玕焉",注:"璆琳,美玉名。琅玕,状似珠也。"《山海
　　经》曰:"昆仑山有琅玕树。"《文选·子虚赋》"琳珉"郭注:"琳,玉名。"
陈竽瑟兮浩倡
　　《穆天子传》"乐人□陈琴瑟□竽"注:"疑竽上宜作笙。笙亦竽
　　属。"
灵偃蹇兮姣服
　　《史记·司马相如传·上林赋》"姣冶娴都",《索隐》引郭璞曰:
　　"姣,好也。"

《云中君》

灵连蜷兮既留
　　《文选·上林赋》"长眉连娟"郭注:"连娟,言曲细也。"《史记索
　　隐》、《汉书》注引郭同。
蹇将憺兮寿宫
　　《文选·子虚赋》"憺乎自持",云养神气也。
览冀州兮有馀
　　《释地》"两河间曰冀州"注:"自东河至西河。"

《湘君》

　　《中山经》"洞庭之山帝之二女居之"注:"天帝之二女,而处江为

神，即《列仙传》江妃二女也。《离骚》《九歌》所谓湘夫人称帝子者是也。"而《河图玉版》曰："湘夫人者，帝尧女也。秦始皇浮江至湘山，逢大风，而问博士：'湘君何神？'博士曰：'闻之，尧二女，舜妃也，死而葬此。'"《列女传》曰："二女死于湘江之间，俗谓为湘君。"郑司农亦以舜妃为湘君。说者皆以为舜陟方而死，二妃从之，俱溺死于湘江，遂号为湘夫人。案：《九歌》，湘君，湘夫人，自是二神。江湘之有夫人，犹河洛之有宓妃也。此之为灵，与天地并矣，安得谓之尧女？且既谓之尧女，安得复总云湘君哉？何以考之？《礼记》曰："舜葬苍梧，二妃不从。"明二妃生不从征，死不从葬，义可知矣。即令从之，二女灵达，鉴通无方，尚能以乌工龙裳救井廪之难，岂当不能自免于风波，而有双沦之患乎？假复如此，传曰："生为上公，死为贵神。"礼五岳比三公，四渎比诸侯。今湘川不及四渎，无秩于命祀，而二女帝者之后，配灵神祇，无缘当复下降小水，而为夫人也。参互其义，义既混错，错综其理，理无可据，斯不然矣。原其致谬之由，由乎俱以帝女为名，名实相乱莫矫其失，习非胜是，终古不悟，可悲矣。道藏本《山海经图赞》："神之二女，爰宅洞庭。游化五江，惚恍窈冥。号曰夫人，是惟湘灵。"

驾飞龙兮北征

《穆天子传》"癸亥，天子乘鸟舟龙浮于大沼"注："沼，池。龙下有舟字。舟皆以龙鸟为形制，今吴之青雀舫，其遗像也。"

邅吾道兮洞庭

《中山经》"洞庭之山"注："今长沙巴陵县西，又有洞庭陂，潜伏通江。《离骚》曰：'邅吾道兮洞庭'，'洞庭波兮木叶下'，皆谓此也。字或作铜，宜从水。"《海内东经》"湘水入洞庭下"注："洞庭，地穴也。在长沙巴陵。今吴县南大湖中有包山，下有洞庭，穴道潜行水底，云无所不通，号为地脉。"

苏桡兮兰旌

《释天》"旐首曰旌"注："载旌竿首，如今之幢，亦有旒。"

隐思君兮陫侧

《释言》"厞,陋隐也"注:"《礼记》曰:'厞用席',《书》曰:'扬侧陋。'"案原本《玉篇》广部引此正作厞侧。

桂櫂兮兰枻(枻一作栧)

《文选·子虚赋》"扬旌栧"注:"栧,船舷。"

水周兮堂下

《海外西经》"女子国在巫咸北,两女子居水周之"注:"周,犹绕也。《离骚》曰:'水周兮堂下'是也。"

遗余佩兮醴浦("醴"一作"澧")

《中山经》"澧沅之风交潇湘之渊"注:"江湘沅水,皆共会巴陵头,故号为三江之口,澧又去之七八十里而入江焉。"

《湘夫人》

帝子降兮北渚

《中山经》"洞庭之山帝之二女居之"注:"天帝之二女而处江为神。"又"青要之山南望禅渚"注:"水中小洲名渚。"

登白薠兮骋望

《西山经》"阴山其草多茆蕃"注:"蕃,青薠,似莎而大。卯烦二音。"

荒忽兮远望

《文选·上林赋》"芒芒恍忽",郭注:"言眼乱也。《汉书》作悦忽。"

桂栋兮兰橑

《释宫》"栋谓之桴"注:"屋稳"。

辛夷楣兮药房

《北山经》"绣山其草多芍药芎䓖"注:"芍药,一名辛夷,亦香草属。"《西山经》"号山其草多药蘽芎䓖"注:"药,白芷别名。药,音乌较反。"案郭说辛夷为草,同王逸。

遗余褋兮醴浦(醴一作澧)

《方言》"禅衣江淮南楚之间谓之襟"注:"《楚辞》曰:'遗余襟兮澧浦。'音简牒。"

《大司命》

使冻雨兮洒尘

《释天》"暴雨谓之冻"注:"今江东呼夏月暴雨为冻雨。《离骚》云:'令飘风兮先驱,使冻雨兮洒尘'是也。冻音东西之东。"

踰空桑兮从女

《东山经》"东次二经之首曰空桑之山"注:"此山出琴瑟材,见《周礼》也。"

折疏麻兮瑶华

《释草》"枲麻"注:"别二名。"《艺文类聚》八十五引《尔雅图赞》:"草皮之良,莫贵如麻"云云。

《少司命》

荪何以兮愁苦

《史记·司马相如传·上林赋》"葴橙若荪",《集解》引郭璞曰:"荪,香草也。"《文选》橙作持。郭注同。

孔盖兮翠旍

《史记·司马相如传·子虚赋》"鵁雏孔鸾",《集解》引郭璞曰:"孔,孔雀。"

登九天兮抚彗星

《释天》"彗星为攙枪"注:"亦谓之孛,言其形孛孛似扫彗。"

《东君》

箫钟兮瑶簴

《释器》"木谓之簴"注:"县钟磬之木,植者名簴。"

应律兮合节

《释乐》："和乐谓之节。"

《河伯》

《穆天子传》"河伯无夷之所居"注："无夷，冯夷也。"《海内北经》："从极之渊，深三百仞，维冰夷亘都焉。"注："冰夷，冯夷也。《淮南子》云：'冯夷得道，以潜大川，即河伯也。'《穆天子传》所谓河伯无夷者，《竹书》作冯夷，字或作冰也。"《艺文类聚》七十八引《山海经图赞》："稟华之精，食惟八石。乘龙隐沦，往来海若。是实水仙，号曰河伯。"

与女游兮九河

《释水》"九河徒骇太史"云云注："皆禹所名也。"

乘水车兮荷盖，驾两龙兮骖螭

《海内北经》"冰夷人面乘两龙"注："画四面各乘灵车，驾二龙。"

登昆仑兮四望

《释水》"河出昆仑虚"注："《山海经》曰：'河出昆仑西北隅。'"《北山经》："敦薨之山，敦薨之水出焉，而西流注于泑泽，出于昆仑之东北隅，实惟河源"注："即河水出昆仑之墟。"

紫贝阙兮朱宫

《文选·子虚赋》"钩紫贝"，郭注："紫贝，紫质黑文也。"《史记集解》、《汉书》注引郭同。《释宫》"观谓之阙"注："宫门双阙。"

乘白鼋兮逐文鱼

《中山经》"景山睢水出焉，其中多文鱼"注："有斑"。

鱼鳞鳞兮媵予

《释言》"将，送也"注："《左传》曰：'以媵秦穆姬'。"

《山鬼》

被薜荔兮带女萝

《释草》"唐蒙、女萝、菟丝"注："别四名。诗云：'爰采唐矣'。"又

"蒙玉女"注:"蒙即唐也。女萝别名。"

既含睇兮又宜笑

　　《方言》"睇,眄也,南楚之外曰睇"注:"音悌"。

采三秀兮于山间

　　《晋书》本传引"客傲,三秀虽艳,靡于丽采"。

雷填填兮雨冥冥

　　《释天》"振旅阗阗"注:"阗阗,群行声"。

《天问》

金曰何忧

　　《释诂》:"金,皆也。"

伯禹愎鲧("愎"一作"腹"),夫何以变化? 纂就前绪,遂成考功

　　《海内经》"鲧复生禹"云云注:"鲧绩用不成,故复命禹终其功。"

　　《释亲》"父为考",郭以考为死生之通称。

河海应龙(一作"应龙何画")

　　《大荒东经》"应龙处南极"注:"应龙,龙有翼者也。"

康回凭怒

　　《方言》"凭,怒也,楚曰凭"注:"凭,恚盛貌。《楚词》曰:'康回凭怒。'"

日安不到,烛龙何照

　　《大荒北经》:"章尾山有神,人面蛇身而赤,直目正乘其瞑乃晦,其视乃明。(中略)是烛九阴,是谓烛龙。"注:"《离骚》曰:'日安不到,烛龙何照。'《诗含神雾》曰:'天不足西北,无有阴阳消息,故有龙衔精,以往照天门中云。'"《海外北经》"钟山之神名曰烛阴"注:"烛龙也。是烛九阴,因名云。"《艺文类聚》九十六引《山海经图赞》:"天缺西北,龙衔火精。气为寒暑,眼作昏明。身长千里,可谓至灵。"

羲和之未扬,若华何光

　　《南山经》:"鹊山有木焉,其状如谷而黑理,其花四照。"注:"言有

光焰也。若木华赤,其光照地,亦此类也。"

焉有石林,何兽能言

《海内南经》"氾林三百里在狌狌东"注:"或作猩猩,字同耳。"
又"猩猩知人名,其为兽如豕而人面"注:"《周书》曰:'郑郭狌狌者,
状如黄狗而人面,头如雄鸡,食之不眯。'今交州封溪出狌狌"云云。
《释兽》"猩猩小而好啼"注:"《山海经》曰:'人面,豕身,能言语'
云云。"

雄虺九首

《释鱼》"蝮虺博三寸,首大如擘"注:"身广三寸,头大如人擘指。
此自一种蛇,名为蝮虺。"《南山经》"猨翼之山多腹虫"注:"腹虫,包如
绶文,鼻上有针,大者百馀斤。虫,古虺字。"

倏忽焉在

《西山经》:"天山有神焉,其状如黄囊,赤如丹火,六足四翼,浑敦
无面目,是识歌舞,实惟帝江也。"注:"夫形无全者,则神自然灵照,精
无见者,则暗与理会,其帝江之谓乎? 庄生所云中央之帝混沌,为倏
忽所凿七窍而死者,盖假此以寓言也。"

何所不死

《海内南经》:"不死民在其(交胫国)东,其为人黑色,寿不死。"
注:"有员丘山,上有不死树,食之乃寿,亦有赤泉,饮之不老。"《大荒
南经》"有不死之国阿姓,甘木是食"注:"甘木,即不死树,食之不老。"
《大荒西经》"大荒之山,三面之人不死"注:"言人头三边各有面也。"
道藏本《山海经图赞》:"有人爰处,员丘之上。赤泉驻年,神木养命。
禀此遐龄,悠悠无竟。"

长人何守

《大荒东经》"有大人之国"注:"案《河图玉版》曰:'从昆仑以北九
万里,得龙伯国,人长三十丈,生万八千岁而死。从昆仑以东,得大
秦,人长十丈,皆衣帛。从此以东十万里,得佻人国,长三十丈五尺。
从此以东十万里,得中秦国,人长一丈。'《谷梁传》曰:'长翟身横九

宙,下其头,眉见于轼。即长一丈人也。'"

靡萍九衢

　　《中山经》:"少室之山,其上有木焉,其名曰帝休,叶状如杨,其枝五衢。"注:"言树枝交错,相重五出,有像衢路也。《离骚》曰:'靡萍九衢'。"又"宣山其上有桑焉,大五十尺,其枝四衢"注:"言枝交互四出。"

一蛇吞象,厥大何如

　　《海内南经》:"巴蛇食象,三岁而出其骨,君子食之,无心腹之疾。"注:"今南方蚺蛇吞鹿,鹿已烂,自绞于树,腹中骨皆穿鳞甲间出,此其类也。《楚词》曰:'有蛇吞象,厥大何如?'说者云长千寻。《海内经》'朱卷之国,有黑蛇青首,食象'注:'即巴蛇也。'"《艺文类聚》九十六引《山海经图赞》:"象实巨兽,有蛇吞之。越出其骨,三年为期。厥大何如,屈生是疑。"《南山经》"祷过之山多象"注:"象,兽之最大者,长鼻,大者牙长一丈,性妒,不畜淫子。"《艺文类聚》九十五引《山海经图赞》:"象实魁梧,体巨貌诡,肉兼十牛,目不逾豕,望头如尾,动若丘徙。"《史记·司马相如传·上林赋》"象犀",《索隐》引郭璞曰:"象,大兽,长鼻,牙长一丈。"案一蛇,郭作有蛇,郭本胜。

黑水玄趾

　　《大荒南经》"黑水穷焉"注:"黑水出昆仑山也"。道藏本《山海经图赞》:"劳民黑趾。"

𩿧堆焉处

　　《东山经》:"北号之山有鸟焉,其状如鸡而白首,鼠足而虎爪,其名曰𩿧雀,亦食人。"注:"𩿧,音祈。"

羿焉彃日,乌焉解羽

　　《海外东经》:"汤谷上有扶桑,十日所浴,在黑齿北,居水中有大木,九日居下枝,一日居上枝。"注:"庄周云:'昔者十日并出,草木焦枯。'《淮南子》亦云:'尧乃令羿射十日,中其九日,日中乌尽死。'《离骚》所谓'羿焉彃日?乌焉解羽?'者也。《归藏郑母经》云:'昔者羿善射,毕十日,果毕之。'"汲郡《竹书纪年》:"胤甲即位,居西河,有妖孽,十日并出。"明此自然之异,有自来矣。传曰:"天有十日,日之数十。"此云九日居下枝,一日居上枝。《大荒经》"人曰:'一日方至,一日方出。'"明天地虽十日,自使以次第迭出运照。而今俱见,为天下妖灾。故羿禀尧之命,洞其灵诚,仰天控弦,而九日潜退也。假令器用可以激水烈火,精感可以降霜回景。然则羿之铄明离而毙阳乌,未足为难也。若按之常情,则无理以然,推之以数,则无往不通。达观之客,宜领其玄致,归之冥会。则逸义无滞,言奇不废矣。《艺文类聚》一引《山海经图赞》:"十日并出,草木焦枯,羿乃控弦,仰落阳乌。可为洞感,天人县符。"

禹之力献功,降省下土方

　　《海内经》"禹鲧是始布土"注:"布,犹敷也。《书》曰:'禹敷土,定高山大川。'"

启棘宾商,九辩九歌

　　《大荒西经》"大荒之山开,上三嫔于天"注:"嫔,妇也。言献美人于天帝。馀详《离骚》。"

而后帝不若

　　《释言》:"若,顺也。"

化为黄熊

　　《海内经》"祝融杀鲧于羽郊,鲧复生禹"注:"开筮曰:'鲧死三岁不腐,剖之以吴刀,化为黄龙也。'"

简狄在台,喾何宜

　　《海外南经》"长臂国"注:"喾,尧父,号高辛。帝喾台详《离骚》。"

焉得夫朴牛

　　《北山经》"敦薨之山,其兽多兕旄牛"注:"或作扑牛。扑牛见《离骚》、《天问》,所未详。"

稷惟元子,帝何竺之

　　《大荒西经》"帝俊生后稷"注:"俊宜为喾。喾第二妃生后稷也。"

《九章》《惜诵》

指苍天以为正

> 《释天》："穹苍，苍天也。"注："天形穹隆，其色苍苍，因名云。"

吾使厉神占之兮

> 《西山经》"是司天之厉及五残"注："主知灾厉五刑残杀之气也。"

犹有曩之态也

> 《释言》："曩，曏也。"注："《国语》曰：曩而言戏也。"

《涉江》

冠切云之崔嵬

> 《文选·上林赋》"茏苁崔巍"注："皆高峻貌也。"《汉书》注引郭说
> 同。
> 《史记正义》引郭璞曰："皆峻貌。"

登昆仑兮食玉英

> 《西山经》"黄帝乃取峚山之玉荣"注："谓玉华也。《离骚》曰：
> '怀琬琰之华英。'又曰：'登昆仑兮食玉英。'《汲冢书》所谓苕华之
> 玉。"

齐吴榜以击汰

> 《史记·司马相如传·子虚赋》"榜人歌"，《集解》引郭璞曰："唱
> 櫂歌也。"案郭训榜为櫂，同王。

余将董道而不豫兮

> 《释诂》："董，督正也。"注："皆谓御正。"

《哀郢》

涕淫淫其若霰

> 《史记·司马相如传·子虚赋》"缅乎淫淫"，《集解》引郭璞曰：
> "皆群行貌也。"《汉书》注引郭同。

凌阳侯之泛滥兮

　　《文选·江赋》："阳侯砐硪以岸起，洪澜涴演以云回。"案此阳侯
代波称。

登大坟以远望兮

　　《释丘》"坟，大防"注："谓隄"。

曾不知夏之为丘兮

　　《释言》："憎，曾也。"注："发语词。见《诗》。"《方言》："曾，訾，何
也。湘潭之原，荆之南鄙，谓何为曾，或谓之訾"注："今江东人语亦云
訾，声如斯。"

《抽思》

来集汉北

　　《海内东经》"汉水出鲋鱼之山"注："《书》曰：'嶓冢导漾，东流为
汉。'"案《水经》："汉水出武都沮县东狼谷，经汉中魏兴至南乡，东经
襄阳，至江夏安陆县入江，别为沔水。又名为沧浪之水。"

《怀沙》

鸡鹜翔舞

　　《释鸟》"舒凫鹜"注："鸭也。"《文选·上林赋》"烦鹜庸渠"注："烦
鹜，鸭属也。"《史记索隐》、《汉书注》引郭同。

永叹喟兮

　　《释诂》"欷歔呬息也"注："欷歔呬，皆气息貌。"案欷者，喟之假音。
又《方言》："喟，怜也。沅澧之原，凡言相怜哀谓之喟"，注："音蒯。"

《思美人》

遭玄鸟而致诒

　　《释鸟》"燕燕鳦"注："《诗》云：'燕燕于飞'，一名玄鸟，齐人呼
鳦。"

指嶓冢之西隈兮

    《西山经》"嶓冢之山"注:"今在武都氐道县南,嶓,音波。"《释丘》:"崖内为隩,外为隈"注:"别崖表里之异名。"

解扁薄与杂菜兮

    《释草》"竹萹蓄"注:"似小藜,赤茎节,好生道旁,可食,又杀虫。"

观南人之变态

    《文选·子虚赋》"殚睹众物之变态"注:"变态,姿貌也。"《汉书注》引同。

《橘颂》

橘徕服兮

    《释木》"柚条"注:"似橙,实酢,生江南。"《艺文类聚》八十七、《太平御览》九百六十六引《尔雅图赞》:"厥苞橘柚,精者曰柑。实染繁霜,叶鲜翠蓝。屈生嘉叹,以为美谈。"《中山经》"荆山多橘櫾"注:"櫾似橘而大者也。皮厚味酸。"道藏本《山海经图赞》:"厥苞橘櫾,奇者惟甘。朱实全鲜,叶蒨翠蓝。灵均是咏,以为美谈。"

曾枝剡棘

    《释诂》:"剡,利也。"注:"《诗》曰:'以我剡耜。'"《方言》:"凡草刺人,江浦之间谓之棘"注:"《楚辞》曰:'曾枝剡棘',亦通语耳。音已力反。"

《悲回风》

隐岷山以清江

    《中山经》"岷山江水出焉"注:"岷山今在汶山郡广阳县西,大江所出。"《海内东经》"大江出汶山"注"今江出汶山郡升迁县岷山"云云。《艺文类聚》八引《山海经图赞》:"岷山之精,上络东井。始出一勺,终致淼溟。作纪南夏,天清地静。"

重任石之何益

    《文选·江赋》:"悲灵均之任石,叹渔父之櫂歌。"善曰:"《怀沙》,

即《任石》也。"义与王逸不同。

《远游》

焉托乘而上浮

  《文选·上林赋》"然后扬节而上浮"郭注:"言腾游士也。"《汉书注》引郭说同。

轩辕不可攀援兮

  《海外西经》"轩辕之国"注:"言敬畏黄帝威灵,故不敢向西而射也。"《大荒西经》"有轩辕之台"注:"敬难黄帝之神。"

怀琬琰之华英

  《西山经》"黄帝乃取峚山之玉荣"注:"谓玉华也。《离骚》曰:'怀琬琰之华英。'"《汲冢书》所谓苕华之玉。《史记·司马相如传·上林赋》:"垂绥琬琰",《集解》引郭璞曰:"《汲冢周书》曰:'桀伐岷山,得女二人,曰琬曰琰。桀爱二女,斳其名于苕华之玉,苕是琬,华是琰也。'"

骑胶葛以杂乱兮(一作镠辖)

  《史记·司马相如传·上林赋》"张乐平镠辖之宇",《索隐》引郭璞曰:"言旷深貌也。"《汉书》《文选》并作"膠葛",郭注同。

吾将过乎句芒

  《海外东经》"东方句芒,鸟身人面,乘雨龙"注:"木神也,方面素服。《墨子》曰:'昔秦穆公有明德,上帝使句芒赐之寿十九年。'"

历太皓以右转兮(皓一作皞)

  《海内经》"盐长之国,太皞爰过"注:"言庖牺于此经过也。"

遇蓐收乎西皇

  《西山经》"泑山神蓐收居之"注:"亦金神也。人面虎爪白尾,执钺。见外传云。"《海外西经》:"西方蓐收,左耳有蛇,乘两龙"注同。

左雨师使径侍兮

  《海外东经》"雨师妾在其北"注:"雨师,谓屏翳也。"

使湘灵鼓瑟兮

　　"湘灵"义见《湘君》引道藏本神二女赞。

降望大壑

　　《大荒东经》"东海之外大壑"注："《含神雾》曰：'东注无底之壑
也。'《离骚》曰：'降望大壑。'"《北堂书钞》一百五十八引《山海经图
赞》：'雁益洞穴，映昏龙烛。爰有大壑，号曰底谷。'"

《渔父》

沧浪之水清兮

　　《海内东经》"汉水"注："汉水至江夏安陆县入江，别为沔水，又名
为沧浪之水。"

《九辩》

鹍鸡啁哳而悲鸣

　　《释畜》："鸡三尺为鹍"注："阳沟巨鹍，古之名鸡。"《释文》："鹍，
音昆。字或作鹍同。"

哀蟋蟀之宵征

　　《释虫》"蟋蟀蛬"注："今促织也。亦名蜻蛚。"《方言》注略同。
《释言》"征，行也"注："《诗》曰：'王于出征。'"

蹇淹留而无成

　　《释诂》："曩尘，伫淹，留久也。"注："尘垢，伫企，淹滞，皆稽久
也。"

岂不郁陶而思君兮

　　《释诂》："郁陶，喜也。"注："《孟子》曰：'郁陶思君。'"《方言》：
"郁，悠思也，晋、宋、卫、鲁之间谓之郁悠。"注："郁悠，犹郁陶也。"

《招魂》

何为四方些

《释诂》："皆，已，此也。"注："皆，已，皆方俗异语。"《尔雅释文》："皆，郭音些。"引《广雅》云："些，辞也。"郝懿行说："郭以些为皆，盖本《楚辞》。"

雕题黑齿

《海内南经》"雕题国"注："点湟其面，画体为鳞采，即鲛人也。"《海外东经》"黑齿国在其北"注："《东夷传》曰：'倭国东四千馀里有裸国，裸国东南有黑齿国，舡行一年可至也。'《异物志》云：'西屠染齿，亦以放此人。'"《大荒东经》"有黑齿国"注："齿如漆也。"道藏本《山海经图赞》："阳谷之山，国号黑齿。"

以其骨为醢些

《释器》"肉谓之醢"注："肉酱"。

赤螘若象（"螘"一作"蚁"），玄蠭若壶些（"蠭"一作"蜂"《释文》作"蠢"）

《释虫》"蠢杒螘"注："赤驳蚍蜉。（杒之言颒）。"《海内北经》"大蠭其状此螽（疑蠭），朱蛾其状如蛾"注："蛾，蚍蜉也。《楚词》曰：'玄蜂如壶，朱蚁如象'，谓此也。"

豺狼从目

《大荒北经》"直目正乘"注："直目，目从也。"

槛层轩些

《史记·司马相如传·上林赋》"重坐曲阁"，《集解》引郭璞曰："重坐，重轩也。"

层台累榭

《释宫》"阇谓之台"注："积土四方。"又有"木谓之榭"注："台上起屋。"

冬有突厦

《文选·上林赋》"岩突洞房"郭注："言于岩突底为室，潜通台上也。"

经堂入奥

《释宫》"西南隅谓之奥"注："室中隐奥之处。"

蛾眉曼睩

　　《史记·司马相如传·上林赋》"宜笑的砾"，《索隐》引郭璞曰：
　"鲜明貌也。《楚辞》曰：'美人皓齿以娇。'又曰：'蛾眉笑以的砾。'"

侍陂陁些

　　《文选·子虚赋》"罢池陂陀"，郭注："言旁颓也。"《汉书注》引郭
　同。

稻粱穱麦

　　《释草》"稌稻"注："今沛国呼稌。""粱稷"注："今江东人呼粟为
　粱。"

大苦醎酸

　　《释草》"蘦大苦"注："今甘草也。蔓延生，叶似荷，青黄，茎赤有
　节，节有枝相当。或云蘦似地黄。"

陈吴羹些

　　《释器》"肉谓之羹"注："肉，臛也。《广雅》曰：湆见《左传》。"

露鸡臛蠵

　　《东山经》"其中多蠵龟"注："蠵，觜蠵，大龟也。甲有交彩，似玳
　瑁而薄。音遗知反。"

有餦餭些

　　《方言》"饧谓之餦餭"注："即干饴也。"

发激楚些

　　《史记·司马相如传·上林赋》"激楚结风"，《集解》引郭璞曰：
　"激楚，歌曲也。"《汉书注》引同。

菉蘋齐叶兮白芷生

　　《释草》"萍蓱其大者蘋"注："《诗》曰：'于以采蘋'。"

与王趋梦兮课后先

　　《释地》"楚有云梦"注："今南郡华容县东南巴丘湖是也。"
　《史记·司马相如传·子虚赋》"名曰云梦"，《索隐》引郭璞曰："江夏
　安陆有云梦城。南郡枝江亦有云梦城。华容县又有巴丘湖，俗云即

古云梦泽也。"

君王亲发兮惮青兕

　　《释兽》"兕似牛"注："一角,青色,重千斤。"《南山经》"祷过之山其下多犀兕"注："兕,亦似水牛。一角,重三千斤。"《艺文类聚》九十五引《山海经图赞》："兕惟壮兽,似牛青黑。力无不倾,自焚以革。皮充武备,角助文德。"

湛湛江水兮上有枫

　　《释木》"枫欇欇"注："枫树似白杨,叶圆而歧,有脂而香,今之枫香是。"《史记·司马相如传·上林赋》"华氾檗栌",《集解》引徐广曰："氾,一作枫。"(《汉书》《文选》正作"枫")《索隐》引郭璞云："枫似白杨,素圆而歧,有脂而香。"

《大招》

鳛鳙短狐

　　《史记·司马相如传·上林赋》"鳛鳙"《集解》引郭璞曰："鳙,似鲢而黑。"《文选》作"鳛鳙"。郭注："鳛鱼有文采。鳙,似鲢而黑。"《南都赋》"鳛鳙",善注引郭《上林赋》注："些语,《汉书》作鳙。"注引郭璞曰："鳙音常容反。"馀同选注。

王蛇骞只

　　《释鱼》"蟒,王蛇"注："蟒,蛇最大者,故曰王蛇。"

天白颢颢

　　《史记·司马相如传·上林赋》"翼乎滈滈",《索隐》引郭璞曰："水白光貌。"《汉书》《文选》注同。

殷菰粱只

　　《史记·司马相如传·子虚赋》"莲藕菰芦",《索隐》引郭璞云："菰,蒋也。"《汉书》作"苽",注引同。《文选》作"苽"。

脍苴蒪只

　　《史记·司马相如传·子虚赋》"诸蔗猼且",《索隐》引郭璞曰：

"以为襄荷。"案：苴蓴疑当作蓴苴。

《九叹·愍命》王注云："襄荷，蓴苴也。"

朱唇（一作美人）皓齿，嫭以姱只

《史记·司马相如传·上林赋》"皓齿粲烂"，《索隐》引郭璞曰："鲜明貌也。《楚词》曰：'美人皓齿以姱。'"

曲眉规只

《史记·司马相如传·上林赋》"长眉连娟"，《索隐》引郭璞曰："连娟，眉曲细也。"《汉书》《文选》注同。

粉白黛黑，施芳泽只

《文选·上林赋》"靓妆刻饰"，郭注："靓妆，粉白黛黑也。"《史记》《汉书》妆作庄。《集解》及颜注引郭说同。

南交阯只

《海外南经》"交胫国其为人交胫"注："言脚胫曲戾相交，所谓雕题交趾者也。"

《惜誓》

使麒麟可得羁而系兮

《史记·司马相如传·上林赋》"兽则麒麟"，《索隐》引郭璞曰："麒似麟而无角。"《汉书》《文选》注同。《释兽》"麝麐身，牛尾，一角"注："角头有肉，《公羊传》曰：有麏而角。"

《招隐士》

山气笼岋兮石嵯峨

《史记·司马相如传·上林赋》"笼岋嵯峨"，《正义》引郭璞云："皆高峻貌。"

《七谏》《自悲》

凌恒山其若陋兮

《释山》"河北恒"注:"北岳恒山。"

至会稽而且止

《南山经》"会稽之山四方"注:"今在会稽郡山阴县南,上有禹冢及井。"

《谬谏》

虎啸而谷风至兮

《释天》"东风谓之谷风"注:"《诗》曰:'习习谷风。'"

乱曰　畜凫驾鹅

《史记·司马相如传·子虚赋》"连驾鹅",《集解》引郭璞曰:"野鹅也。"

《哀时命》

愿至昆仑之县圃兮,采钟山之玉英

《西山经》"钟山"注:"《穆天子传》云:钟山作春山,字同耳。穆王北升此山,以望四野,曰钟山,是惟天下之高山也。(中略)穆王五日观于钟山,乃为铭迹于县圃之上,以诏后世。"

璋珪杂于甑窐

《释器》"䰙谓之鬵"注:"《诗》曰:'溉之釜鬵。'"

使枭杨先导兮

《释兽》:"狒狒如人,被发迅走,食人。"注:"枭羊也。《山海经》曰:'其状如人,面长唇黑,身有毛,反踵,见人则笑。交广及南康郡山中亦有此物,大者长丈许,俗呼之曰山都。'"《海内南经》"枭杨国"《文选·上林赋》"射游枭"注略同。案:杨,郭作羊,犹汉欧阳之或作欧羊。

《九怀》《匡机》

顾游心兮鄗酆

《史记·司马相如传·上林赋》"酆鄗潦潏"，《索隐》引郭璞云："镐水，丰水下流也。"

《通路》

朝发兮葱岭

《海外北经》"博父国"注："河出昆仑，而潜行地下，至葱岭复出，注盐泽"云云。

腾蛇兮后从

《释鱼》"螣螣蛇"注："龙类也，能兴云雨而游其中。"

飞莋兮步旁

《穆天子传》"邛邛距虚走百里"注："亦马属。《尸子》曰：'巨虚不择地而走。'"《海外北经》："有素兽焉，状如马，名曰蛩蛩"注："即蛩蛩钜虚也，一走百里，见《穆天子传》。音邛。"《文选·上林赋》"驒騱"郭注："驒騱，钜驴类也。"

《危俊》

林不容兮鸣蜩

《释虫》"蜋蜩"注："《夏小正传》曰：'蜋蜩者，五采具。'"《方言》"蝉楚谓之蜩"注："音调。"

历九曲兮牵牛

《释天》"何鼓谓之牵牛"注："今荆楚人呼牵牛星担鼓。担者，荷也。"

《昭世》

登羊角兮扶舆

《史记·司马相如传·子虚赋》"扶舆猗靡"，《集解》引郭曰："《淮南》所谓曾折摩，地扶舆、猗靡也。"

使祝融兮先行

《海内经》"戏器生祝融"注:"祝融,高辛氏火正号。"

《尊嘉》

抽蒲兮陈坐

> 《释草》"莞苻蘺其上蒚"注:"今西方人呼蒲为莞蒲。蒚,谓其头台首也。今江东谓之苻蘺,西方亦名蒲中茎为蒚,用之为席。音羽翻。"

《思忠》

抽库娄兮酌醴

> 《释天》:"降娄,奎娄也。"注:"奎为沟渎,故名降。库奎声近。"

《九叹》《逢纷》

伊伯庸之末胄兮

> 《释诂》:"伊,维也。"注:"发语辞。"

吟泽畔之江滨

> 《文选·子虚赋》"畋于海滨"注:"滨,涯也。"

谗夫蔼蔼而漫著兮

> 《释诂》:"蔼蔼,济济,止也。"注:"皆贤士众多之容止。此状谗夫之盛多。"

《离世》

櫂舟杭以横濿兮

> 《释水》"深则厉",又"以衣涉水为厉"注:"衣谓裈。"又"繇带以上为厉"注:"繇,自也",案:厉,《说文》作砅,或作濿。原本《玉篇·水部》引此作砅。

《忧苦》

犹未殚于九章

> 《文选·子虚赋》"殚睹众物之变态"注:"殚,尽也。"《汉书注》引郭同。

《愍命》

捐赤瑾于中庭

> 《史记·司马相如传·子虚赋》"其石则赤玉玫瑰",《集解》引郭璞曰:"赤瑾也。见《楚辞》。"

爬蠡蠹于筐簏

> 《方言》"蠡"注:"瓠勺也。音丽。"

《思古》

纤阿不御

> 《史记·司马相如传·子虚赋》"纤阿为御",《索隐》引郭璞曰:"纤阿,古之善御者。"《文选》作纤阿。郭注:"纤阿,古善御者。见《楚辞》。孅,音纤。"《汉书》作"孅",注引郭璞曰:"孅阿,古之善御者。孅音纤。"

《远游》

绝都广以直指兮

> 《海内经》"西南黑水之间有都广之野,后稷葬焉"注:"其城方三百里,盖天下之中,素女所出也。《离骚》曰:'绝都广而直指号。'"案郭引《骚》语,今所见直至《九叹》。知其注篇数,盖与王逸本不异耳。

《九思》《逢尤》

车轵折兮马虺颓

　　《释诂》："虺颓，病也。"注："虺颓玄黄，皆人病之通名，而说者便谓之马病，失其义也。"

《怨上》

大火兮西暆

　　《释天》"大火谓之大辰"注："大火，心也。在中最明，故时候主焉。"

鸳鸯兮嘤嘤

　　《释诂》"关关嘤嘤，音声和也"注："皆鸟鸣相和。"

蝼蛄兮鸣东

　　《释虫》"螜天蝼"注："蝼蛄也。《夏小正》'日螜则鸣。'"

蟊蠈兮号西

　　《释虫》"蜩茅蜩"注："江东呼为茅蜩，似蝉而小，青色。"《方言》："蜩蟧谓之蠡蜩"注："江东谓之蠡蠈也。"

载缘兮我裳

　　《释虫》"蠪蛄螘"注："蚁属也，今青州人呼蚁为蠪螘。孙叔然云：'八角螘虫。'失之。"

蠋入兮我怀

　　《释虫》"蜿鸟蠋"注："大虫如指。见《韩子》。"

《疾世》

媒女诎兮谰谩

　　《方言》"谰谩拏也"注："言谮拏也。"

赴昆山兮禺骤

　　《穆天子传》"绿耳"注："《纪年》曰'北唐之君来见，以一骊马，是生绿耳。'"

《悯上》

蘱薂兮青葱

　　《释草》"蘱薂窃衣"注："似芹可食，子大如麦，两两相合，有毛著
人衣。"

《遭厄》

伭婐觜兮直驰

　　《释天》"婐觜之口营室东壁也"注："营室东壁星四方似口，因名
云。"

《悼乱》

左见兮鸣鶪

　　《释鸟》"鶪，伯劳也"注："似鹖鹠而大，《左传》曰伯赵是。"

鸧鹒兮喈喈

　　《释鸟》"仓庚，鵹黄也"注："其色鵹黑而黄，因以名云。"《方言》：
"鸝黄自关而东谓之鸧鹒"，注："又名商庚。"

山鹊兮嘤嘤

　　《释训》"嘤嘤"注："两鸟鸣。"

《哀岁》

螂蛆兮穰穰

　　《释虫》"蒺藜螂蛆"注："似蝗而大腹长角，能食蛇脑。"

巷有兮蚰蜒

　　《方言》"蚰蜓"注："由延二音。"《释鱼》"蝾螈入耳"注："蚰蜒。"

邑多兮螳螂

　　《释虫》"不过蜳蠰"注："蜳蠰，蟷蜋别名。"又"莫貈蟷蜋蚏"注：

“蟷蜋有斧虫,江东呼为石蜋。”《方言》:“螳螂谓之髦”注:“有斧虫也。
江东呼为石蜋,又名龁肬。”

鳣鲇兮延延

　　《释鱼》“鳣”注:“鳣,大鱼。似鳝而短鼻。口在颔下。体有邪行
甲,无鳞。肉黄。大者长二三丈。今江东呼为黄鱼。”又“鲇”注:“别
名鳀。江东通呼鲇为鮧。”

《守志》

举天罼兮掩邪

　　《释天》“浊谓之毕”注:“掩兔之毕,或呼为浊,因星形以名。”

斥蜥蜴兮进龟龙

　　《释鱼》“蝾螈、蜥蜴、蝘蜓,守宫也”注:“转相解,博异语,别四名
也。”《方言》:“守宫,秦晋西夏或谓之蜥易”注:“南阳人又呼蝘蜓。”

（原载中央大学图书馆《图书月刊》一卷七、八期,一九四一年）

劉石庵相國用世手跋

蘇武相逢書曰早晚復變化入神

覺此冊瓣甲淪夷園田昌也年七十七□書

巳生人妙之年也具□觀中□教

隱己雪□秀語□□□□特□

自習步□劃書昔甲□歲肥□

內主下筆□□如□□擧□□

觀之得今尸（章惠正）當□以此葉

三□

胡小石題跋墨稿

胡小石文稿墨迹

《离骚》文例

（一）言"兮"例：语所稽也，用以助气。

帝高阳之苗裔兮。

摄提贞于孟陬兮。

例多不备举。

（二）言"之"例：

　　（甲）言之间也。

帝高阳之苗裔兮。

恐年岁之不吾与。

朝搴阰之木兰兮，夕揽洲之宿莽。

　　（乙）犹诸也。

又重之以修能。

又申之以揽茞。

　　（丙）指事之词。

命灵氛为余占之。

怀椒醑而要之。

后辛之菹醢兮，殷宗用之不长。

使夫百草为之不芳。

（三）言"以"例：

　　（甲）犹用也。

惟庚寅吾以降。

　　　　肇锡余以嘉名。

　　　　又重之以修能。

　　　　既替余以蕙纕兮，又申之以揽茝。

　　　　折若木以拂日兮。

　（乙）与而同。

　　　　路幽昧以险隘。

　　　　忽奔走以先后兮。

　　　　揽木根以结茝兮。

　　　　矫菌桂以纫蕙兮。

　　　　聊逍遥以相羊。

　　　　路修远以多艰兮。

　　　　路不周以左转兮，指西海以为期。

　　　　奏九歌而舞韶兮，聊假日以媮乐。

（四）言"而"例：

　（甲）在句中，常例也。

　　　　不抚壮而弃秽兮。

　　　　既遵道而得路。

　　　　反信谗而齌怒。

　　　　忍而不能舍也。

　　　　后悔遁而有他。

　（乙）略"而"例。

　　　　仆夫悲余马怀兮。

（五）言"其"例：

　（甲）用之未来，拟议之词也。如《乾·文言》："其唯圣人乎？"

　　　　老冉冉其将至兮。

　　　　谓幽兰其不可佩。

　　　　谓申椒其不芳。

　　　　曰两美其必合兮。

（乙）犹之也（言之间）。

　　苟余情其信姱以练要兮。

　　苟余情其信芳。

　　屯余车其千乘兮。

　　固乱流其鲜终兮。

（丙）语词，用以足句。

　　岂其有他故兮。

（丁）状事之词，犹然也。

　　飘风屯其相离兮。

　　百神翳其备降兮，九疑缤其并迎。

（戊）犹而也。

　　时缤纷其变易兮。（其一作以，以犹而也。）

（己）转词，犹然也。

　　虽九死其犹未悔。

　　虽萎绝其亦何伤兮？

（六）言"也"例：决词也，凡用必垒双。

　　余固知謇謇之为患兮，忍而不能舍也。指九天以为正兮，夫惟灵修之故也。

　　何昔日之芳草兮，今直为此萧艾也。岂其有他故兮，莫好修之害也。

　　忳郁邑余侘傺兮，吾独穷困乎此时也。宁溘死以流亡兮，余不忍为此态也！

（七）言"于"例：

　　摄提贞于孟陬兮。

　　皇览揆余于初度兮。

（八）言"与"例：

　　扈江离与辟芷兮。

　　畦留夷与揭车兮，杂杜蘅与芳芷。

（九）言"曰"例：

（甲）句端。

曰鲧婞直以亡身兮。（女嬃）

曰两美其必合兮。

曰勉远逝而无狐疑兮。（灵氛）

曰勉升降以上下兮。

（乙）句中。

名余曰正则兮，字余曰灵均。

（丙）句末。

乱曰。

（丁）省"曰"例。

《论语·阳货篇》："子曰：'由，汝闻六言六蔽矣乎？'对曰：'未也。''居！吾语汝。'"又"子曰：'食夫稻，衣夫锦，于汝安乎？'曰：'安。''汝安则为之。'"（参照《古书疑义举例》二六——二七页）

曰"鲧婞直以亡身兮……夫何茕独而不余听？"（以上女嬃之词。）"依前圣以节中兮……固前修以菹醢。"（屈原答）

（十）言"哉"例：用为叹词。

已矣哉，国无人莫我知兮。

（十一）言"虽"例：

（甲）以虽起，不以然应。

虽不周于今之人兮，愿依彭咸之遗则。（言己所为，虽不周于今人，然却愿依彭咸之遗则也。）

虽体解吾犹未变兮。

（乙）以虽起，以而转，惟皆在一句中。

虽信美而无礼兮。

（丙）消虽例。

　　　　阽余身而危死兮,览余初其犹未悔。(言虽阽余身
　　至于危死,然犹无悔也)。

　　(丁) 犹惟也。

　　　　余虽修姱以靰羁兮。(从《读书杂志》说。)

(十二) 言"羌"例:王逸曰:"羌,楚人语词也。"朱熹曰:"羌,楚人发语
端之词,犹言卿何为也。"

　　(甲) 发语词。

　　　　羌内恕己以量人兮。

　　(乙) 犹乃也。

　　　　余以兰为可恃兮,羌无实而容长。

(十三) 言"苟"例:

　　(甲) 设词。

　　　　苟余情其信姱以练要兮。

　　　　苟余情其信芳。

　　(乙) 犹故也。

　　　　夫维圣哲以茂行兮,苟得用此下土。

(十四) 言"曾"例:

　　　　曾歔欷余郁邑兮。

(十五) 言"夫"例:

　　(甲) 发语词。

　　　　夫何茕独而不余听?

　　　　夫维圣哲以茂行兮。

　　(乙) 指事之词。

　　　　又何必用夫行媒?

　　　　恐鹈鴂之先鸣兮,使夫百草为之不芳。

(十六) 言"谓"例:

　　　　户服艾以盈要兮,谓幽兰其不可佩。

　　　　苏粪壤以充帏兮,谓申椒其不芳。

（十七）言"惟"例：或作维，凡经典用惟，用唯，用维，古文但作隹。

（甲）发语词。

惟庚寅吾以降。

惟党人之偷乐兮。

夫维圣哲以茂行兮。

（乙）犹独也。

惟昭质其犹未亏。

惟此党人其独异。

岂惟纫乎蕙茝？

岂惟是其有女？

（丙）以虽代之。（例见前。）

（十八）言"乎"例：同兮同于，用以足句，而避兮之复。

（甲）同兮。

冀枝叶之峻茂兮，愿竢时乎吾将刈。

悔相道之不察兮，延伫乎吾将反。

历吉日乎吾将行。

尔何怀乎故宇？

（乙）同于。

众皆竞进而贪婪兮，凭不厌乎求索。

忽反顾以游目兮，将往观乎四荒。

不顾难以图后兮，五子用失乎家巷。

饮余马于咸池兮，总余辔乎扶桑。

夕归次于穷石兮，朝濯发乎洧盘。

朝发轫于天津兮，夕余至乎西极。

周流乎天余乃下。

苟得列乎众芳。

（十九）言"焉"例：

（甲）犹于是也。

　　　　驰椒丘且焉止息。

　　　　皇天无私阿兮，览民德焉错辅。

　　　　夏桀之常违兮，乃遂焉而逢殃。

　　（乙）问词。

　　　　余焉能忍与此终古？

（廿）言"将"例：

　　　　汩余若将不及兮。

　　　　延伫乎吾将反。

　　　　退将复修吾初服。

　　　　将往观乎四荒。

　　　　巫咸将夕降兮。

　　　　历吉日乎吾将行。

　　　　吾将远逝以自疏。

（廿一）言"固"例：

　　　　固时俗之工巧兮，偭规矩而改错。

　　　　伏清白以死直兮，固前圣之所厚。

　　　　不量凿而正枘兮，固前修以菹醢。

（廿二）言"謇"例：

　　　　謇朝谇而夕替。

（廿三）言"聊"例：

　　　　和调度以自娱兮，聊浮游而求女。

　　　　聊抑志而弭节兮，神高驰之邈邈。

（廿四）言"既又"例：

　　（甲）以既又开阖为对文者，诗云："终风且暴"，犹言既风又暴
也。

　　　　纷吾既有此内美兮，又重之以修能。

　　　　余既滋兰之九畹兮，又树蕙之百亩。

　　　　既替余以蕙纕兮，又申之以揽茞。

　　（乙）以既又开阖而不为对文者。

　　　　闺中既以邃远兮,哲王又不寤。

　　　　既干进而务入兮,又何芳之能祗?

　　（丙）省又。

　　　　初既与余成言兮,后悔遁而有他。（言后又悔遁而
有他也。）

　　（丁）省既。

　　　　苟中情其好修兮,又何必用夫行媒?

　　　　椒专佞以慢慆兮,樧又欲充夫佩帏。

　　　　固时俗之流从兮,又孰能无变化?

　　　　羿淫游之佚畋兮,又好射夫封狐;固乱流其鲜终
兮,浞又贪夫厥家。

　　　　已矣哉! 国无人莫我知兮! 又何怀乎故都!

　　（戊）既在下例。

　　　　跪敷衽以陈辞兮,耿吾既得此中正。

（廿五）言“进退”例:

　　　　进不入以离尤兮,退将复修吾初服。

（廿六）言“朝夕”例:

　　（甲）言朝夕。

　　　　朝搴阰之木兰兮,夕揽洲之宿莽。

　　　　朝发轫于苍梧兮,夕余至乎县圃。

　　（乙）言夕朝。

　　　　夕归次于穷石兮,朝濯发于洧盘。

（廿七）言“前后”例:

　　　　前望舒使先驱兮,后飞廉使奔属。

（廿八）言“初后”例:

　　　　初既与余成言兮,后悔遁而有他。

　　以上言既又,进退,朝夕,前后,初后,率相对为文。

（廿九）问词例：不用邪、乎、哉等字收散，故凡有问词，率置句首。

（甲）问词前置为常例。

不抚壮而弃秽兮，何不改乎此度？

杂申椒与菌桂兮，岂惟纫乎蕙茝？

何桀纣之猖披兮？夫惟捷径以窘步。

岂余身之惮殃兮？恐皇舆之败绩。

何方圜之能周兮，夫孰异道而相安？

虽体解吾犹未变兮，岂余心之可惩？

汝何博謇而好修兮？纷独有此姱节。

众不可户说兮，孰云察余之中情？

世并举而好朋兮，夫何茕独而不余听？

夫孰非义而可用兮，孰非善而可服？

曰两美其必合兮，孰信修而慕之？思九州之博大
兮，岂惟是其有女？曰勉远逝而无狐疑兮，孰求美而释
女？何所独无芳草兮，尔何怀乎故宇？世幽昧以眩曜
兮，孰云察余之善恶？

余焉能忍与此终古？（又见前十九条）

察草木其犹未得兮，岂珵美之能当？

何昔日之芳草兮，今直为此萧艾也？岂其有他故
兮？莫好修之害也。

何离心之可同兮？吾将远逝以自疏。

（乙）加又，示有所承。

苟中情其好修兮，又何必用夫行媒？

时缤纷其变易兮，又何可以淹留？

既干进而务入兮，又何芳之能祗？固时俗之流从
兮，又孰能无变化？览椒兰其若兹兮，又况揭车与江
离？

已矣哉！国无人莫我知兮，又何怀乎故都？（以上

二例又见前二十四条)

（丙）问词在句中为变例。其上皆加亦,示有所承。

　　虽萎绝其亦何伤兮。

　　长顑颔亦何伤。

（卅）德词前置例。

　　纷吾既有此内美兮。

　　汩吾若将不及兮。

　　忳郁邑余侘傺兮。

　　高余冠之岌岌兮,长余佩之陆离。

　　纷独有此姱节?

　　耿吾既得此中正。

　　纷总总其离合兮,斑陆离其上下。

　　溘吾游此春宫兮。

　　纷总总其离合兮,忽纬繣其难迁。

（卅一）实词前置例:式同上,率以德词继其下。

　　佩缤纷其繁饰兮,芳菲菲其弥章。

　　老冉冉其将至兮。

　　日忽忽其将暮。

　　路曼曼其修远兮。

　　飘风屯其相离兮。

　　时暧暧其将罢兮。

　　皇剡剡其扬灵兮。

　　芳菲菲其难亏兮。

（卅二）业词前置例:

　　来吾道夫先路。

（原载〔北平〕国学书院第一院《国学丛刊》二卷四期,一九四二年）

胡小石一十年代临书（汉简）　　　　　　胡小石临金文

於是洛靈感焉徙倚仿偟神光離
合乍陰乍陽擢輕軀以鶴立若將
飛而未翔踐椒塗之郁烈步蘅薄
而流芳超長吟以慕遠于聲哀
厲而彌長爾迺衆靈雜遝

臨此書尾
胡光煒

花笑烟啼鏡裏妝迎新棄舊看意
倒帽郎剩水殘山未見輝上眷图洲又是
懸霄一于然相華衰前度主簾二黄壇俊
青春照山河
己末首夏同翔冬仲子游北湖作
仰文先生堂書畫丙寅冬光煒

胡小石二十年代临书（王献之书）　　胡小石 1926 年 38 岁书迹（条幅）

胡小石三十年代临书（黄山谷书）　　胡小石四十年代临书（李柏书）

《远游》疏证

　　廖平尝有《远游》篇与司马《大人赋》如出一手大同小异之说（见所作《楚词讲义》）。今细校此篇十之五、六皆离合《离骚》文句而成（《九章·惜诵》亦类此）。其馀则或采之《九歌》、《天问》、《九章》、《大人赋》、《七谏》、《哀时命》、《山海经》及老、庄、淮南诸书。又其词旨恢诡，多涉神仙。（《九辩》末"愿赐不肖之躯而别离兮"一节，亦颇相类，惟彼文结语曰"赖皇天之厚德兮，还及君之无恙"，则与超无为邻太初者异趣矣。）疑伪托当出汉武之世。兹仿孙氏疏证《孔子家语》之例，证之如下：

悲时俗之迫阨兮，愿轻举而远游（"阨"一作"隘"）

　　　　《大人赋》："悲世俗之迫隘兮，朅轻举而远游。"

焉托乘而上浮

　　　　《大人赋》："乘云气而上游"。

哀人生之长勤

　　　　《离骚》："哀民生之多艰"。

往者余弗及兮，来者吾不闻

　　　　《七谏·初放》："往者不可及兮，来者不可待。"庄忌《哀时命》："往者不可扳援兮，徕者不可与期。"

神倏忽而不反兮

　　　　《天问》："雄虺九首，倏忽焉往？"

　　　　《招魂》："往来倏忽"。

愿承风乎遗则

《离骚》："愿依彭咸之遗则"。

贵真人之休德

　　《史记·秦始皇本纪》卢生说始皇："真人者,入水不濡,入火不
　　蓺,陵云气,与天地久长。"

奇傅说之托辰星兮

　　《补注》引《庄子》："傅说得之,以相武丁,奄有天下,乘东维骑箕
　　尾而比于列星。"又引《淮南子》："傅说之所以骑辰尾。"

绝氛埃而淑尤兮,终不反其故都

　　《离骚》："溘埃风余上征。"又："又何怀乎故都。"

恐天时之代序兮,耀灵晔而西征。微霜降而下沦兮,悼芳草之先零

　　此数语隐括《离骚》"日月忽其不淹兮,春与秋其代序。惟草木之
　　零落兮,恐美人之迟暮"大义。

聊仿佯而逍遥兮

　　《离骚》："聊浮游以逍遥"。

永历年而无成

　　《九辩》："蹇淹留而无成"。

谁可与玩斯遗芳兮

　　《思美人》："惜吾不及古人兮,吾谁与玩此芳草。"

　　《哀时命》："谁可与玩此遗芳。"

高阳邈以远兮

　　《离骚》："帝高阳之苗裔兮"。

春秋忽其不淹兮,奚久留此故居

　　《离骚》："日月忽其不淹兮,又何怀乎故都?"

吾将从王乔而娱戏

　　《补注》引《淮南子》："王乔赤松去尘埃之间"。

餐六气而饮沆瀣兮,漱正阳而含朝霞

　　《大人赋》："呼吸沆瀣兮餐朝霞"。(《史记》此句,"兮"字在句
　　末。)

曰道可受兮不可传

　　《补注》引《庄子》曰："道可传而不可受"。

其小无内兮其大无垠

　　《礼记·中庸》曰："故君子语大，天下莫能载焉，语小，天下莫能破焉。"

　　《补注》引《淮南子》："深闳广大，不可为外；析豪剖芒，不可为内。"

　　《淮南子·精神训》："无外之外，至大也；无内之内，至贵也。"

无滑而魂兮，彼将自然

　　"自然"数见《老子》。

壹气孔神兮……虚以待之兮

　　"壹气"犹《老子》言"专气致柔"之"专气"。"孔神"《老子》言"孔德之容"。"孔"读为"空"，虚也。

　　"虚以待之"，《老子》言"致虚极"，言"虚其心"，言"保此道者不欲盈"。

于中夜存

　　《补注》引《孟子》夜气之说。

无为之先

　　"无为"亦多见《老子》，言"道常无为"，言"上德无为"，言"为无为"。

此德之门（"比"疑为"玄"字之误。）

　　《补注》引《老子》："玄之又玄，众妙之门。"

闻至贵

　　《补注》引《庄子》："独有之人，是之谓至贵。"《淮南子·精神训》："无内之内，至贵也。"

忽乎吾将行

　　《离骚》："历吉日乎吾将行"。

仍羽人于丹丘兮，留不死之旧乡

羽人之国见《山海经》。《离骚》："忽临睨夫旧乡"。

朝濯发于汤谷兮，夕晞余身兮九阳

　　《离骚》："夕归次于穷石兮，朝濯发乎洧盘。"《九歌·少司命》：
　"与女沐兮咸池，晞女发乎阳之阿。"

质销铄以汋约兮

　　《天问》："流金铄石些"。《庄子·逍遥游》："绰约若处子"。

神要眇以淫放

　　《九歌·湘君》："美要眇兮宜修"。

嘉南州之炎德兮，丽桂树之冬荣

　　《七谏·自悲》："登峦山而远望兮，好桂树之冬荣。"

载营魄而登霞兮

　　《老子》："载营魄抱一，能无离乎?"

掩浮云而上征

　　《离骚》："溘埃风余上征"。

命天阍其开关兮，排阊阖而望予

　　《离骚》："吾令帝阍开关兮，倚阊阖而望予。"

召丰隆使先道兮

　　《离骚》："前望舒使先驱兮，后飞廉使奔属。"《大人赋》："使五帝
　先导兮"。

朝发轫于太仪兮，夕始临乎于微闾

　　《离骚》："朝发轫于苍梧兮，夕余至乎县圃。"

屯余车之万乘兮，纷溶与而并驰

　　《离骚》："屯余车其千乘兮（其犹之也），齐玉驮而并驰。"《大人
　赋》："屯余车而（《史记》作"具"）万乘兮"。《湘夫人》："聊逍遥兮容
　与"。《大人赋》："纷鸿溶而上厉"。

驾八龙之婉婉兮，载云旗之逶迤

　　全属《离骚》。"逶迤"彼作"委蛇"。

五色杂而炫耀

《离骚》:"世幽昧以眩曜"。

服偃蹇以低昂兮

《离骚》:"望瑶台之偃蹇兮"。又"何琼珮之偃蹇兮"。

骖连蜷以骄骜

《九歌·云中君》:"灵连蜷兮既留"。

斑漫衍而方行

《离骚》:"斑陆离其上下"。

撰余辔而正策兮

《离骚》:"总余辔乎扶桑"。

吾将过乎句芒。历太皓以右转兮

《大人赋》:"使句芒其将行兮,吾欲往乎南娭,历唐尧于崇山兮"
云云。《离骚》:"路不周以左转兮"。

前飞廉以启路

《离骚》:"前望舒使先驱兮,后飞廉使奔属。"

风伯为余先驱兮

《大人赋》:"诛风伯"。《离骚》:"鸾皇为余先戒兮"。

凤皇翼其承旂兮

此句全同《离骚》。

遇蓐收乎西皇

"蓐收"见《吕氏春秋》、《山海经》。《离骚》:"诏西皇使涉余"。

叛陆离其上下

《离骚》:"斑陆离其上下"。"斑"、"叛"音近。

时暧曃其晄莽兮

《离骚》:"时暧暧其将罢兮"。

召玄武而奔属。后文昌使掌行兮

《离骚》:"后飞廉使奔属"。

路曼曼其修远兮

此句全用《离骚》文。

徐弭节而高厉

    《离骚》："抑志而弭节兮"。

左雨师使径侍兮

    《补注》引《淮南子》："令雨师洒道"。《离骚》："屯众车使径待"
（"待"一作"侍"）。

意恣睢以担挢

    《大人赋》："掉担挢以偃蹇"。

内欣欣而自美兮，聊偷娱以淫乐。涉青云以泛滥游兮，忽临睨夫旧乡。仆
夫怀余心悲兮

    《离骚》："奏《九歌》而舞《韶》兮，聊假日以偷乐。陟升皇之赫戏
兮，忽临睨夫旧乡。仆夫悲余马怀兮，蜷局顾而不行。"

长太息而掩涕

    《离骚》："长太息以掩涕兮"。

氾容与而遐举兮

    "容与"见前。

聊抑志而自弭。指炎神而直驰兮

    《离骚》："抑志而弭节兮，神高驰之邈邈。"

览方外之荒忽

    《湘夫人》："慌惚（一作荒忽）兮远望"。

腾告鸾鸟迎宓妃

    《离骚》："吾令凤鸟飞腾兮"。又"腾众车使径待"。又"鸾皇为余
先戒兮"。又"求宓妃之所在"。

张咸池奏承云兮，二女御九韶歌

    此文调同《大人赋》："时若暧暧（《史记》作"菱菱"）将混浊兮，召
屏翳诛风伯（《史记》下有"而"字）刑雨师。"

使湘灵鼓瑟兮，令海若舞冯夷

    《大人赋》："使灵娲鼓瑟而舞冯夷"。海若见《庄子·秋水篇》。

形蟉虬而逶蛇

逐它见前。

音乐博衍无终极兮

  《离骚》："汝何博謇而好修兮"。"博衍"犹"博謇"也。

舒并节以驰骛兮，连绝埌乎寒门

  《大人赋》："舒节出乎北垠"。又"轶先驱于寒门"。寒门亦见《淮
  南子·墬形训》。

从颛顼乎增冰

  《招魂》："增冰峨峨"。

乘间维以反顾

  《离骚》："忽反顾以游目兮"。

历玄冥以邪径兮……召黔嬴而见之兮

  《大人赋》："左玄冥，而右黔雷。"

为余先乎平路

  《离骚》："来吾道夫先路"。

经营四荒兮，周流六漠

  《离骚》："将往观乎四荒"。又"周流乎天余乃下"。又"周流观乎
  上下"。

上至列缺兮

  《大人赋》："贯列缺之倒景兮"。

降望大壑

  《大壑》见《山海经》。

下峥嵘而无地兮，上寥廓而无天。视倏忽而无见兮，听惝恍而无闻。超无
为以至清兮，与泰初而为邻。

  《大人赋》末六句云："下峥嵘而无地兮，上寥廓而无天。视眩泯
  （《史记》作"眠"）而亡见兮，听惝恍而亡闻。乘虚亡而上遐兮，超无友
  而独存。""倏忽"已见前。"泰初"见《易纬乾凿度》。

   （原载金陵大学学报《金陵光》十五卷一期，一九二六年一月）

（細菌合論）

第一 病原的桿狀菌

四菌之為順序多辰古來小習慣黄見早此先淪黄見遲此淪黄
見先發為次序

（一）脾脫疽菌 Hildebrandbacillus

脾脫疽菌多為寄生家畜牛馬家畜體上、人有時寄生人體上、為二
種傳染病原、此菌發見最早、如菌的病原與身黄見此菌始
千八百九年、濕ポーレンデ氏此菌為最之在脾脫疽病
患其血胞中黄見一種桿狀物此菌小通知甚也
體中有一種桿狀物質其為病原抑否為未知
千八百三年、濕ダゾン說明桿狀物質為脾脫疽病原此桿狀物與
其桿狀物質接種人或家畜體上小生病云桿狀物發接種人體
上小生病可知桿狀物質為病原試此腸胃或家畜有桿狀物質
接種於小生病此病原身體有有桿狀物質
此桿狀物至印一種菌
住于白十三年...此黄是病原菌之...

摩天心阁

振衣陟曾城延眺

霞嶠藻交风雨廊门豬間庭連峯业

衡浦烟目竟里俯身

貤郛約葵疏盤疇稻稣表裏觀河山

代謝成會古倉橝化啟磨陽功

禹漠居投剃沙郭徳放洞渚堪清湘

水冥黄盧石有飢溺伯軌極

懐恺懷芳珮懷帆命椒酌

胡小石 1913 年 25 岁书迹（诗稿）

胡小石 1916 年 28 岁书迹（诗稿）

李坑仲尚旭君諸弟無恙

相別匆匆不覺旬日言念

勺勞殘軀頓已平復進

以十七日午車來滬也弟

面談不多道漸熱

自愛 此候 頓首

老太夫子 尊前問 留滬別啟

九先生

胡小石 1918 年 30 岁书迹

张若虚事迹考略

张若虚事实,世所得者殊鲜。若虚在两《唐书》皆无传。仅附见《旧唐书》一百九十一《文苑·贺知章传》中,彼文云:

> 先是神龙中,知章与越州贺朝万、齐融,扬州张若虚、邢巨,湖州包融,俱以吴越之士,名扬于上京。……若虚兖州兵曹。

其姓名爵里可考者仅此。案《旧唐书》四十《地理志》三淮南道扬州大都督府下云:

> 武德三年,杜伏威归国,于润州江宁县置扬州,以隋江都县为兖州……七年改兖州为邗州,九年省江宁县之扬州,改邗州为扬州……天宝元年,改为广陵郡。

《新唐书》四十一《地理志》则云:

> 扬州广陵郡大都督府本南兖州江都郡,武德七年曰邗州,以邗沟为名。九年,更置扬州。天宝元年,更郡名。

其文较《旧唐书》为略。案知章生于高宗显庆四年,卒于天宝三载,年八十六(《历代名人年谱》四)。历初盛二世。惟《旧唐书》本传云与若虚等齐名,在神龙中,神龙为武后最后纪元,中宗复辟后仍称之。其时扬州正昔之邗州。《新唐书·地理志》载扬州属县凡七,不知若虚所隶,为江都,为江陵,抑或高邮、六合。史只言扬州,不言何县,难以确知,惟扬州都督府向治江都,或为江都人欤?

若虚成名于初唐,其时文风据《新唐书》二百一《文艺传总叙》云:

> 唐有天下三百年,文章无虑三变。高祖、太宗,大难始夷,沿江左馀风,缔句绘章,揣合低卬,故王、杨为之伯。

王、杨并托旨宫闺,善为情咏。自梁简文帝好为宫体,而情诗怨什,一时称盛,所谓江左馀风,盖指梁、陈旧习而言。若虚生际初唐,受其重沐,故所作亦纯为抒情之什。《春江花月夜》之题,本陈曲也。

《乐府诗集》四十七《春江花月夜》,属清商辞曲之吴声歌曲。吴声歌曲者,《晋书·乐志》云:"吴歌杂曲,并出江南,东晋已来,稍有增广。"又曰:"《春江花月夜》、《玉树后庭花》、《堂堂》并陈后主所作,常与宫中女学生及朝臣相和为诗,太常令何胥又善于文咏,采其尤艳丽者,以为此曲。"

陈词今不传,《乐府诗集》所引旧作,凡有三家,一为隋炀帝,二为诸葛颖(隋人,入《隋书·文学传》),其后则为张子容,皆为五言短章。今以隋炀帝所作为例,凡二首,其辞曰:

> 莫江平不动,春花满正开。流波将月去,潮水带星来。
> 夜露含花气,春潭漾月晖。汉水逢游女,湘川值两妃。

自若虚出,而改五言为七言,进短章为巨制。天才横逸,极创作之能事。湘潭王君,称其"孤篇横绝,遂成大家"(见《王志》卷二)良不虚也。后此惟温庭筠之《玉树歌阑海云黑》云云,差足继响。然温诗藻绘有馀,天然不足,以彼方此,若颜延之于谢客矣。其与此篇取旨相类者,有刘希夷之"年年岁岁花相似,岁岁年年人不同",与后来李白之"青天有月来几时"云云。然咏月之作,此篇固千古绝唱矣。

若虚官兖州,唐兖州属河南道,于今地为山东滋阳县。其诗云青枫浦,据《一统志》在今湖南浏阳。又以碣石、潇湘对举,则若虚或曾至湘中耶?

《新唐书·艺文志》无《若虚集》。名篇传世,仅存此一首。又官不过兵曹,《旧唐书》(一百九十中)称"朝万止山阴尉,齐融山阴令……数子人间往往传其文,独知章最贵",盖伤之也。"才秀人微,取湮当代"(《诗品》评鲍照语)。然诗人生命殊不关穷通屯泰耳。

(原载艺林社《文学论集》,上海亚细亚书局一九二九年出版)

摩嶽摶霄龍需寫當

翠壁疊影遠離敢嘗拭眼分

明看頭白門重病起時

戊午冬 臨川夫子自滬之湖上吊俞絲

庵先生之喪過宿蒼虬閣中此樺圖

蓋當時所作也詰閣主人者去今怱之且

廿年距此一歲物点卅七年矣

白鮑買第得之欉題歲兩賦此

丙子七月廿七日 庵退書 光煒 [印]

胡小石 1936 年 48 岁书迹(题跋)

李杜诗之比较

　　李白及杜甫在诗界的位置,已为大家所公认,要想在短期中把他两位详细的比较,确是一件难事,今就平日见到的略谈几句。

　　既名之曰比较,必定先要定出一种公共的标准,若标准不同,便无所用其比较了。李、杜二人,倒有比较的可能性:因同为诗人,同为盛唐时诗人,且同为后世所宗仰而在文学史上占极重要的位置的诗人。

　　凡同时齐名的文人或诗人,如曹、刘,潘、陆,陶、谢,韩、孟,元、白,温、李,苏、黄等等,都好用来比较。然而最重要的,不在求其同,而在求其异,因为凡能同时共享盛名的文人或诗人,都各有其特殊之点,独到之处。不然,便有一人为首领,一人为附庸了,还有什么比较呢?

　　以李、杜诗互相比较的,颇不乏人,最著的分两派:

　　一、根据于地理的:以杜为河南偃师县人,住长安最久,可作北方诗人代表。李生于四川,后又到湖北,可作南方诗人代表。杜诗风格最踏实,李诗则很浪漫,也足见南北诗人的不同。日本人研究李、杜的诗,多从此处入手。如笹川种郎之《支那文学史》,便主此说,近来国人受他的影响很不小。以地域关系区分文学派别,本来无可非议,不过只适宜用于交通不便,政治不统一的时候,如南北朝时便是一例:北朝多产经师及散文家,而南朝则多产诗人。又如五代词人不居中原,而散居十国。这都是由于政治中心不统一,而交通太梗阻了的缘故。自从庾子山本以南人避难到北周后,北周文学稍有可观,他的作风糅合南北,也可说是使南北朝文学趋向一致的先声。隋既代周平陈,南北统一,如薛道衡、杨素等都是北人。

唐初四杰,即有北人三个。沈、宋也是北人,温、李也是北人,他们的作风,均非常华绮,并无南北的区分。可见自交通便利政治统一以后,以地理作区分,是靠不住的。

二、根据于思想的:有人以李白代表道家,杜甫代表儒家,李之作品多有超出人世之感,杜甫则句句不脱离社会。这话有一部分对的。李白尚理想,重虚无,固是道家思想,至于飞升远举之谈,竟成方士化了。人总不能离社会而独立,如屈子、阮籍之思想最浪漫,只因为不得志于世间,乃谋所以超出世间,正因其不能忘却世间呵!李白少有功名之志,至晚年乃郁结,由于精神之衰败。李、杜的思想,并不是根本上不相同,所以此层也不必引申了。

李、杜同为诗人,最好侧重二人艺术上之表现来作比较。在未讲他们本身作品之先,且把诗之过程略为说明。

(一)《三百篇》:最早的诗而且最优美。可是四言句法,不易作好,汉后四言诗人不多,如韦、东方,均不甚著名,只到嵇康为止。王湘绮主张此说。但汉代把《诗》当作经书,不用文学的眼光去研究,所以虽是很早的诗而影响于后人很小。李白曾言:"五言不如四言,七言又其靡也。"这是他崇经的门面话,他所作以七言诗最好,五言次之,四言最坏。

(二)古诗:《古诗十九首》与所谓苏、李诗均包括在内。作者姓名,湮没无闻。但可信其为汉人之作,为后世作诗之祖。自汉以来,其影响极大。

(三)建安:建安为诗之极盛时代,七子天才卓越,诗至此时,乃大变化,五言七言都正式成立。从前没有专家诗人,到此才出现。

(四)正始:当时王弼、何晏为思想界代表,谈玄之风盛,遂影响及于文学,文学诗一变而为哲学诗。

(五)太康:《文心雕龙》说:"采缛于正始,力柔于建安。"当时潘、左、张、陆能把正始的玄学诗还成文学诗的本来面目。

(六)元嘉:此时为山水诗发育时代,颜、谢为首,颇盛极于一时。

(七)永明:南齐之沈约、王融、谢朓为当世词宗,四声八病,始于此时,格律与限制均严。他们之诗,后人称曰新体,是表示由古诗变为今诗的一种过渡时期。

总之由建安至元嘉,诗的形式变化少,内容变化多。至于永明时,诗之形式的变亦著。

(八)宫体:梁简文帝时成立,外形用永明体裁,内容则以咏闺情,表怨思,色彩靡丽,一变而为徐陵及庾信一派(信初学宫体,入北周后诗风又一变)。二变为唐初四杰,他们受庾信之影响颇大,三变为沈、宋之律体,形式虽少变,仍以关于闺情怨思的为多,故仍归之于宫体一派。据《新唐书・文艺传》叙曰:"唐有天下三百年,文章无虑三变。高祖、太宗,大难始夷,沿江左馀风,缔句绘章,揣合低卬,故王、杨为之伯。"

即舍《三百篇》不论,由汉至唐初,经过三种变化,形式则由古体而今体,内容则由文学诗而玄学诗,而山水诗,而闺情诗,绮丽风华,唐初仍不能脱去此种习气。物极必反,于是有李、杜二公出,于开、天之间,为变换风气之两大家。中国诗风最盛,而又得多数好诗之时代,大家公认为唐朝。其实说来,唐人作诗之动机,却大可笑。按科举制度始于隋,入唐更盛。唐之选举法多而普遍的则为进士、明经两科。而唐时经术不发达,又以进士科为最普遍,人人以进士及第为荣,唐代诗人之特别多者,乃因科举的关系。凡想得进身之阶之人,不得不努力学做试帖诗(五言六韵),恰似明清人之工八股文一样。可是考进士的诗虽有钱起之《湘灵鼓瑟》"曲终人不见,江上数峰青",崔曙之《明堂火珠》"夜来双月满,曙后一星孤"等佳句。但有些稍伟大的诗家,往往不善此体,如韩、柳之试帖诗,疵瑕百出。又如贾浪仙落第,乃作诗讥讽时政,孟东野未及第时,大发牢骚,有如《儒林外史》上的人物。反不及宋人作诗之动机,为兴趣而作,可以说是为做诗而做诗。

唐代诗人中成就最大的,首推李、杜,而二人于科举都不得意,又均非进士。难道他两人的诗不好吗?于此可见当时风气所趋,而李、杜之特立精神,都以推翻时尚为主,求其心之所安。功名值得什么!

李、杜既是同时,且为好友。李年龄较大于杜,而不同于时尚则一。

然而他二人所走的路，是完全不相同。

且先说李白。我们尝谓太白仙才横逸，不可羁縻。哪知他正是一位复古派的健将，在太白之前的诗家而倾向复古的人，如陈子昂、张九龄之五古（陈之《感遇》诗效阮之《咏怀》），孟浩然之用五律以描写山水，皆为他之先导。可惜他们天才不及太白的伟大，故成绩不甚巨。至太白则不同了，他自己说："梁、陈以来，艳薄斯极，沈休文又尚以声律，将复古道，非我而谁？"所以他作的《古风》诗五十九首，开口便道："大雅久不作，吾衰竟谁陈。王风委蔓草，战国多荆榛。"又说："自从建安来，绮丽不足珍。"这是他论诗的大主张。又从他今存的诗的形式上看，古诗占十分之九以上，律诗不到十分之一，五律尚有七十馀首，七律只有十首，而内中且有一首止六句。《凤凰台》、《鹦鹉洲》二诗，都效崔颢《黄鹤楼》诗。然《黄鹤楼》诗也非律诗，因为只收古诗的《唐文粹》中亦将此诗收入。自从沈约以后，作诗偏重外表，太白很不满意这种趋向，乃推翻今体而复古诗（指建安时的），而且在他古风内，可以找出很多不同的来源。因为太白的才气大，分别学古人，又能还出古人的本来面目。他的五古学刘桢，往往又阑入阮籍，七古学鲍照与吴均，五古山水诗又学谢朓，以下便看不上了。可是魏、晋人作诗，多成一色，如陶、阮之单笔，颜、谢之复笔。惟太白诗，却不一色。七古多单笔，五古描写诗多复笔。或人反诘道："太白诗既是复古，何以诗中乐府占多数至一百一十五首？杜甫说：'李侯有佳句，往往似阴铿。'阴不是陈人吗？"不过我可回答说：凡是反对那种风气之人其于那种风气，必有极深的研究。太白对于梁、陈以来的诗风很有研究，所以才觉不满意而欲复建安之古。故李阳冰说："唐初诗体，尚有梁陈宫掖之风，至青莲而大变，扫尽无馀。"这是真知李白的人之言。

以下则谈杜甫。太白不满意于永明而复至建安。至于杜甫，可是不同了。他的意思，不惟不满意于齐、梁，且不以太白之学魏、晋为然，以为永明、建安，均为古体，何必厚彼薄此？少陵以为作诗当以"清新"为贵，古代诗人都可以学习，而同时于古代诗，都当推翻。学古人并非古人有什么好意，乃以古人供我刍狗之用。少陵正是诗国中一位狂热的革命家！他革前代诗人之命,我们又从何处看出呢?

甲、用字 《古诗十九首》,用字甚寻常,造语亦宽泛,然而情致极好,连成整篇,即成佳作。可谓那时有美章而无美句。至于太康后,可以找出美句。从齐、梁至初唐,才可以找美字。如咏月:《古诗》"明月何皎皎,照我罗床帏"可为佳篇,大谢的"照之有馀晖,揽之不盈掬"可谓佳句,沈约的"方辉竟户入,圆影隙中来"可谓佳字。太白作诗多为一气呵成,或有时不免轻于下笔。至于工部就很重锻炼,很讲苦吟,他曾说:"语不惊人死不休",又佩服阴铿、何逊,因六朝诗人至阴、何才讲求炼字。少陵有时直用何语,南宋黄伯思《东观馀论》曾举出许多证据来,可见"颇学阴何苦用心"之句不虚。世俗相传李白调笑他说:"借问别来太瘦生,总为从前作诗苦。"但用字又从何处下手呢? 从前把字分为三种,曰实(名词)、德(形容词)、业(动词)。名词用法,古今无大变换。最注意的是动字,因一个动字的关系,能把一诗的态度完全更换。而杜诗中之用字,又极其妙,如"风急春灯乱,江鸣夜雨悬"之悬字,"爽携卑湿地,声拔洞庭湖"之拔字,都非杜以前的诗人所用得出的。

乙、内容 杜诗的内容,最要的分两种:一是描写时事,一是输入议论。前人作诗的内容,不外以下几种:叙情(朋友之情,夫妇之爱),以《十九首》为代表;描写山水,以二谢、陶公为代表;玄谈,以正始时阮籍等为代表;而用诗以描写时事的则不很多,如蔡文姬的《悲愤诗》,王粲的《七哀》诗,庾子山的《咏怀》诗,不过寥寥数首而已。至于诗中加入议论,尤为少见。以诗描写时事的受历史化,以诗输入议论的受散文化,善于描写时事而融化散文风格的,不能不推子美为第一人! 虽孟浩然之能变五律之描写宫闱而描写山水,王维且引之为同调,但非咏时事。杜之五古,叙写议论处最多,如《奉先咏怀》、《北征》之后半皆是。后之昌黎,实受其影响,至半山、山谷、后山诸人,推波助澜,达于极端。杜之七古更多以叙写议论时事见长。以前纯粹七言诗,为《燕歌》、《白纻》(皆优美之抒情诗)、《行路难》(玄谈),后之李颀、李白二人均受鲍照影响。杜之七古亦然,更兼得二李之长,能把无论什么话都装在诗内。宋人效之,有时觉失大雅,而杜则无不雅的。少陵五律最长最有名的如《秦州杂诗》二十首之类,可认为从庾信《咏怀》诗化出。这是唐人所未走的路。

丙、声调　自声病之说盛行后,古诗变为律诗。开、天间诗又起而反对,然太白还是爱做乐府,占三卷之多。子美不作乐府,他把诗和乐的性质完全分离。且看王渔洋的《古诗平仄》及赵秋谷的《声调谱》,渔洋发见古诗的平仄,矜为独得之秘,他说七古用平韵的后三字必是平声,尤以第五字为最要。随便举例:如昌黎诗:"五岳祭秩皆三公,四方环镇嵩当中。"东坡诗:"春江绿涨葡萄醅,武昌官柳知谁栽?"若改第五字平声为仄,便成律调。东坡七古学韩,韩又学杜,然最初变化的,还数王昌龄的《箜篌引》。惟杜则用之最多。又七绝之最早作家为释汤惠休的《秋思引》:"秋寒依依风过河,白雪萧萧洞庭波,思君未光光不灭,渺渺悲望如思何?"梁人七绝更多。隋无名氏作"杨柳青青着地垂,杨花漫漫搅天飞。柳条折尽花飞尽,为问行人归不归?"太白七绝,受此调影响,所以音调很和谐,惟《山中问答》一首句句用拗体为例外。至老杜则以拗体占多数,和谐者例外。我曾作《杜诗音调谱》,得一定例,全首以前二句拗者为多,前二句又以第一句拗者为多。此种诗山谷最喜之。总之,子美作诗,内容及声律都极力求避前人旧式,所谓用一调即变一调,后来宋人能学他的善变处,至于明人只学得他的高腔大调罢了。

以上把两家的大略说过。我们可以说李、杜都可称为成功的诗人。可见成功不必在趋时尚,他们虽是至好的朋友,各走一路,不为苟同。今括前言,以为比较:

李守着诗的范围,杜则抉破藩篱。李用古人成意,杜用当时现事。李虽间用复笔,而好处则在单笔;杜的好处,全在排偶。李之体有选择,故古多律少;杜诗无选择,只讲变化,故律体与排偶都多。李诗声调很谐美,杜则多用拗体。李诗重意,无奇字新句,杜诗则出语惊人。李尚守文学范围,杜则受散文化与历史化。从《古诗十九首》至太白作个结束,可谓成家;从子美开首,其作风一直影响迄宋、明以后,可云开派。杜甫所走之路,似较李白为新阐,故历代的徒弟更多。总而言之,李白是唐代诗人复古的健将,杜甫是革命的先锋。

（本文系作者一九二四年演讲记录稿。原载国学研究会《国学丛刊》二卷三期,一九二四年九月）

胡小石五十年代临书（米芾书）

胡小石六十年代
临书（颜真卿书）

胡小石书信墨迹

杜甫《北征》小笺

　　《北征》为诗中大篇之一。盛唐诗人力破齐、梁以来宫体之桎梏,扩大诗之领域,或写山水,或状田园,或咏边塞,较前此之幽闭宫闱、低回哀怨者,有如出永巷而骋康庄。至杜甫兹篇,则结合时事,加入议论,撤去旧来藩篱,通诗与散文而一之,波澜壮阔,前所未见,亦当时诸家所不及(元结同调而体制未弘),为后来古文运动家以"笔"代"文"者开其先声。后来诗人如元和中韩退之,如宋代庆历以来"宋诗"作者之欧、王诸家以至"江西诗派",至近世如所谓"同光体",其特徵大要皆以散文入诗,其风气几无不导源于杜,亦可云自《北征》一篇开端。

　　王湘绮论诗谓杜《北征》学蔡女,其见固是,然未尽也。诗至天宝,至杜,内容、形式及修辞技巧,无不有所革新,前贤无论何种文学遗产,亦皆供其资粮,经过咀嚼、消化、吸收与成长而出现一崭新面貌,又即以此新面貌代表其新时代,杜诗中《戏为六绝句》云:"转益多师";《偶题》云:"后贤兼旧制,历代各清规。"固已透露宗风不少矣。

　　《北征》,变赋入诗者也,题名《北征》,即可见之,其结构出赋,班叔皮《北征》、曹大家《东征》、潘安仁《西征》,皆其所本,而与曹、潘两赋尤近。其描写最动人处,如还家见妻儿一段,则兼有蔡文姬《悲愤》、左太冲《娇女》两作之长。其胪陈时事,直抒愤懑,则颇得力于庾子山《哀江南赋》。杜极称庾诗赋曰:"清新庾开府"。《哀江南》在赋中为新,《北征》在诗中亦为新也(杜短韵亦多得力庾子山拟咏怀诗)。总之,《北征》一方则奄有众长,一方又独抒己见,两者结合,诚所谓古为今用也。

昔人言诗，必极其源于三百篇。《北征》风格，求之诗三百篇，则不近于国风，而近于小雅。小雅怨诽，《北征》亦有之，而其旨隐微，盖犹守古诗人温柔之遗矩，就篇末数韵探之，知与天宝末年安禄山称兵、太子即位灵武、玄宗内禅有关；且预测将来玄、肃父子之恩不终，封建伦常道之不足恃，于此宛转致其讽喻之旨。特词义简晦，不敢详陈。今特为发之，并以著李、杜两大诗人在当时同遭坎壈之故。

《北征》作于唐肃宗至德二载（公元七五七年），其年五月，甫始自长安窜归凤翔，拜左拾遗，以疏救房琯触肃宗怒，几罹大祸。以张镐之救而免。八月，墨敕放还鄜州省妻子。此诗之成，意当在秋末。甫本年四十六岁。自四十六岁至四十八岁，杜诗名篇，多出此三年中。

皇帝二载秋，闰八月初吉。杜子将北征，苍茫问家室。

　　曹大家《东征赋》起句："惟永初之有七兮（汉和帝），余随子兮东征（大家子谷为陈留长）。时孟春之吉日兮，撰良辰而将行"云云。潘安仁《西征赋》起句："岁次玄枵（晋惠帝元康二年壬子），八月旅蕤宾（五月）。丙丁统日，乙未御辰。潘子凭轼西征，自京徂秦"云云，皆先记岁时，次述所向。《北征》起句全同此，而出以五言。

　　闰八月句：五言每句可分上下两节，汉、魏以来每句构式，上节以两字，下节以三字为通则。惟蔡琰《悲愤诗》言："彼苍者何辜，乃遭此厄祸"，阮籍《咏怀》言："仇怨者谁子，耳目还相羞"（见七十七首）。上三下二为变格，其例至少。至唐开、天时，诗风丕变，竞运新格。李白《天恩流夜郎忆旧游》："天上白玉京，十二楼五城。"杜此句上三下二亦同。又其它诗如《九日寄岑参》："吁嗟乎苍生，稼穑不可救"亦同此。降及元和，步武者遂多。孟郊《晓鹤》云："晓鹤弹古舌，婆罗门叫音"；韩愈《荐士》云："有穷者孟郊。"《此日足可惜》云："淮之水舒舒"；卢仝《寄男抱孙》云："殷十七老儒，是汝父师友。"又《扬州送伯龄过江》云："不唧嚼钝汉，何由通姓名"；白居易《寄唐生》云："唐生者何人，五十寒且饥。"并以变为奇，殆成风气。又李白五言有上一下四者,《古风》(二十首)云:"昔我游齐都,澄华不注峰",后皮日休《缥缈峰》遂云:"恐足蹈海日,疑身凌天风。"韩、孟《联句》云:"一喷一醒然,再接再厉乃。"又上四下一。穷其来源,当以《诗·关雎》之"在河之洲"为之滥觞。此等修辞小技,固亦随时代发展。我国诗式,以五七言为限,字数难于增减,后之作者乃以此等技巧,翻新出奇。七言诗句格亦然,兹不赘。

维时遭艰虞,朝野少暇日。顾惭恩私被,诏许归蓬荜。拜辞诣阙下,怵惕久未出。虽乏谏诤姿,恐君有遗失。

　　以言官身份出之,即本诗微旨所在。

君诚中兴主,经纬固密勿。东胡反未已,臣甫愤所切。

　　卢仝《月蚀》自称"虮虱臣仝"。

挥涕恋行在,道途犹恍惚。乾坤含疮痍,忧虞何时毕。靡靡逾阡陌,人烟渺萧瑟;所遇多被伤,呻吟更流血。回首凤翔县,旌旗晚明灭。

　　明灭指斜照之光。谢灵运《七里濑》诗:"日落山照耀",昔人以为好句。此更不言日,但以旌旗状之,而斜晖与晚风俱见,固首节之警策也。杜善用明灭字,《雨》诗云:"山雨不作泥,江云薄为雾。晴飞半岭鹤,风乱平沙树。明灭洲景微,隐见岩姿露。"亦同兹妙。

　　于此更有一事须言者,则此诗之声调是也。古诗平仄问题,清初王、赵诸家,互相诋谇,争之而卒不能定。然就《北征》言之,其每韵二句之首两字皆平仄相谐(仅有极少例外);大符"前有浮声,后须切响"之旨。求诸前贤,建安之曹、刘,正始之阮,太康之潘、陆,义熙之陶,元嘉之颜、谢,皆不如此。故永明以后之古体,实不同于永明以前之古体;声律之说,影响所被,固不仅在近体诗也。

前登寒山重,屡得饮马窟。邠郊入地底,泾水中荡潏。猛虎立我前,苍崖吼时裂。菊垂今秋花,石戴古车辙。青云动高兴,幽事亦可悦。

　　忽感风物之美,忧情暂抒。

山果多琐细,罗生杂橡栗。或红如丹砂,或黑如点漆。

　　写山果众色,本魏文帝《与钟大理书》:"窃见玉书称美玉,白如截肪,黑臂纯漆,赤拟鸡冠,黄侔蒸栗。"

用或字排句最多者,古推《诗·小雅·北山》十二"或",即"或燕之居息"四句,"或不知叫号"四句,"或湛乐饮酒"四句,三章连用。汉、魏以降,诗用此等排句者绝少。至杜写山果,亦仅二排。元和诗人多喜逞气,卢仝《观放鱼歌》写鱼得水之乐云:"或透藻而出,或破浪而趋,或掉尾孑孑,或奋鬣愉愉;或如莺掷梭,或如蛇衔珠。"即增用至六排,尤甚者为韩愈《南山》诗。写石之诸态,自"或连若相从,或蹙若相斗,或妥若弭伏,或疏若惊雊。"至"或如龟坼兆,或若卦分繇(音宙);或前横若剥,或后断若姤。"凡五十二排,极逞气之能事,即此小节,亦可见修辞技巧随时代而演变也。

雨露之所濡,甘苦齐结实。

杜于此,以为天之育物,无有差等,见造物之伟大。然杜却不认天心之全慈。《新安吏》云:"莫自使眼枯,收汝泪纵横。眼枯即见骨,天地终无情。"又看出天地不仁。更进一步言之,甘苦齐实,亦见真宰于美恶之无选择。

缅思桃源内,益叹身世拙。坡陀望鄜畤,岩谷互出没。我行已水滨,我仆犹木末。

人非猿猱,何得行于树杪?盖诗人写景,往往只取片时之感觉,纳入文字,不俟说明,骤见似无理,而奇句却由此而生,谢朓《郡内高斋闲望》云:"窗中列远岫,庭际俯乔林",已创斯妙。而杜自早岁即喜用之,如《渼陂行》云:"船舷暝戛云际寺,水面月出蓝田关。"稍后,如《白水县崔少府高斋》云:"高斋坐林杪,信宿游衍阒。清晨陪跻攀,傲睨俯峭壁。"尤妙者,以此拔入咏画之作,遂极突兀可喜。如《丹青引》"玉花却在御榻上",马竟登床,如《奉先刘少府新画山水障歌》云:"堂上不合生枫树,怪底江山起烟雾。"树生堂上,尤奇者如《严郑公厅事岷山沱江画图》云:"沱水流中座,岷山到北堂。白波吹粉壁,青嶂插雕梁。"白波吹壁而壁不倾,青嶂插梁而屋不破,是画也,非真也,然说出反浅。所谓诗要通,又要不通,要不通之通。

鸱枭鸣黄桑,野鼠拱乱穴。夜深经战场,寒月照白骨。

> 初吉发凤翔,经邠往鄜。计程约在中旬向后,故夜深见月,证以《羌村》诗,初到家而言萧萧北风劲,则此时去下弦不远。

潼关百万师,往者散何卒。遂令半秦民,残害为异物。

> 《唐会要》八十四载唐户口:天宝十四载(七五五)户八百九十一万馀,口五千二百九十一万九千馀;至上元元年(七六〇),户仅一百九十三万馀,口仅一千六百九十九万馀。前后相去才五年,而户口骤减若是之巨。可见天宝十五载禄山之乱人民死亡流窜之多(其中固有乱后来入籍者)。残害半秦民非夸语。

> 以上叙自凤翔北行至邠,再自邠东北行至鄜,沿途所见,纯用《北征》、《东征》、《西征》诸赋章法。化赋为诗,文体挹注转换,局度弘大,其风至杜始开。

况我堕胡尘,及归尽华发。

> 杜发早白。见天宝十五载前《投赠哥舒开府》诗:"未为珠履客,已是白头翁。"经乱加甚,故言尽。用语非泛设也。与宋人好老者不同。至后夔州《入宅》诗云:"半顶梳头白",则末年又成秃翁。

经年至茅屋,妻子衣百结。恸哭松声回,悲泉共幽咽。

> 二语从蔡琰《悲愤》诗:"马为立踟蹰,车为不转辙"来。湘绮翁谓《北征》学蔡女,即字句亦有可徵者。

平生所娇儿,颜色白胜雪。见耶背面啼,垢腻脚不袜。

> 杜三子,幼者前已饿卒。娇儿当指次子宗武,小名骥子者。杜为人似有偏爱,故诗中屡称骥子,即其恶卧踏被,叫怒索饭,亦觉可喜。不似宗文(长子,小名熊儿)之遣树鸡栅也。此云背面啼,以不见经年而怯生。至《羌村》云"娇儿不离膝",则又相习矣。

床前两小女,

> 大历五年《入衡州》云:"远归儿侍侧,犹乳女在旁。"似晚年尚生一女。

补绽才过膝。海图坼波涛,旧绣移曲折。天吴及紫凤,颠倒在短褐。

  唐代衣物文饰，喜采珍禽怪兽，形象色彩，极恢奇之观。《杜太子舍人遗织成褥段》诗："客从西北来，遗我翠织成。开缄风涛涌，中有掉尾鲸。逶迤罗水族，琐细不足名"云云，与此正类。此等遗物，日本正仓院犹藏有之，其风当与波斯萨珊朝艺术有关，天吴短褐，正以两者不伦而相聚为奇。《水浒传》："拳头脚尖一齐下，打得大王叫救人。"以大王之威而呼救，其妙亦在不伦。古人多有此手法。

老夫情怀恶，数日卧呕泄。那无囊中帛，救汝寒凛栗。黛粉亦解苞，衾裯稍罗列。瘦妻面复光，

  瘦妻固是前年"香雾云鬟湿，清辉玉臂寒"诗中人也。今著其瘦，正见禄山乱事之惨酷，反映直至妇女颜面上。人生一枝一叶，无不与时代社会息息相关。

痴女头自栉。学母无不为，晓妆随手抹。移时施朱铅，狼籍画眉阔。

  《北征》此数语，写小儿女娇痴天真，脍炙人口，自今读之，尚栩栩如生。若求其来源，实兼有蔡、左两家之胜。太冲《娇女诗》，为杜平生写儿童诗所最得力。左诗二女，妹曰织素，姊曰惠芳，皆娇顽无匹。织素之"明朝弄妆台，黛眉类扫迹。浓朱衍丹唇，黄吻澜漫赤"云云；惠芳之"轻妆喜缕边，临镜忘纺绩"、"脂腻漫白袖，烟熏染阿锡"云云。何其与此相近。又杜它诗如"布衾多年冷似铁，娇儿恶卧踏里裂。"如"娇儿不知父子礼，叫怒索饭啼门东。"如"忆年十五心尚孩，去如黄犊走复来。庭前八月梨枣熟，一日上树能千回。"求之左诗，亦有显迹可寻，但非袭取而为发挥。后来卢仝《寄男抱孙》、《添丁》，李商隐《娇儿》，又由此而演为大篇。

生还对童稚，似欲忘饥渴。问事竞挽须，谁能即嗔喝。翻思在贼愁，甘受杂乱聒。

  数语出蔡琰《悲愤》诗："儿前抱我颈，问母欲何之。人言母当去，岂复有还时。（中略）见此崩五内，恍惚生狂痴。号泣手抚摩，当发复回疑"云云，而悲欢异途，各极其妙。

新归且慰意，生理焉得说。

生理犹言生计。杜《引水》诗："白帝城西万竹蟠，接筒饮水喉不干。人生留滞生理难，斗水何直百忧宽。"《遗遇》诗："索钱多门广，丧乱纷嗷嗷。自喜遂生理，花时赏缃袍。"

至尊尚蒙尘，几日休练卒。

以下结合时事，入以议论，开阖纵横，直成有韵之散文。独辟一途，前所未有。下为元和及宋诗开山。末流猖披，严羽作《沧浪诗话》起而攻之。然启行者杜也。

仰观天色改，坐觉妖氛豁。阴风西北来，惨澹随回纥。其王愿助顺，其俗善驰突。送兵五千人，驱马一万匹。此辈少为贵，四方服勇决。所用皆鹰腾，破敌过箭疾。圣心颇虚伫，时议气欲夺。

"阴风西北来，惨澹随回纥"二句影射回纥衣饰，此应与《留花门》诗相参证。《留花门》诗有"连云屯左辅，百里见霜雪"句，亦状回纥之服色。按回纥奉摩尼教，其教色尚白。摩尼教出自波斯教。波斯教本为祆教，又曰拜火教，摩尼教即由祆教发展而来。摩尼教何时开始传入中国，此有二说。法人沙晚于《摩尼教流行中国考》中云不早于唐肃宗宝应元年（七六二年）。则子美作《北征》际，尚不见摩尼教于中国，此说实误。沈曾植《和林三唐碑跋九姓回纥毗伽可汗碑跋》中述摩尼教与回纥关系极精确，云"开元以后，为大食所驱，乃东徙而入回纥"，并云："其徒白衣白冠。"及后，会昌中曾禁此教，逼使教徒服便衣。由此可证：至德二载回纥已信摩尼教矣。回纥旌旗为白色，此文献有证。《旧唐书·回纥传》："子仪至新店，遇贼军战，却数里，回纥望见，逾山西岭上曳白旗而趋击之，出其后，贼众大败。"（《新唐书》同段作"即逾西岭，曳旗驱贼"，则失其旨矣。）又《旧唐书·李嗣业传》亦载此事："嗣业与子仪遇贼于新店，与之力战数合，我师初胜而后败，嗣业遂急应接。回纥从南山望见官军败，曳白旗而下。"

伊洛指掌收，西京不足拔。官军请深入，蓄锐可俱发。此举开青徐，旋瞻略恒碣。昊天积霜露，正气有肃杀。祸转亡胡岁，势成擒胡月。胡命其能久，皇纲未宜绝。

忆昨狼狈初,事与古先别。奸臣竟菹醢,同恶随荡析。不闻夏殷衰,中自
诛褒妲。周汉获再兴,宣光果明哲。桓桓陈将军,仗钺奋忠烈。微尔人尽
非,于今国犹活。

　　补出陈玄礼,用心曲折(玄礼后以上皇旧人,被远贬)。
凄凉大同殿,寂寞白兽闼。

　　篇终忽著此二语,出二殿阁之名,宋以来注家皆未注意,亦未得
其解,今试探之,则皆为上皇而发也。

　　宋敏求《长安志》九,记南内兴庆宫、勤政楼之北曰大同门,其内
大同殿。案兴庆宫位于京城朱雀街东兴庆坊,坊本名隆庆,玄宗龙兴
旧邸。此宫玄宗即位后仍常居之。著名之勤政、花萼二楼,龙池、沉
香亭皆在其中。《新唐书》二百七《宦者传·高力士传》:"帝斋大同
殿,力士侍。帝曰:'我不出长安且十年,海内无事,朕将吐纳导引,以
天下事付林甫,若何?'力士对曰:'天子顺动,古制也。(中略)天下柄
不可假人,威权既振,孰敢议者。'帝不悦。力士顿首,自陈心狂易,语
谬当死。帝为置酒,左右呼万岁。"案此处问答数语,实与后来天宝乱
事有关。而问答之地,乃在大同殿。白兽闼当为白兽门,以协韵改
闼。白兽门,《长安志》无记。以唐宫三内,门户繁多,实不胜载。向
来注家多引《三辅黄图》释之。以汉宫例唐宫,终不得确解。今据《旧
唐书》八《玄宗纪》,记玄宗诛韦后奠定帝业始末云:中宗暴崩,韦后临
朝称制,"遂以庚子夜,率(刘)幽求等数十人,自(禁)苑南入。(苑)总
监钟绍京又率丁匠百馀人以从,分遣万骑往玄武门(宫城北门,北临
禁苑。入门即西内太极宫。太宗诛太子建成,即率众由此入。)杀
羽林将军韦播、高嵩,持首而至。众欢叫大乐,攻白兽、玄德等门,斩
关而进。左万骑自左入,右万骑自右入,合于凌烟阁前。时太极殿前
有宿卫梓宫万骑,闻噪声,皆披甲应之。韦庶人惶惑,走入飞骑营,为
乱兵所害。"《新唐书·玄宗纪》略同,但云入玄武门,会两仪殿(在太
极殿北),而不及白兽、玄德等门。据《长安志》图凌烟阁所在,近西内
宫城东北隅,西南往太极殿,以旧书所记参之,玄宗率众入白兽等门,

斩关而进,合于凌烟阁,则白兽门当在凌烟阁北不远之地,入门至阁,经阁西南行至太极殿,此门在当时,必为西内入玄武门后由北往南所经之一要地。《资治通鉴·唐纪·睿宗纪》上记此役颠末,即略本《旧唐书》,云隆基使李仙凫将右万骑攻白兽门。胡三省注:白兽门即白兽闼,即杜甫《北征》所谓"寂寞白兽闼者"。与玄武门皆通内诸门之数,可谓近之。杜特著之诗句中,见玄宗后来成帝业与之有关。

　　杜《北征》诗篇末方颂新君,忽著此二语,皆关上皇旧事,其用意甚深微曲折。吾辈皆知天宝乱起,玄宗蒙尘,有分道制置之举。案《旧唐书·玄宗纪》天宝十五载六月潼关不守,玄宗率太子亲王妃主皇孙及群臣弃西京幸蜀,七月"甲子次(剑州)普安郡,宪部侍郎房琯自后至,上与语甚悦,即日拜为吏部尚书同中书门下平章事,丁卯诏以皇太子讳充天下兵马元帅都统朔方河东河北平卢等节度兵马,收复两京。永王璘江陵府都督,统山南东路黔中江南西路等节度大使。盛王琦广陵郡大都督,统江南东路淮南河南等路节度大使。丰王珙武威郡都督,领河西陇右安西北庭等路节度大使。"案此郡所谓分道制置,使太子及诸王分领重地,对两京形成一大包围网。长安虽陷,而凶焰不能外流,禄山虽据一隅,而九州仍属唐有,可以相持。自今日视之,此举实从全局着想,对诸皇子实无厚薄之偏见存乎其间;诸王即奉诏起兵,亦非叛国。而太子(肃宗)用李辅国之策,心怀异志,分兵北向,乘机突发。上皇远去成都,肃宗乃不旋踵而即皇位于灵武。尊其父为上皇天帝。观《玄宗纪》:"八月癸巳,灵武使至(成都),始知皇太子即位。"又《旧唐书·韦见素传》亦云"是月(七月)皇太子即位于灵武,道路艰涩,音驿未通。八月,肃宗使至,始知灵武即位"云云。两见始知者,足徵肃宗此举,如晴天霹雳,悉出成都君臣意料之外。于是玄宗乃使宰臣房琯等,赍传国宝玉册,奉使灵武,宣传诏命,便行册礼,此盖事实既成,艰危中更不容有纠正馀地,故只得追认之。先国难而后家难,而自退居上皇地位,其不得已之苦衷,一披史册,即分明见之。乃后收京,成都回銮,上皇移居西内,幽囚以死,并其旧侍亦付剪除，父子之恩乖离至此。因由张良娣、李辅国之日夜离间，然肃宗以当日分镇之命，几撼其皇储之位，衷心隐处，不慊于若翁，固已久矣。

又制置之诏，虽出玄宗，而其谋盖肇于房琯。天宝十五载七月以后，正房琯为宰臣之日。故《旧唐书·玄宗纪》云：七月甲子，方记琯以吏尚任平章，才隔三日至丁卯，即下太子及诸王制置之诏。案《房琯传》："陈涛斜败后，贺兰进明谗琯于肃宗，其言曰：'陛下待琯至厚，以臣观之，琯终不为陛下用。'上问其故。进明曰：'琯昨于南朝，为圣皇制置天下，乃以永王为江南节度，颍王为剑南节度，盛王为淮南节度。制云：命元子北略朔方，命诸王分守重镇，且太子出为抚军，人曰监国。琯乃以枝庶悉领大藩，皇储反居边鄙，此虽于圣皇似忠，于陛下非忠也。琯立此意，以为圣皇诸子但一人得天下，即不失恩宠。又各树其私党刘秩、李揖、刘汇之徒，以副戎权。推此而言，琯岂肯进诚于陛下乎？'（中略）上由是恶琯。"案肃宗恶琯，固不俟进明之谗言。然进明所言琯为制置之谋，则事实也。

至德元载（天宝十五载）十月琯陈涛斜之败，论者皆咎琯书生不知兵，用车战覆师，固也。意琯当日或以与胡骑交锋，欲用车战，以限其马足之驰突。然此外更有一致败之因，即《旧唐书·房琯传》所云：琯临戎，谓人曰："逆党曳落河虽多，岂能当我刘秩等。"及与贼对垒，琯欲持重以伺之，为中使邢延恩督战，苍皇失据，遂及于败。是陈涛丧师，与哥舒翰潼关之失，其原因正同，意宫廷正欲借此以陷之。其时杜以谏官上疏救琯，几罹不测，肃宗于此盖以杜为琯党，故琯罢相，杜亦出为华州司功参军，杜与琯因布衣旧交，至琯死阆州，尚为诗哀之。党琯是实，肃宗以怨父者怨琯，又以恶琯者恶杜，故杜自此后由华州窜秦州，由秦州窜同谷，由同谷窜成都转夔巫，出三峡，流落湖湘，羁旅终身漂泊以死，诗人固李氏王朝宫廷政争中之一牺牲品也。其后琯卒遭远谪，琴客董庭兰事，不过为其获罪之借口。盖肃宗以制置一事，既不惜修怨于其父，又何惜修怨于其父之旧臣。杜之放逐，更不足数矣。

又诗人李白以篇什受玄宗激赏。及旅江汉,天宝末,以从永王璘起兵,事败,长流夜郎,幸遇赦免。永王璘固前史所目为叛逆者,其罪状皆肃宗史臣所加。若以为叛,则首叛乃其父耳。白所作《永王东巡歌》十一首,首章即云:"永王正月东出师,天子遥分龙虎旗。"真不平之鸣,而璘之冤词信谳也。(据此,则白《古别离》"尧幽囚,舜野死"云云,亦可断其为暗指肃宗移上皇居西内事也。)千古李、杜并称,不仅以其诗才伟大同,其遭遇之穷厄亦同,其致穷厄之原因亦同也。天宝诗人,惟高适致身最显贵。《旧唐书·高适传》云:"初,上皇以诸王分镇,适切谏不可。及是,永王叛,肃宗闻其论谏有素,召而谋之"云云。是适与李、杜穷达之分途,其原因亦皆与此事有关。

《北征》于歌颂中兴之馀,忽参入此二语,其事皆与肃宗无关,而悉出上皇,与上文似不甚连类。用意极隐微,实一篇主旨所在。盖杜早于灵武擅立、成都内禅之日,已豫见玄、肃将来父子之关系必至恶化,固不待南苑草深,秋梧叶落,始叹上皇暮境有悲凉之感。古今行内禅者亦多此结局也。

都人望翠华,佳气向金阙。园陵固有神,扫洒数不缺。煌煌太宗业,树立甚宏达。

结语举太宗,太宗者有唐创业之君,非中兴之主,与周宣汉光武事异。固非可以肃宗拟之,所以云尔者,正以武德末玄武门事变之后,高祖亦行内禅,与玄肃关系正同,故举此以隐示风谏之意耳。

封建社会伦理道德至重,天伦之亲莫过于父子。然视历代宫廷政权之争,凡利害攸关,则其猜嫌攘夺,鸩毒矢刃之所加,较之编户齐民,有过之无不及,于是知慈孝恭谨之名,不过为平日粉饰丑恶之美号,若去皮而见质,固无不令人唾弃失笑者。杜于天宝十四载冬,作《奉先咏怀》诗,但讥明皇失政,外戚骄淫,于许身稷、契之幻想,尚未破灭,故诗首云:"杜陵有布衣,老大意转拙。许身一何愚,窃比稷与契。"然至晚岁居夔州作《写怀》诗则云:"古者三皇前,满腹志愿毕。

胡为有结绳，隔此胶与漆。祸首燧人氏，厉阶董狐笔。君看灯烛张，转使飞蛾密。放神八极外，俯仰俱萧瑟"云云。词旨激烈，一切几归虚无。此二诗见杜中晚岁思想之极大质变。意者历事既久，阅事转深，有见于玄、肃宫廷骨肉间政争之酷，而悟礼为忠信之薄，孝慈生于六亲之不和。因举平日所受诸儒家之信条，及认为所以维系封建统治之纲常名教，遂悉付粉碎虚空欤。

杜自玄宗西幸，房琯拜相，诏皇太子及诸王分镇天下。未几而太子灵武擅立，玄宗被迫内禅。永王起兵及房琯东来被斥，此时虽未收京，已逆知将来玄、肃间父子之恩，必有乖异。故于墨敕省家，作《北征》诗时，先赞中兴之光美，末著内禅之隐微。全篇大旨，实在于是。昔钱牧斋作《草堂诗笺》，深得知人论世之义，高出诸注家。其于《洗兵马》一篇，即发扬玄、肃当时宫闱隐情。惟于《北征》初未之及，故复于此曲折说之，俟言诗者教焉。

（原载《江海学刊》一九六二年第四期）

胡小石为曾昭燏临王羲之书

君氣韻恬和姿淫溫雅不
以藏否滑心榮辱改慮俳
佪周孔之門放暢羌疋之
域儃然蕭退

疎蕩有晉人巨慶

辛丑七月 沙心

胡小石临六朝碑

杜甫《羌村》章句释

　　《羌村》作于至德二载秋自凤翔还鄜州省家后,殆与《北征》同时。所写情景,多可补《北征》中所未及道者,而以小诗形式出之。凡诗之长篇与短篇,为用不同。以戏曲譬之,长篇如整体连台戏,短篇则折子戏。长篇波澜壮阔,疏密相间,变化起伏,而不能处处皆警策。短篇则力量集中,精彩易见。亦犹观折子戏者每感其动人之效果迅速,易于见好也。诗凡三章,首章写初抵家时光景。次章写到家后之诸感。末章写邻里慰劳,己心感怆。篇幅虽寥寥,而天宝末年之大乱,人民所受之痛苦,皆反映于字句中,非仅为一人发愤抒怀也。羌村云者,盖其地尝为羌族人东来者所聚居,犹今言回回营、陕西街之类。兹分释之如下。

一

峥嵘赤云西,日脚下平地。

　　　　"西"在此,不仅是方位字,当读为动词。如山之大云向西而移,知其时为东风。言赤者映日之故。云隙漏出日脚,日脚下地,言将暮也。

柴门鸟雀噪,归客千里至。

　　　　二语初到门所见。仇注:"雀当为鹊。"非也。仇改字,盖取鹊噪行人至之义。然鹊巢树,不集门。此言日暮时,群雀将归栖人屋下,故先集于门。鸟雀噪门者门久不开,主人未归已久,雀噪门无所畏,其凄凉可知。言"鸟雀"犹言"鸟乌"。但是雀耳。鸟乃足句之字。

妻孥怪我在，惊定还拭泪。

开门一见，不言喜而言怪者，以为甫死久矣，不意其尚在。言喜反浅也。

"定"一作"走"，非也。言"走"则不情太甚。

前辈诗人在技术上有一控制世间万象之武器，即动词是也。故凡动词之选择与烹炼，须求其效果能生动、深刻、新颖而又经济，实费苦心。观昔人改诗诸例，如"身轻一鸟过"之"过"，"天阙象纬逼"之"逼"，"僧敲月下门"之"敲"，"春风又绿江南岸"之"绿"。其所经营再四而后能定者，皆属动词，可以悟其理。

世乱遭飘荡，生还偶然遂。

二语心理描写，所以疏宕文气，不然，嫌逼迫太紧。

邻人满墙头，感叹亦歔欷。

此时，甫与妻孥尚在庭，《北征》"恸哭松声回"云云，当属一时事。四邻闻声疑其家有急事，不及叩门，故凭墙下视。又以甫家门久不开，恐不易叩，乃出于攀墙耳。言墙头者，知墙短，杜喜用墙头字。《夏日李公见访》云："隔屋问西家，问借有酒不。墙头过浊醪，展席俯长流。"又《王十七侍御抢许携酒至草堂》云："江鹳巧当幽径浴，邻鸡还过短墙来。"邻舍多集，故言满。但言满墙头，不更详说，亦以急迫之笔写出之，乃与尔时情景相应。

夜阑更秉（一作炳）烛，相对如梦寐。

室中之景。穷乡中安有蜡烛？蜡烛在当时是富贵人家物。烛是松明之类，略如今之火把，置于室隅以照夜。更者，前烛已尽，而复易之。痴坐相对无语，以至夜深，见别来苦辛之多。

二

晚岁迫偷生，还家少欢趣。

杜作诗时年四十六，不得称老。晚岁云者义当为岁暮。大谢《九日戏马台集送孔令》云："良辰感圣心,云旗兴暮节。"暮节谓季秋,亦非言者。杜此诗当为九月中作,其年有闰八月,可言岁晚。犹大谢诗九月言暮节。

唐宋人有一不同处,即宋人喜老,并以此命名,若商老、渭老、铉翁、了翁、岩叟之类。其名少小时即如此。欧阳永叔未四十而号醉翁。东坡壮年作诗,亦自叹老。于此有以知宋之不振。

偷活亦须料理生事,故云"迫"。

娇儿不离膝,畏我复却去。

娇儿指骥子,杜所最爱。前年陷贼时犹作《遣兴》诗以忆之。《北征》云"见耶背面啼,垢腻脚不袜。"与此同意。皆写天真小儿久别怕生之态。

忆昔好追凉,故绕池边树。萧萧北风劲,抚事煎百虑。

上二句言前岁。下二句言今时。天宝十五载六月杜移家来鄜州,七月后方奔行在。居鄜州时正炎暑,故好追凉。今已季秋九月,八月又置闰。鄜地近北早寒,故感北风之威胁。《北征》述到家后事有曰:"那无囊中帛,救汝寒栗烈。"那为奈何之合音,言无帛为妻子添衣,故有奈何之叹。凡人情对时令寒暖,辄因阶级不同而异其好憎。富人畏热,故暑炽时登高山,沿沧海以避之。而玄冬大雪,辄拥裘握炉,延眺相赏,贫农牧竖必不解此乐。故贫人喜夏而恶冬。夏但忧食,仅一重负担。冬则忧食外并忧衣,有两重负担,杜之所以煎虑也。白香山《卖炭翁》则云:"可怜身上衣正单,心忧炭贱愿天寒。"心理反常,惨痛更深。

赖知禾黍收,已觉糟床注。

禾黍,《文苑英华》作黍秫是也。秫者古之稷,今之高粱。秫为北地制酒之主料,自唐已尔。

糟床者,制酒之具。此时未有烧酒。煮谷和以麹,酿熟杂糟。故筻而分之。嵇康《哀乐论》:"篘酒之囊筻不同。"盖以初成之酒和糟入囊盛之,置竹床中筻出酒,而留滓于囊。其清汁之酒,浊滓为糟。李白诗言"金陵柳花满店香,吴姬压酒唤客尝",李贺诗言"琉璃钟,虎魄

浓,小糟酒滴真珠红",皆赋此一事。元以前,但有淡酒。《说文》:
"酨,一宿酒也。"为最薄之酒,与醴同。"醴,酒一宿熟也。"醴以声转
为"醪,汁滓酒也。"为"醯,泛齐行酒也。"《周礼·酒正》注:"醴犹体
也。成而汁滓相将,如今恬酒。"糟(滓)多,故酌醴用柶。醴甘,故曰
如今恬(甜)酒。今日长沙之甜酒糟,川中之醪糟,武昌之浮滓酒,江
东之酒酿,皆此一物。古亦谓之白酒(与今之所谓白酒异)。其泛泛
之滓,别名曰蛆,曰蚁。无滓为清酒。酒贵清也。不清则漉之去其
滓,陶潜之用葛巾漉酒是也。此种酒含酒精甚少,可以多饮,故古传
尧千钟,舜百壶,淳于髡自夸能饮一石,李白《襄阳歌》云"百年三万六
千日,一日须倾三百杯",又《月下独酌》云"穷愁千万端,美酒三百
杯",皆此类。陶谷《清异录·旧闻》云"李太白好饮玉浮粱,不知其果
何物。余得吴婢,使酿酒。因促其功。答曰,尚未熟,但浮粱耳。试
取一盏至,则浮蛆酒脂也。乃悟李白所饮盖此耳。"杜诗糟床,亦属
此。言"赖知"者,诗人穷愁,有酒则可仗以暂时逃避现实之压迫。言
"已觉"者,盖虚拟而非实闻。犹庄生所谓"见弹而求鸮炙"也。

古酒之厚者,以增加酿次为之。曰"醇,不浇酒也",此为厚酒之总
名。再酿曰"醹,重酿酒也",三酿曰"酎,三重醇酒也",皆不过就一酒
加酿而已。最后乃有烧酒。始见于元人忽思慧之《饮膳正要》。其书
卷三有"阿刺吉酒,味甘辣。……用好酒蒸煎取露,成阿刺吉。"忽思慧
当是色目人。阿刺吉即今之 Alcohol,盖起于古大食,东随蒙古入中国,
西入欧洲。Al 之后,中国读出母音,成阿刺。西方则但有子音,其实为
一语。此为酒精,亦即今世所称之白酒。李、杜诸公所未尝入口也。

如今足斟酌,且用慰迟暮。

家酿虽虚想,然有望矣。迟暮犹言暮节。

三

群鸡正乱叫,客至鸡斗争。驱鸡上树木,始闻叩柴荆。

凡诗人于群动、爱憎各殊。观所爱憎,可以想见其为人。杜爱马爱鹰,屡形篇咏。林公所谓"道人养马爱其神骏。"可知诗人风度,决非如后世所想像之酸丁。《缚鸡行》所云"鸡虫得失",意盖轻之,以为不足道。此章首数句,亦见鸡之烦扰可厌。鸡可以上树,在今(或在南)为异,在古(或在北)为常。汉乐府《鸡鸣》云"鸡鸣高树颠,狗吠深巷中",阮籍《咏怀》云"晨鸡鸣高树,命驾起旋归",陶潜《归田园居》云"狗吠深巷中,鸡鸣桑树颠"。余早岁客西安,往来樊川之滨,见韦曲杜曲人家鸡,常栖集白杨树上,足证《羌村》诗状物之不虚。

父老四五人,问我久远行。手中各有携,倾榼浊复清。

　　诸人所携酒,或清或浊,见上。

苦辞酒味薄,黍地无人耕。

　　苦,《英华》作莫。苦辞者,谦言酒薄已甚。

兵革既未息,儿童尽东征。

　　东征意指收京。"儿童",一作"儿郎",今不取。二语差异甚大。言儿郎可以该"丁",尚未尽兵祸之惨酷。言儿童则壮丁尽而未成年者亦执戈而赴戎行。杜《新安吏》作于乾元二年九节度相州溃师之后。诗云:"客行新安道,喧呼闻点兵。借问新安吏,县小更无丁。府帖昨夜下,次选中男行。中男绝短小,何以守王城?"事与此正同。案:唐人丁口制度,随时变更。据王溥《唐会要》卷八十五《团貌》条,自高祖武德至玄宗天宝,丁年凡三变(《旧唐书·食货志》文同)。今条列如下:

武德六年(六二三)三月	始生为黄	四岁为小
	十六为中	二十一为丁
	六十为老	
神龙元年(七〇五)五月	二十二成丁	
	五十九免役	
天宝三载(七四四)十二月	十八以上为中	
	二十三以上成丁	

　　凡朝野太平，则成丁之岁数亦较晚。今丁已尽遣，乃及中男或更幼者，故云儿童尽东征也。至《垂老别》，则徵及老翁。《石壕吏》索老翁不得，并老妪亦往应徵，为状更惨。

　　此诗中父老无恙，幸未至是也。

请为父老歌，艰难愧深情。

　　杜《遭田父泥饮》云："久客惜人情，如何拒邻叟。"

　　诗中每自为问答，而不标出谁某。如此处上四句为父老之辞，下二句则为杜辞。古无标点符号，须读者自辨之。它诗词用此者，如王仲宣《七哀诗》："路有饥妇人，抱子弃草间。顾闻号泣声，挥涕独不还。'未知身死处，何能两相完？'驱马弃之去，不忍听此言。……"未知二句，饥妇之辞；以下则仲宣之辞。蔡文姬《悲愤诗》："儿前抱我颈，问'母欲何之？人言母当去，岂复有还时。我尚未成人，奈何不顾思？'见此崩五内，恍惚生狂痴。……"问母五句是儿辞。以下文姬之辞。李白《山中问答》："问余'何事栖碧山？'笑而不答心自闲。'桃花流水杳然去，别有天地非人间。'"何事句是问者之辞。桃花二句白自答。词中亦然。贺方回《青玉案》上阕"'锦瑟年华谁与度？月台花榭，绮窗珠户。''唯有春知处。'"上三句问度年华在月台花榭乎？在绮窗珠户乎？答者皆不知也。惟春知之耳。下阕"'试问闲愁都几许？''一川烟草，满城风絮，梅子黄时雨。'"上句问闲愁多少。下三句答辞：如烟草之多，如风絮之多，如梅雨之多。又有只问无答者，李后主《浪淘沙》下阕"流水落花春去也，天上人间。"问春去在天上乎？抑在人间乎？皆不知，亦无从答。

歌罢仰天叹，四座泪纵横。

　　无可奈何，写书生无策。

　　（原载《南京大学学报》一九六三年第一期）

龍顛兒倒花花却鳳薄寶
渝筍身紙上孤根燒不盡
蠻山留對夜吟人

乙酉四月白沙重題

皺面柔波綠膝湉風學舞雪入船
東北湖千古銷竟坤撥老嚼應
醉萬町

北湖小詩寫寄吟正戊子春仲陰二日光煒

胡小石 1945年57歲書迹（題跋）　　胡小石 1948年60歲書迹（條幅）

我昔飛昔時憶見當塗積青
於露朝霞緲妙山下村疏死於
月魄弓復玻璨竟念此一脫灑
長嘯冬竟卷醉著蘿皇衣
星斗俯可捫

庚子冬之金 前首
沙山 [印]

胡小石行书作品

南京在中国文学史上的地位

一

中国古都,除北方之长安与洛阳外,在长江以南,当首推南京。南京自三国时代,吴孙权于纪元二二九年定都建业以后,有东晋(三一七一)、刘宋(四二〇一)、南齐(四七九一),梁(五〇二一)、陈(五五七一五八九),皆都于此。合之孙吴,即所谓六朝是也。再后又有南唐(九三七一九七五)、明(一三六八一一四二〇)、太平天国(一八五三一一八六四),及最近之国民党政府(一九二七一一九四九)。此地之有南京称号,则自明永乐十八年(一四二〇)北迁以后始。

南京在先秦时之文学为状若何,因缺乏纪录,不可得知。惟战国末期,地属东楚,意为楚文学(楚辞)所笼罩。因在西汉初年,其北有枚乘父子,其东有严忌父子及朱买臣等,皆显然受楚辞影响者。

南京文学之显著于世,当自孙吴以后。三国时代,文人多集中北方(曹魏)。孙氏王朝之末期,陆机、陆云兄弟起于吴中。陆机为当时最大诗人之一,其上辈为吴大将,自不能与其首都脱离关系。前代方志,多载二陆有宅,在秦淮之侧。陆机年二十而作《文赋》(杜甫诗所说),为中国最重要之文学理论。此时孙吴尚未亡国,或即作于首都耶? 未敢定也。

严格言之,南京文学之最高发展,实为东晋以下南朝时期之诸代。而以后来之南唐为其尾声。盖以有创造性之事实言之,当如此也。愚意中

国文学,及其有关诸方面,真正在南京本地创成者,以次数之,可有下列诸事:

(一)山水文学。

(二)文学教育,即文学之得列入大学分科。

(三)文学批评之独立。

(四)声律及宫体文学。

至若明、清两代之八股文,亦起于此地,虽其前身系来自金、元人之杂剧,然在此不拟论之。今日所述,仅上自东晋下至南唐,叙其特色而已。

二

今先言山水文学。

文学以山水作题材者,与图画中写山水,同为后起之事。《诗》三百篇言山水者,但有单句如"泰山岩岩"、"河水洋洋"之类,其描写技术亦颇简朴。至《楚辞》乃常有好句,亦非专篇。汉代诗赋多以人事为主,与传世之汉代石画大致相同。大约西汉自武帝尊崇儒术,以利用厚生等问题为要务。故汉人思想,大体偏于人世间的。东汉中叶以降,海内有长时间之丧乱,旧信条不复能控制现实,故士大夫思想乃由儒术解放而出。至魏、晋而改向道家,形成所谓玄学,轻人事而尚自然。晋室南渡,北来的玄学,与原先输入或继续输入之佛教相合,支配一般知识阶级之思想。此时一般士大夫之生活、动作与言论,吾人可于刘义庆所著之《世说新语》中见之。于是在人事以外,发见大自然之美,认为宇宙间最理想的完美之物,系以山水为其具体的表现。从此登临游览成为诗人生活之一部,谢安泛海,王羲之集兰亭,皆为佳话。外至大家闺秀(谢道蕴),佛教高僧(庐山诸道人)等,皆有山水名篇。王、谢等贵族从北来南,一方住于浙江东部山阴、上虞等地。一面在首都又各有其田舍,长干、清溪间第宅相望,故当时山水诗人实以南京为大本营。此派文学,至谢灵运、谢朓等而极。彼等赞美自然,多用诗赋韵语。其在河、洛对立之北朝文人,则用散文纪述(如《水经注》)。此南北之不同也。文学对象，由人事转向山水，为中国文学史上开一新境。而大江之浩荡，钟山之嵯峨，后湖之明秀，秦淮、青溪之曲折，方山之开朗，栖霞之幽静，又俱足以启发灵感。故以上诸名胜，在当时皆常常见诸吟咏。而晋末宗炳、顾恺之等，又为山水画开宗，与文学配合并进，皆南京艺术上掌故。

于此又有一人，当特别记之，即曾为秣陵令之鲍照是也。鲍照乃一寒族，不能与王、谢等名门抗衡。而诗特遒丽，其写山水，别有风格。尤以工为长句，如《行路难》之类，翻腾壮阔，为唐人七言歌行作先驱，可谓此时之异军特起也。

三

次论文学教育。

文学在汉代主要是赋，武帝好赋，一般供奉文人等于俳优，故世人不甚重之，扬雄且以作赋为悔。建安（一九六—二二〇）中思想解放，魏文帝（曹丕）作《典论·论文》，首先确认文学之独立的地位。但其弟曹植亦一大诗人，而意见相反。后来首先接受而发扬《典论·论文》之意见者，为晋代人葛洪，其文学理论，可于《抱朴子外篇》中见之。葛洪是句容人，去南京最近。于此有一大事足令人注目者，即《宋书·雷次宗传》中，记宋文帝元嘉十五年（四三八）在北郊鸡笼山（今之北极阁）开四馆教学，以雷次宗主儒学，何尚之主玄学，何承天主史学，谢元（谢灵运从祖弟）主文学，此为宋之国学。自汉武帝在太学立博士授经以来，由汉至魏所争者，为今文与古文，由魏至晋，所争者为郑（玄）学与王（肃）学，皆派别问题，不出经学范围。文学在国家大学中无地位。此次开四馆，可为世界分科大学之最早者。而以文学（诗赋）与儒学（经学）平列，又为文学地位增高之新记录。此与唐代自开元起以诗取进士，有同等重要。吾人于此不得不言对于文学脱尽西汉以来之传统观点，真能明了其价值者，实从南京起也。

四

次论批评独立。

中国批评,首见于《论语》中所记,孔子之论《诗》,然皆单词片语,且偏于借诗以说教者。其有专篇论文,当始于曹丕之《典论》。陆机《文赋》,葛洪《外篇》,亦为专篇,且与南京有关。至若累卷钜著,则推南齐末年刘勰之《文心雕龙》。其书凡五十篇,前半具体的论文体,后半抽象的论文章得失,实为过去最大论文之专书。其主"为情造文",不主"为文造情",尤称卓识。至梁则有钟嵘之《诗品》,专论由汉至梁之各诗人,以上中下三品,定其价格。其论诗主"直寻"而蔑视粉饰雕绘,对于同时之修辞家,痛下针砭。为后来南宋严羽所作《沧浪诗话》"妙悟说"之所本,亦为名论。此时由齐入梁,为南朝文化最高之阶段。各种宗教,各种思想,各种艺术及科学,皆自由发展,各种批评,亦皆云蒸霞蔚而出。同时谢赫论画,首标六法,后世画家技术之原则,即本于此。庾肩吾复有《书品》,亦分上中下三格,评骘书家,为书道史不可少之资料。然诸书可能皆成于钟山、淮水间。

五

最后论声律与宫体。

文章之有声律,陆机《文赋》已首先注意及之。中间经过范晔、谢庄,以至齐、梁间沈约、王融、谢朓,此一运动乃告厥成功。由范至谢,并官京朝,故此一运动无疑的亦以南京为中心。

声律之启发,当由佛教僧侣梵呗之美,在昔曹植游鱼山已为之闻声流连。则其远源,实来自印度。而南京在南朝又为佛教盛行之地,当时文士几无不通佛典者。惟此问题原委,若详细言之,恐非一时所能罄。兹但撮要一谈,即此一运动成于南齐武帝永明之世(四八三—四九三),最后观其成者,为沈约耳。

所谓声律云云者,其要件之一,为以四声(平上去入)入文,约言之,则文中分平仄而已。中国单节音之字,两两相比时,前后上下,各以平仄声之字互相配合,谓之前"浮"后"切"。易言之,即前"切"后"浮"亦可(浮切即平仄)。如四字为句之文,其分配之式,为

　　　平平仄仄——南都石黛　　　仄仄平平——最发双蛾
　　　仄仄平平——北地燕支　　　平平仄仄——偏开两靥

以二音为一节,四句为一周期。由此演进,中国古诗遂变为律诗。律诗必平仄调协,且其一篇之结构,皆四句(一周期)之倍数也。赋及散文亦同时用此原则。此为中国文体上一极大变化之关键所在。古赋成为律赋,骈文成为四六,乃至后来词曲之失律不失律,无不依此为准。试一读今日人家所悬挂之联语,上下文之平仄,亦甚谐和入耳也。此为修辞发展之极致,崇尚自然者固时时苦其束缚,如钟嵘之《诗品》即力反其说。然事实上其影响中国文学至千年以上。

　　言声律不禁令人联想及于当时之所谓宫体文学。宫体之名,虽至梁简文帝时始著,然事实上早已有之,谢朓、沈约并为此体之先进作家。所谓宫体者,以托咏宫闱,词旨轻艳,为纯粹抒情诗之一。此类专言人世男女恩怨之作,实起自民间多数无名人之歌咏。当东晋士大夫阶级创为山水文学,同时江南小儿女咏叹诉情之风,已非常流行。自晋、宋、齐不断有缠绵生动之短篇歌咏。后来郭茂倩《乐府诗集》所收,至为丰富。如《子夜歌》十二首,《子夜四时歌》七十二首,《上声歌》八首,《欢闻歌》一首,《欢闻变歌》六首,《前溪歌》七首,《阿子歌》七首,《团扇郎》六首,《七日夜女歌》九首,《黄鹄曲》四首,《碧玉歌》五首,《桃叶歌》四首,《懊侬歌》十四首,《华山畿》二十五首,《读曲》八十四首,总计约有三百首以上,皆回肠荡气,情感真挚。且皆为吴声歌曲。诗中言地名,更有扬州(唐以前南京)、白门等语,尤足证明其多出南京闾巷间青年男女之手。山水文学盛行后,一般文士更辟新路,即以此等民间俗文学为基础,而加之藻采,复与声律之原则结合,以增声音上之铿锵,纯乎惟美主义。其描写闺阃女性,往往犯色情之诮。然是时帝王以至士大夫能诗者,殆莫不好此,此为南方文学特殊现

象之一。陈后主叔宝,即以好作此等诗,荒淫失政以至亡国。其乐府名篇,如《春江花月夜》《玉树后庭花》等,亦属此体。隋人平陈,固取得征服者地位。然炀帝杨广,即为一出色之宫体诗人,其平陈也,乃并南京之文学而接收之。如《春江花月夜》一曲,陈代原作已失传,今世所见者,反以炀帝所作二首为最早也。

陈氏王朝被灭时,南京之城郭宫阙,悉毁为邱墟,为中国文化之一大厄运。从此繁华中心,不复在江南,而移至今日江北之扬州。唐代诗人过此者,但有凭吊慨叹而已。五代(九〇七—九六〇)时,区宇分裂,群雄割据,南京复建立偏霸之局,即南唐是也。地小而祚短,然文学却有可称。

宫体文学入唐至开元前后,受复古影响,颇遭批评家之抨击,唐诗乃一变颓废之习。然至晚唐而又渐起,故世称温庭筠、李商隐诸家之艳诗。此时五七言定型小诗,渐伸缩而成长短句,为词中小令之起源。五代之际,盛行于长江上下游诸地,上自蜀(成都),下至江南,作家林立,而以江南称最。南唐中主李璟、后主李煜、宰相冯延巳等,君臣上下,并以词相矜尚,而以后主为词中之圣手。影响至北宋,词家如二晏(晏殊、晏几道)、欧阳修,皆不宗蜀词而偏重南唐之词。南唐后主李煜与陈后主叔宝,皆以好文学,不务政事而亡国,身为俘虏。后世论者,至以为帝王非诗人所宜作。盖此二后主,皆同为历史上悲剧之主角也。前此梁氏三祖(武帝萧衍,简文帝萧纲,元帝萧绎)亦均为帝王之能文者,而皆不得其死。

后主之词,可分为二期,前期在国内者,多属酣宴嬉游一类,极端颓废,而描画技术则极高。被俘入宋之数年,一变而为悲凉凄咽,有类于庾信留北而作《哀江南赋》《拟咏怀诗》,以身世所遭之惨痛,为其文学成就之代价。以文学言,又非陈后主所及。今所存词,不过三十馀首。然其晚年之《浪淘沙》《虞美人》《相见欢》诸阕,顿入名理,其境地之悲哀与高邈,古今词人殆无有出其右者。宫体文学发展至最后,往往浸入玄想,初唐之张若虚、刘希夷诸家之长歌,堪为好例。词则后主如是。近人王君国维论词,谓其伟大处有基督代人类担负罪恶之意,诚不虚也。

六

　　今说南京文学,暂止于此。合而观之,则南京在文学史上可谓诗国。尤以在六朝建都之数百年中,国势虽属偏安,而其人士之文学思想,多倾向自由方面,能打破传统之桎梏,而又富于创造能力,足称黄金时代,其影响后世至巨。

　　自唐而上,中国文学,以诗为主体,故述至南唐而止。赵宋以来,平民文学次第高张,戏曲小说起而代诗之地位。在此有足注意者,即明末清初之历史戏剧《桃花扇》本事,殆全出于此地。清代二大小说,一为曹雪芹之《红楼梦》,一为吴敬梓之《儒林外史》。前之作者少年住南京,其书即以金陵为背景。后者为南京寓公,其书专以讽刺当时在南京之知识份子的弱点为主题。以不及详论,请竢异日。

　　(此稿一九五〇年曾在南京中奥文化协会及金陵大学讲演。原载金陵大学中国文化研究所编《中国文化研究汇刊》第九卷,一九五一年)

小石才氣洋溢書意

敧劂自得流沙墜

簡益清麗渾樸便

欲鎔鑄兩漢晉魏突

過隋唐名家時人我

徐悲鸿题胡小石书册

未之信也　書貴有真

意而宋人太之工力吾

則若朱晦翁蘇東坡

俱是不可一世才德而

未躋極詣兼此二者

昏不可编廢也

壬申大暑 悲鴻

得從此海傳忍任百共羲之遺俗姿秋烟春

蛇满天涯何人鐘會杜陵詩

旨寶先生属題此石書冊因成小诗博

笑癸酉長夏江東門居士元丹鳳街

汪东题胡小石书册

唐人七绝诗论

引　论

　　七绝为短韵诗，不过四句，二、三韵，二十八字耳。然而唐人七绝，传诵千古，盖凡艺术价值之高下，不在数量而在质量。就本体言，譬如参天之松与在谷之兰，各有其美。就工力言，又如狮子搏象，固用全力，搏兔亦何尝不用全力耶？一切艺术，无论造形与制声，其高低优劣皆系乎质而不系乎量。建筑之美，阿房建章，千门万户，固极其壮丽，而传于今者，如嵩山三汉阙、雅安高颐墓两汉阙，不过残存数方石块，亦自有其美。书法之美，汉魏丰碑与二王法帖各擅其妙。画图之美，敦煌壁画虽辉煌宏伟，使人惊叹，然宋元人寥寥数笔之写意画，亦复耐人寻味也。由此可知，美在质量可为通则，诗歌当然不能例外。

　　诗歌于大篇中见其法度，欣赏其能；于小篇中见其指趣，欣赏其妙。我国古代多擅短诗，屈子《离骚》最长，然与希猎荷马史诗、印度古代史诗比较，仍属短篇。《诗》三百篇，大抵四句为一章（三《颂》除外），《风》诗短者尤多，而自文学价值论之，《风》诗过于《雅》、《颂》，换言之，即短诗为最也。例如：

　　　　苕之华，其叶青青。使我知此，不如无生。
　　　　隰有苌楚，猗傩其华，夭之沃沃，乐子之无家。

皆以简短之词句,寄托深刻之感情。其更短者若《麟趾》、《甘棠》、《驺虞》、《采葛》、《十亩之间》诸篇皆三句一章,《卢令》至以二句为一章,然其神味之妙,并不由短而减少。短诗又往往以重复见意。例如《采葛》:

> 彼采葛兮,一日不见,如三月兮。
> 彼采萧兮,一日不见,如三秋兮。
> 彼采艾兮,一日不见,如三岁兮。

每章不过易二字,然而意味大别。古人以葛制衣,以萧祀神,以艾灸病,就事之轻重缓急,抒思慕之情,由浅及深。于是乎一字能表现一种情绪,产生强烈效果。又如《卢令》:

> 卢令令,其人美且仁。
> 卢重环,其人美且鬈。
> 卢重鋂,其人美且偲。

三章只换六字,也是意味不同。"仁"言其品德。"鬈"言其容貌("鬈发如云"),"偲"言其才能。对于其所仰慕之人、热爱之情完全流露于两句之中,而对象之人格,概括全面,可云节短音长。

就屈原赋而论,《离骚》最长,而《九歌》最妙,《天问》亦为短节诗,而内容丰富,合而观之,三者质量皆极高,固不能以篇幅之长短区分其优劣也。《诗大序》云:"诗者,志之所之也。在心为志,发言为诗,情动于中,而形于言……"陆机《文赋》云:"诗缘情而绮靡。"言志、缘情,语异义同,以今语演绎之,诗是情感的产物。情感最易应物而变化,而尖端之情感尤甚。欲捕捉当时之尖端情感,须用极短之文字表现之,因灵感(实即尖端情感)之来,为刹那间事,稍纵即逝,故仅能用短句捕捉之,固无暇作长篇也。长篇非不能表现微妙之情感,然而重在结构张弛相间,不能全篇紧张,盖给人以刺激,不宜过久,久则神经感觉麻木,全篇紧张,乃等于全篇不紧张也。

长篇之紧张性应如波澜起伏,层出不穷,读《孔雀东南飞》可以知之。短诗却不能有张弛之馀地,必须单刀直入,一针见血,其紧张性乃如有的放矢。唐人七绝动人处在此。

诗以抒情为主,盛唐以前,无不如此。以诗发议论、叙时事,实起于开元天宝之后,此风始创于杜甫。今之所谓"宋诗"主要指"江西诗派",奉杜为"一祖",宜也。自此,诗乃有散文化者,然而散文化之诗仅限于古体,影响或至七律,绝句则不在此例。盖议论在辨别是非,必须详尽。叙述事件亦然。皆非绝句所能胜任。王渔洋(士禛)《带经堂诗话》谓绝句无唐宋之分。此言极是。观王荆公诗,古体无异散文者甚多,而绝句则纯粹唐格,足以证之矣。七绝自以抒情为正格,以议论、叙事为变格,然若杜甫《戏为六绝句》之论诗文,开元好问论诗绝句以及清世论词论曲绝句先例,虽属议论,仍以激情发之,且其色泽声调,不见散文气息,列诸正格,未尝不可。

中国诗歌形式,实以四句二韵为基础。《诗》三百篇多以四句为一章。《离骚》则多二韵一转,《天问》亦二韵一换。六朝民歌,无论吴歌西曲,率皆四句二韵,实为五言绝句之权舆。南齐永明以后,声律之说大兴。其要义不外"若前有浮声,则后须切响,一简之内,音韵尽殊,两句之中,轻重悉异……"(沈约《宋书·谢灵运传论》)"凡声有飞沈,响有双叠……沈则响发而断,飞则声飏不还,并辘轳交往,逆鳞相比……"(刘勰《文心雕龙·声律》)按"浮声"与"飞"实即平声,"切响"与"沈"实即仄声。其调协之法,实以两句为一节,安排不同平仄,上句如用仄起,"仄仄平平仄",下句定用平起,作"平平仄仄平",上句平起者反之,作"平平平仄仄,仄仄仄平平"。其理即"逆鳞相比"也。以四句为一周期,平起仄起各占其半,此升彼降,往复回环,其理即"辘轳交往"也。至此而律体成熟,规格具备。五、七言绝句为一周期诗,五、七言律诗为两周期诗,开元时试五律六韵,为三周期诗,排律则为多周期诗焉。

七绝源起,或云始自项羽《垓下歌》。此论非是。歌虽七言四句,但有"兮"字足句,且有换韵,与七绝毫不相干。若言七绝远祖,当推刘宋汤惠休《秋思引》:

秋寒依依风渡河，白露萧萧洞庭波。思君未光光已灭，眇眇
悲望如思何！

继之者为鲍照《夜听妓》：

兰膏消耗夜转多，乱筵杂坐更弦歌。倾情逐节宁不苦，特为
盛年惜容华。

此二诗皆在永明以前，不应求其合律，而古拙苍凉，为七绝中之鼎彝。此
后梁简文帝萧纲有和萧子显《春别》诗四首，兹录其二：

别观葡萄带实垂，江南红豆生连枝。无情无意犹如此，有心
有恨徒别离。（按：此即古诗《青青陵上柏》与鲍照《行路难》"君
不见河边草"二首之意而更扼要。）
桃红李白若朝妆，羞持憔悴比新杨。不惜暂住君前死，愁无
西国更生香。（按："西国更生香"乃返魂香也。）

又其《夜望单飞雁》诗：

天霜河白夜星稀，一雁声嘶何处归。早知半路应相失，不及
从来本独飞。

此三首意境情味均开唐人。因在永明之后，声调日趋调协，拗句不多。梁
元帝萧绎《春别应令》四首之一：

日暮徙倚渭桥西，正见流月与云齐。若使月光无近远，应照
离人今夜啼。（"徙倚"犹徘徊。"流月"出曹植《七哀》"明月照高
楼，流光正徘徊"。）

亦如简文。其另一首：

> 昆明夜月光如练，上林朝花色如霰。花朝月夜动春心，谁忍相思不相见。

此与萧子显《春别》四首之一：

> 翻莺度燕双比翼，杨柳千条共一色。但看陌上携手归，谁能对此空相忆？

同为仄韵七绝诗。盖七绝初起，平仄均可押韵。二诗结构皆以前二句作两层铺垫，后二句一结作反诘语，益觉有力。子显《春别》另一首：

> 衔悲揽涕别心知，桃花李色任风吹。本知人心不似树，可意人别似花离？（可，岂也。）

结语反诘更显。若庾信《秋夜望单飞雁》：

> 失群寒雁声可怜，夜半单飞在月边。无奈人心复有忆，今暝将渠共不眠。（将，与也。）

则有数层意：雁一层，单飞又一层，望又一层，夜望又一层。二句扣题无剩意，下二句自写感想。以上诸诗，皆即景抒情，不假故实。若庾信《代人伤往》：

> 青田松上一黄鹄，相思树下双鸳鸯。无事交渠更相失，不及从来莫作双。

鹄即鸴。《相鸴经》谓青田鸴为鸴之上品。"相思树下双鸳鸯"用韩凭事，见干宝《搜神记》。上句言长生而别离，下句言虽死而能相聚。后者犹胜前者，此种思想，六朝人恒见。若鲍照《行路难》"宁作野中之双凫，不作云间之别鸴"，其最著者也。若江总《怨诗》二首：

采桑归路河流深，忆昔相期柏树林。奈许（奈何也）新缣伤妾意，无由故剑动君心。

新梅嫩柳未障（"障"，六朝唐人皆读平声）羞，情去思移那可留。团扇箧中言不分，（"分"，派也，不料如此之意，读去声。）纤腰掌上讵胜愁。

不仅声调和协，颇近唐人，而用事渐多，亦开唐人法度，如"新缣"用汉诗《上山采蘼芜》，"故剑"用汉宣帝许皇后事，见《汉书·外戚传》，"团扇"用班姬《怨歌行》，"纤腰"用赵飞燕事，读者自明。综观上述诸诗，递变之迹明显，可云七绝体制肇自齐梁，其内容乃当时之宫体，不离闺情。至唐人破除藩篱，扩大范围，广尽其能事。自声调言之，永明体虽开其端，而当时诗人不尽遵守，浮切未严，乃界乎古诗律诗之间，王湘绮（闿运）定其名为"新体"，可以成立。众所周知，真正律诗成于初唐沈佺期、宋之问，《新唐书》沈宋传云："浮切不差而号律诗。"是也。七绝发展至此，绝大部分皆用律调，（至有人误以为七绝系截取七律之半而成，称之为"七截"。）其用古体拗体与仄韵者甚少。

唐人乐府诗，可以被之管弦者，往往为七绝诗。宋王灼《碧鸡漫志》曰："唐时古意亦未全丧。《竹枝》、《浪淘沙》、《抛球乐》、《杨柳枝》乃诗中绝句而定为歌曲。故李太白《清平调》词三章皆绝句。"胡仔《苕溪渔隐丛话》亦曰："唐初歌词多是五七言诗。……合所存者（指宋时）《瑞鹧鸪》、《小秦王》（按即《阳关曲》）二阕，并七言绝句而已。"唐薛用弱《集异记》载王昌龄、高适、王之涣旗亭饮酒画壁事，诸伎所歌者皆三家之绝句诗也。举此三则，足证七绝在唐为歌词，实为"词"体之祖焉。诗与乐府究有何别？明胡应麟、清王士禛皆竭力探索之而未尽明晰。实则区别不难。乐府与诗文字相同，所不同者声音耳，同一辞句读之无别，唱之则大殊。《竹枝》、《柳枝》、《清平调》等各有其曲谱与唱法，今二者不传，所存者仅文字，故皆可以七绝名之，列诸乐府，乃不见其区别矣。宋人说部称王维《渭城曲》为《阳关三叠》（按阳关即玉门，长城不止一层，北者为玉门，南者为阳关），其唱法如下：

渭城朝雨浥轻尘，（首句唱一遍）
客舍青青柳色新。（唱两遍）
劝君更尽一杯酒，（唱两遍）
西出阳关无故人。（唱两遍）

此诗就文字言，为四句之七言绝句。就唱法言，则为七句之乐府。惜曲谱不传，无从知其旋律之变化耳。七绝终究为音乐文学，今虽不能唱，而音节铿锵动听，和美宜人，仍可于读时领会之，即通常所谓"唐音"也。长短句之词，为唐代新兴诗体，与五、七言绝句诗，关系至密。中唐以下，如张志和之《渔父》、刘禹锡之《潇湘神》、韩偓之《浣溪沙》皆由七绝增减而成。又唐代诗词不分，若白居易、刘禹锡所作《杨柳枝》、《浪淘沙》等词皆入诗集中。至温庭筠有《握兰》、《金荃》二集（今原本皆佚），词始离诗而独立焉。七绝虽是短诗，学写却非易事。盖文艺一道，必须能复杂而后能简单，能长篇而后能短诗。《周礼·考工记》曰："轮人为轮，进而眡（视）之，欲其微至也。""进"，转也。郑（玄）注曰："微至，至地少也。"徵诸数理，直线与圆相切，交于一点。轮之全部重量，落地时只在一点。七绝之感人也亦若是。王渔洋标举"神韵"之说，近乎玄妙，其实不过谓文字有限，而文字外之意味无穷也。故学诗者不可专致力于七绝，先学长篇古体，可也。

七绝选本，其最著者为：

宋洪迈《万首唐人绝句》 收罗最广，总集可备检阅。

清王士禛《唐人万首绝句选》 专选"神韵"一类。

　　清姚鼐《唐人绝句诗钞》 甚佳，惜流传未广。

　　清王闿运《唐诗选》七绝部分　王氏尝曰：七绝"工之至难，一字未安，全章皆顿"。故所选极精审。余所用者，乃王本也。

　　兹分唐人七绝为若干格论之。入手从其正格；次则变格，即杜甫诗；再则为大篇，即一题而作多首者，如王涯、王建《宫词》，曹唐《小游仙》之类。正格务作详析，变格则择要言之，皆以便初学。大篇仅言其体制，以备参考，不一一注释。

唐人七绝诗论一

从军行 （五首之一）　　　王昌龄

　　琵琶起舞换新声，总是关山旧别情。撩乱边愁听不尽，高高秋月照长城。

　　宋严羽《沧浪诗话》以禅悟喻诗，谓"……诗者，吟咏情性也。盛唐诸公惟在兴趣，羚羊挂角，无迹可求，故其妙处透彻玲珑，不可凑泊，如空中之音、相中之色、水中之月、镜中之像，言有尽而意无穷。"其主情趣，曰"言有尽而意无穷"是也。至云"无迹可求"则过矣。人具七情，应物斯感。既来自应物，则有迹可求矣。有迹可求，则可以分析而得之矣。七绝抒写情趣，若加以分析，其最重要之一点在于表现时间上之差别，即今昔之感。生命短促，时间不能倒流。屈原悲"老冉冉其将至"，"冉冉"为行貌，继乃申之曰："日月忽其不淹兮，春与秋其代序。惟草木之零落兮，恐美人之迟暮。"夫人生最感甜蜜者为回忆，回忆即将过去所得之生命，使其重新活动于眼前。如饮苦酒，虽苦而能令人陶醉也。此意后世诗人各以当时流行之形式写之。如郭璞《游仙诗》之一：

　　六龙安可顿，运流有代谢。时变感人思，已秋复愿夏。（铸按：先师题所居为"愿夏庐"本此。）

夏日炎炎可畏,而在秋时回忆之,亦足留恋。贾岛《渡桑乾》:

> 客舍并州已十霜,归心日夜忆咸阳。无端更渡桑乾水,却望并州是故乡。

在并州则忆咸阳,离去时则又留恋之。蒋捷《虞美人》词:

> 少年听雨歌楼上。红烛昏罗帐。中年听雨客舟中。江阔云低、断雁叫西风。　　如今听雨僧楼下。鬓已星星也。悲欢离合总无情。一任阶前、点滴到天明。

借"听雨"叙少、中、晚年生命之不同,非常明晰。

凡此皆写对于过去生命之留恋与追忆。中国诗如此写者甚多,不必一一列举。然时间为不断之流,难于具体描写,故往往以不同之空间说明之。如以两个不同之空间,说明两个时间之变迁,其初步为划清时间之界域,每用相对性之文字说明之,称为"勾勒字"。"勾勒"乃画家术语,工笔画以线条作框廓,谓之"勾勒",即泼墨写意,亦须作数笔勾勒,方见神采。七绝用勾勒字,目的正同。其源亦出于《诗》、《骚》。《采薇》:"昔我往矣,杨柳依依。今我来思,雨雪霏霏。"以"昔"、"今"为勾勒字。《离骚》"朝饮木兰之坠露兮,夕餐秋菊之落英。"以"朝"、"夕"为勾勒字。(《离骚》此类语颇多,《诗》亦然,不具引。)

第一格即为此种显用相对之勾勒字以说明时间或事物者。王昌龄此作,以"新"、"旧"二字勾勒。王闿运《王志》卷二论七绝句法曰:

> 此篇声调高响,明七子皆能为之,而不厌人意者,彼浮响也。此诗何以不浮?则以"新"、"旧"二字相起,意味无穷。杜子美"听猿"、"奉使"(《秋兴八首》)亦以虚实相起,彼则笨伯,此则逸才,能使下二句亦有神采。

此论精当,试再加以说明。琵琶本为胡乐,极盛行于唐时,军中亦用之,读唐人边塞诗可证。首句劈空说起,起舞而换奏新声,面似欢庆,实则戍边士卒,穷愁无聊,作乐自遣。第二句转入正意。"总是"概括自古以来征戍之苦。著一"旧"字,谓虽唱新调而苦情如故也。第三句点明边愁无尽。此三句皆抽象语,故以具体景语作结。"长城"与"关山"映带,亦写"旧"字。秋月凄清,然不以"高高"字形容之,则与万里长城不称,写不出凄清寥旷之境矣。若言唐音,则唐人习用响亮之双字或双声叠韵之连绵词,以达成之,明七子皆师其法,而无深情厚意,组合完篇,则为王氏所讥之"浮响"矣。

王昌龄,字少伯,本京兆人,以曾官江宁丞,故称"王江宁"。《新唐书》因误为江宁人。又曾贬官龙标尉(龙标,今湖南沅州)亦称王龙标。当时有"诗天子"之誉,就七绝一体言,当之无愧。惜全集亡佚,今《全唐诗》收百馀首。七绝诗与李白为双绝,公认为唐七绝诗最高标准。

赠 远　　顾 况

暂出河边思远道,却来窗下听新莺。故人一别几时见?春草还从旧处生。

此首亦以"新"、"旧"为勾勒字。

首句用蔡邕《饮马长城窟》"青青河畔草,绵绵思远道,远道不可思,夙夕梦见之"意。古人多临河而怀远,如(传)李陵诗"临河濯长缨,念子长悠悠"即是,盖河水流动,可使舟行,故临河而思远也。次句用谢灵运《登池上楼》"池塘生春草,园柳变鸣禽"意。新莺既鸣,听者则感时序已变,远人犹未归来。上二句实写,下二句虚写。"旧处"盖指昔日与友人游赏处,春草又生,怀旧之感自起。此诗颇善学古人,用二名篇意,参差错落,浑化含蓄,乃如己出。

顾况字逋翁,海盐人,唐肃宗至德年进士,晚隐茅山。其子非熊,与韩愈同时,《新唐书》有传。

代春怨　　刘方平

　　朝日残莺伴妾啼,开帘只见草萋萋。庭前时有东风入,杨柳
千条尽向西。

　　此诗虽不言新旧,而以"东"、"西"为勾勒字。勾勒不限于时间字,用
空间亦可。"代春怨"者,非代人作春怨,乃拟也,用鲍照乐府《代东门行》、
《代君子有所思》体。闺中寂寞,不知有春,惟有残莺作伴耳。莺而称
"残",亦含离群索居之意。"开帘"句与隋代王胄"庭草无人随意绿"同妙,
言无人迹也。下两句更妙。诗人习用"东风"喻温暖。"入"字表示家无人
至,惟东风得入耳。不言怨而怨自深。末句极其自然,而寓意又深入一
层,柳条柔弱,随风而转,转向西方,乃凄凉之地,益感前途之漂泊矣。

　　方平字不传,毕生不仕,只知其为河南人,与元德秀友善。

唐人七绝诗论二

山房春事　　岑　参

　　梁园日暮乱飞鸦,极目萧条三两家。庭树不知人去尽,春来
还发旧时花。

　　第二格亦写今昔之感,而勾勒不完全,只用一"旧"字,或"依旧"二字,
表现在同一空间内,时间变换,事物未改而人情改。

　　梁园又称梁苑、兔园,在今开封东南。汉梁孝王武所筑,与司马相如、
枚乘等宴游其中。后世乃为贵家园林通称。此诗题作"山房"而用梁园,
未必有所实指,实写本人春日之寂寞耳。人去花开,是于热闹中写荒凉。

　　岑参字无考,南阳人,岑文本孙,天宝三年进士。曾官嘉州刺史,故又
称"岑嘉州"。少曾参军幕,作边塞诗,与高适齐名,为唐边塞诗大家。风

格豪迈悲壮。若此诗之悱恻者不多见。

故王维右丞堂前芍药花开，凄然感怀　　钱　起

芍药花开出旧栏，春衫掩泪再来看。主人不在春长在，更胜青松守岁寒。

此首亦以"旧"字勾勒，与上一首同一意境，而出口即点明，异于上一首作结语。可见作诗无定法。"出"字妙，写芍药婀娜多姿，秀色夺目。宋欧阳修《浣溪沙》"绿杨楼外出秋千"同妙。

"岁寒然后知松柏之后凋也"，出《论语》为常经。此诗故作翻案出奇，非以贬松，特言主人不在，芍药盛开，其凄凉之感乃过于睹常青之松耳

钱起，字仲文，吴兴人。名列"大历十才子"。应试《湘灵鼓瑟》诗，结句"曲终人不见，江上数峰青"，腾名当时。

金陵　五首之一　　刘禹锡

山围故国周遭在，潮打空城寂寞回。淮水东边旧时月，夜深还过女墙来。

六朝时金陵为都城，极其繁华。隋平陈，尽毁其宫室园林。唐建都长安，以扬州为繁华城市，金陵乃荒凉矣。禹锡因有凭吊之作。金陵四面有山，首句写之，"周遭"犹今语"周围"，用"在"字示形势如故。次句"潮打空城"始转入人事已非。按石头城为六朝保卫京师之要塞，古时长江流经其下，唐代亦然。潮来澎湃，自可称"打"，然而城内空无人住，听其涨吼，终乃自退。以"寂寞"状潮回，妙在无理而合情，非江潮自身气象，乃诗人所感受者也。故白居易最赏此句曰："吾知后之诗人不复措词矣。"（见刘原序）由此而生下两句。"淮水"即秦淮。"女墙"为城上矮墙，或称"睥睨"、"雉堞"，原以供守卒应敌，今亦废弃无用。月色依旧，不知人事变迁，夜深过之，仿佛有情，其悲凉亦甚矣。五代鹿虔扆《临江仙》"烟月不知人事改，

夜深还照空宫",自此出。

（铸尝问师:《乌衣巷》诗亦五首之一,何以未选? 师曰:"旧时王谢堂前燕,飞入寻常百姓家",虽同一勾勒,而感慨之深逊此,此悼全城,而彼只哀二家。梦得原序亦自云"不及此也"。）

伤愚溪　并序(三首之一)　　刘禹锡

故人柳子厚谪永州,得胜地。结茅树蔬,为沼沚,为台榭,目曰"愚溪"(按原名冉溪)。柳子厚没后三年,有僧游零陵,告予曰:"愚溪无复囊时矣。"闻僧言,悲不能自胜,遂以所闻为七绝以寄恨。

溪水悠悠春自来,草堂无主燕飞回。隔帘惟见中庭草,一树山榴依旧开。

刘柳同罹王叔文党祸,交谊至深。史称刘谪播州,柳上书云:"播州非人所居,愿以柳(州)易播。"可见其概。柳先殁,刘悼以此诗。妙在不著一悲痛字面,而悲痛之深自见。溪水长流不息,春光不邀自来,燕子飞回旧巢,然而草堂无主,可悲孰甚!"庭草"亦出自"庭草无人随意绿"。凡此尚皆在人意中,惟结语为刘所独创,实与"潮打空城"句同妙。榴花朱红似火,极其热闹,不知主人下世,依旧盛开,乃更见其荒凉矣。以荒凉写荒凉不难,以热闹写荒凉难。据原序,或系僧言实景,而刘能突出之,所谓"文章天成,妙手偶得"者也。

刘禹锡字梦得,彭城人,唐德宗贞元年进士。顺宗永贞改革失败,以党王叔文故,累贬远州。晚年与白居易齐名,称"刘白"。尝官太子宾客,亦称"刘宾客"。

唐人七绝,青莲(李白)、龙标(王昌龄)最高,然极不易学,可学者为刘、白。(铸按:先生毕生为七绝诗,得力于此二家。)学李商隐亦可,嫌稍晦耳。

经旧游　　张　祜

去年来送行人处，依旧虫声古岸南。斜日照溪云影断，水蒹
花穗倒空潭。

"依旧"二字连贯三句。"古岸"为所送之人泊舟处。水蒹为蓼花一
类，花作长穗形。

七绝诗格，有以第二句中二、三字领起三句者，如中唐窦巩《联珠集》
中《闲游感兴》一首：

伤心欲问前朝事，唯见江流去不回。日暮东风春草绿，鹧鸪
飞上越王台。

亦以"唯见"二字贯三句。词格亦有之，如皇甫松《江南好》：

兰烬（按：谓灯花）落，屏上暗红蕉。闲梦江南梅熟日，画船
吹笛雨潇潇，人语驿边桥。

以闲梦贯下三句。又如李后主《浪淘沙》：

……还似旧时游上苑，车如流水马如龙，花月正春风。

以"还似"贯三句。又如吴文英《点绛唇》"试灯夜初晴"词下阕：

……辇路重来，仿佛灯前事。情如水，小楼熏被，春梦笙歌里。

亦以"仿佛"贯四句，可证。

张祜字承吉，中晚唐间诗人，家于丹阳，时称"曲阿张处士"。或传为
南阳人，乃指其郡望而言。终身为处士。

悲老宫人　　刘得仁

白发宫娥不自悲，满头犹自插花枝。曾缘玉貌君王宠，早拟
人看似旧时。

老宫人望再得宠而头插花枝，不自知其可悲，以为容貌似旧，见者皆
悲之，乃真可悲耳。不应有而有之事，用"犹"字。此首可作白居易《上阳
白发人》一首提要。

刘得仁字里无考，长庆间以诗名。

唐诗各体均有大家名家，迥出侪辈，唯七绝一体，虽小家亦有佳作，读
得仁此诗可证。

七绝为短篇，然亦联数首为大篇，则不可不有组织。上列张祜、刘得
仁诗，皆一首而首尾完备者。

折杨柳　　薛　能

高出军营远映桥，贼兵曾斫火曾烧。风流性在终难改，依旧
春来万万条。

"军营"暗用汉文帝屯军细柳事。

第二句极写杨柳之遭劫运，气势磅礴，用以反振下文。平常人写柳，
每言其脆弱婀娜，而薛独能写其伟大倔强，读之神旺。明人推盛唐而薄中
晚，能作此高腔大调否？

薛能，字大拙，汾州人，官至宣武军节度使。又有《游嘉州后溪》诗云：
"……不知诸葛成何事？只合终身作卧龙。"盖其性倔强，与人不同。

金陵图　　韦　庄

江雨霏霏江草齐，六朝如梦鸟空啼。无情最是台城柳，依旧
烟笼十里堤。

首二句平常。"六朝如梦"已成诗家泛语。妙处在下两句。责柳无情是其首创,妙在于理不通。台城为六朝时金陵三城之一(其二为石头城与东府城)。宋洪迈《容斋随笔》云"晋宋间谓朝廷禁近为台,故称禁城为台城",是宫禁所在地。陈朝结绮、临春诸壮丽建筑,皆在其内,既尽毁于隋兵,所剩惟野水荒堤耳,此与柳何关耶?

韦庄,字端己,本长安杜陵人,唐昭宗乾宁年进士,以避兵乱至江南,此诗盖当时作,寄托哀悼唐亡之意,与刘禹锡比,笔力较弱,虽委婉动人,不及刘之沈雄。

唐人七绝诗论三

西归绝句　　元　稹

双堠频频看去程,渐知身得近京城。春来渐有还乡梦,一半犹疑梦里行。

此格以"犹"、"还"为勾勒字,连贯两件无关系之事,使有连带关系。实际仍是感慨今昔,而表面痕迹不甚显著。此首写作客爱梦归乡,是过去想望事,行近京城,是目前现实,用一"犹"字,便觉现实亦如梦想,曲尽宛转缠绵情致。

堠,土堡也,古人于大道旁置堠,以记里程,五里为单堠,十里为双堠。

元稹,字微之,河南人,在洛阳附近,唐以洛阳为东都,故诗中有"近京城"语。贞元十八年与白居易同举进士,论诗志趣相投,同为新乐府体以讽时政。自唐至今,光耀诗史,人所周知。

送红线　　冷朝阳

采菱歌怨木兰舟,送客魂消百尺楼。还似洛妃从雾去,碧天无际水空流。

红线事见《太平广记》卷一百九十五《红线传》，此诗即在传中。怨木兰舟者，怨其载人以去也。百尺楼可登以望远，与第四句呼应。

洛妃即洛神宓妃，见曹植《洛神赋》。以洛妃比红线，而以"还"字联系之。

"碧天无际水空流"谓眼前无尽空虚。与李白诗"惟见长江天际流"同意。

冷朝阳，字未详，金陵人，大历进士，作此诗时官潞州从事。

三月晦日赠刘评事　　贾　岛

三月正当三十日，风光别我苦吟身。与君今夜不须睡，未到晓钟犹是春。

春尽送别，此情甚苦。能多留一刻应即多留一刻，用一"犹"字，力量最大。

贾岛，字浪仙，曾为僧，名无本，范阳人。与孟郊齐名，称"郊寒岛瘦"。清高密李怀民选《中晚唐诗(五律)主客图》，以张籍为"清真雅正主"，岛为"幽奇僻苦主"。此诗亦见僻苦风格，三四句有意作拗体，亦其所喜用者，与"春风得意马蹄疾，一日看遍长安花"同例。

汴柳半枯因悲柳中隐　　司空图

行人莫叹前朝树，已占河堤几百春。惆怅题诗柳中隐，柳衰犹在自无身。

汴河堤柳，种自隋炀帝时，故有"几百春""前朝树"语。结语一句三转，谓堤柳虽已枯老，仍然存在，而题诗之柳中隐自身亡故，甚可悲矣。

司空图，字表圣，河中虞乡人，咸通十一年进士，官至中书舍人，避乱隐居中条山。闻朱温篡唐，绝食死。著文集十卷与《诗品》二十四则。

陇西行　　　陈　陶

誓扫匈奴不顾身,五千貂锦丧胡尘。可怜无定河边骨,犹是春闺梦里人。

陇西是陇坂之西,泛称边塞。此诗写得极沉痛,但过去少为人称道引用。自清孙洙选《唐诗三百首》采入之,遂为尽人皆知之佳作。

首句气势雄壮,出于霍去病语:"匈奴未灭,何以家为?"唐时匈奴已不存在,乃泛指北方胡人。

"貂锦"谓貂冠锦衣,非贫家物。唐代用徵兵制,常徵良家子弟入军。用"貂锦"华丽字面,既写军容之盛,又与下文"春闺"相应,修辞甚精妙。

据《一统志》,无定河在陕西延安。

陈陶,字嵩伯,岭南(一云鄱阳,一云剑浦)人。大中时,游学长安,晚年隐洪州西山,后不知所终。

唐人七绝诗论四

江南逢李龟年　　　杜　甫

岐王宅里寻常见,崔九堂前几度闻。正是江南好风景,落花时节又逢君。

今昔、前后二事,或同或不同,其相同者重复言之,益加伤心。此格用"又"字勾勒。

"江南",据《楚辞章句》,"襄王迁屈原于江南",此乃指江、湘之间地,非通常所谓江南,杜甫于大历四年自岳州之潭州,后又入衡州,不久复回潭州。其逢李龟年,当在是时。诗存杜集最后一卷。

李龟年,据唐郑处晦《明皇杂录》云:"上素晓音律,乐工李龟年特承恩遇。其后(安史之乱)流落江南,每遇良辰胜景,常为人歌数阕,座客闻之,莫不掩泣罢酒。"杜即写此情景。

岐王范为玄宗弟,《旧唐书》本传称其"好学工书,雅爱文章之士。"杜甫有可能在其宅里真见过李龟年。崔九名涤,中书令湜弟,见杜集原注,据《旧唐书》,涤"素与玄宗款密,因为秘书监,出入禁中。"

此诗出语平易而家国之痛、今昔之感含蕴至深。前两句只提岐王、崔九,不言玄宗对李恩宠,非有意避讳,乃符实情,杜在玄宗时固不能入禁中也。提到岐、崔,玄宗可不言而喻矣。

后两句意在写李流落,明言之,即"往日天上笙歌,今日沿门鼓板"(《长生殿·弹词》折李龟年自述语)。而含蓄言之,"正是江南好风景"是反语陪衬,"落花时节又逢君"点出正文。好景虽多,到了落花时节,一扫而空,只有漂泊之感矣。"又"字下得极重,包括无限感慨,不仅悲李,亦以自悲也。

唐人七绝诗以情浓、调响为正格,杜独为变体拗调,正格只见此首与《赠花卿》诗,致引起后世评论家议论分歧。后篇当专论之。

清洪昇《长生殿·弹词》折,曲家极推重之,其实即用此篇意境铺衍而成。

再游玄都观 并序　　刘禹锡

余贞元二十一年为屯田员外郎,时此观未有花。是岁出牧连州,寻改朗州司马。居十年,召至京师,人人皆言:有道士手植仙桃满观如红霞,遂有前篇以志一时之事。旋又出牧。今十有四年,复为主客郎中,重游玄都观,荡然无复一树,唯兔葵燕麦动摇于春风耳。因再题二十八字,以俟后游。时太和二年三月。

百亩庭中半是苔,桃花净尽菜花开。种桃道士归何处?前度刘郎今又来。

此诗颇为人传诵,"前度刘郎"成为常用故实。

菜花,即序中"兔葵燕麦",按《尔雅》:"莃,兔葵。""蘥,燕麦。"郭璞注云:兔葵似葵而叶小,雀麦即燕麦,皆可食。

按唐孟棨《本事诗》云：刘以党王叔文故，被贬朗州十年始召还，作《戏赠看花诸君子》诗：

　　紫陌红尘拂面来，无人不道看花回。玄都观里桃千树，尽是
刘郎去后栽。

当道闻而恶之，复左迁为播州刺史，又阅十四年始得复召入京，而有《再游玄都观》之作。两首对照，用"又"字不仅感慨今昔，而且含有讽刺。言外之意即虽经挫折，依然故我，而昔日当道之诸公亦如道士已去，岂能奈我何耶？

　　　　秋闺思　　张仲素
　　秋天一夜净无云，断续鸿声到晓闻。欲寄征衣问消息，居延
城外又移军。

此为闺妇忆征人之诗，形容征戍之苦。唐代徵兵制度，寒衣须家人制寄。故李白诗云："长安一片月，万户捣衣声。秋风吹不尽，总是玉关情。何日平胡虏，良人罢远征？"
　　"又"字在此表示岁岁皆寄征衣，但征人行止无定所，时时换防，恐难寄到。用得极凄苦。
　　能见一夜无云，则不眠可知。鸿雁可以传书，但欲问消息实难以凭托也。
　　居延城即居延海畔之城，在张掖北，今额济纳部，遮虏障在其南。
　　张仲素，字绘之，河间人，官至中书舍人。中唐诗人。

　　　　秋思　　张籍
　　洛阳城里见秋风，欲作归书意万重。复恐匆匆说不尽，行人
临发又开封。

张籍,字文昌,本吴郡人,寓和州乌江,故一般以为和州人。曾官水部(刑部)员外郎,人称"张水部"。又官国子监司业,故集名《张司业集》。中唐诗分元白与韩孟两大派,籍与韩友善,《新唐书》因以附韩传,但其诗风格实近于白,同为元和体新乐府诗,陈述民间疾苦。又工五律诗,清李怀民选《中晚唐诗主客图》,以籍为"清真雅正主"。无论叙事抒情,皆不事雕琢,能用人人能识之字、能道之语,组织成诗,便为前人所未道、常人所不能道之诗。此首完全白描,一"又"字曲尽人情。王安石题其诗曰:"看似寻常最奇崛,成如容易却艰辛。"非过誉也。

咏 酒　　汪 遵

万事消沉向一杯,竹门哑轧为风开。秋窗睡足芭蕉雨,又是江湖入梦来。

自渊明以来,咏饮酒者多矣,此首却别有情趣,明说吃了酒,什么都不知道,都可以不管,此身如入另一世界。

"哑轧"应读若"屋压",门户开闭声。第三、四句妙,酒能使人熟睡,雨打芭蕉,全听不见,然而梦境却在江湖,另有风雨。"又是"者,明明非一次也。

汪遵(一作王遵),字未详,宣城人,幼为县吏,复辞役就贡,咸通初登进士第。

唐人七绝诗论五

越中怀古　　李 白

越王勾践破吴归,义士还家尽锦衣。宫女如花满春殿,只今唯有鹧鸪飞。

此格以"今"字为勾勒字,"于今"、"而今"、"只今"均可。表示在同一空间内,以今比昔,而有盛衰之感。与第二格同属不完全之新旧对比,而以今为主。

越中指唐代越州,在会稽山阴。

凡题怀古之诗实皆伤今,非为怀古而怀古。杜甫作《咏怀古迹》五首,题旨甚明,盖睹古迹而抒写怀抱也。

"义士"或作"战士",非。按《越绝书》,勾践有"六千君子军",故称"义士"。还家尽著锦衣,盖破吴大掠所得,何义之有?上三句写得如火如荼,结句收拾干净,愈觉意味深长。此法来自鲍照《行路难》"洛阳名工铸为金博山(炉),千研复万镂,刻作秦女携手仙。承君清夜之欢娱,引置帷帐里、明烛前,外发龙鳞之丹采,内含麝芬之紫烟。如今君心一朝异,对此长叹终百年。"前多句极华丽,以反衬后两句之悲凉。

用"鹧鸪"写凄凉,因鹧鸪啼声为"行不得也哥哥",非他鸟所能替也。

杨柳枝　　刘禹锡

花萼楼前初种时,美人楼上斗腰肢。如今抛掷长街里,露叶如啼欲向谁?

此诗今昔对比,各写两句,为习见之格。

《杨柳枝》与《竹枝》同为唐代民歌,白居易始采以为诗,共八首。其第一首云:"《六幺》《水调》家家唱,《白雪》《梅花》处处吹。古歌旧曲君休听,听取新声《杨柳枝》。"可证。当时能唱,亦为词调。《花间集》存温飞卿《杨柳枝》八首。宾客盖和香山,另一首云:"请君莫奏前朝曲,听唱新翻《杨柳枝》。"说明《杨柳枝》原出隋代宫词,唐始翻为新调。花萼楼为玄宗所建,玄宗笃于友爱,于南内兴庆宫中,筑花萼相辉之楼,与兄弟诸王宴乐。

此诗借柳抒今昔之感,实含怀念开元盛世之意。

听夜筝有感　　白居易

江州去日听筝夜,白发新生不忍闻。如今格是头成雪,弹到天明一任君。

此亦今昔对比,各两句。

筝传为秦蒙恬造,故称秦筝,十三弦,为瑟之半。

江州即浔阳,今九江。

按香山以敢直言贬江州司马,在元和十年,时年四十四岁,故云白发新生。此诗虽无系年,当属暮年之作(香山卒于会昌六年,年七十五)。

"格是",犹言已是,何以不用"已是"? 因"格"字兼有变革、来至之谊,且声调高响。

借听筝享对比中年、暮年之不同感受,辞浅意深,节短音长。香山少抱济世之志,贬江州时,初遭挫折,新生白发,自感时不我与,夜不能寐,初闻凄楚筝声,当然难以忍受。暮年饱经忧患,听惯哀音,感觉迟钝,反可以听之任之。外似旷达,内实悲凉极矣。

南宋末谢皋羽诗"昔日落叶雨,地上仅可数。今雨落叶处,可数还在树……"与此诗同一机杼。

唐人七绝诗论六

送沈子福之   王 维

杨柳渡头行客稀,罟师荡桨向临圻。惟有相思似春色,江南江北送君归。

此格为空间事物比较。勾勒字用"惟有",是从许多事物中,抉择其特殊者。

罟师即渔人。临圻之"圻"当读若"矶",不读"祈"。用谢灵运《富春渚》诗:"溯流触惊急,临圻阻参错。"《文选》李善注曰:"圻读与碕(即矶字)同。"谓近岸也。

上两句铺叙送别时,江边人已不多。下两句妙,相思属于情感,非实物,而以春色比之(春色与上文杨柳相应),不合理而合情,言送君者无他人,只有我相思之情,始终不断,非长江水所能阻隔也。

李后主《清平乐》词:"离恨恰如春草,更行更远还生。"亦以感情比实物,与此同妙。

寻盛禅师兰若　　刘长卿

秋草黄花覆古阡,隔林何处起人烟?山僧独在山中老,唯有寒松见少年。

兰若,梵语"阿兰若"之省文,即寺院。阡陌,本为行人之道,今乃全为秋草黄花所覆盖,乃见久无行迹矣。

上两句以无人之境写禅师之枯寂。结语更进一步,言其少年入山后,从未出山。能见其少年容貌者只有饱经霜雪之古松耳。

刘长卿,字文房,河间人,天宝进士,工五言律,当时称"五言长城"。曾官随州刺史,故集名《随州集》。

乱后经淮阴岸　　朱　放

荒村古岸谁家在,野水寒云处处愁。唯有河边衰柳树,蝉声相送到扬州。

"谁家在"言无家在也,如直言之,则索然无味。

此学太白出峡诗,唯彼写速而此写慢。彼豪迈而此沈郁。

朱放,字长通,襄州人,隐于越之剡溪。嗣曹王皋镇江西,辟节度参谋。贞元初,召为拾遗,未就。

杨柳枝　　刘禹锡

城外春风吹酒旗,行人挥袂日西驰。长安陌上无穷树,唯有垂杨管别离。

唐俗：送东行人至灞桥岸，折柳相赠。按两汉时即有此俗，见《三辅黄图》灞桥条。后两句以首创故佳。

与歌者何勘　　刘禹锡

二十余年别帝京，重闻天乐不胜情。旧人唯有何勘在，更与殷勤唱《渭城》。

秦都咸阳，汉武帝改名渭城。自王维《送元二使安西》"渭城朝雨浥轻尘……"为人传唱，遂入乐府，称《渭城曲》。宋时犹普遍能唱之。郭茂倩《乐府诗集》收入《近代曲辞》。又唐代乐府多用胡部乐，大抵从西来，经渭州、凉州、伊州，《渭城》盖亦胡乐。

杨　花　　吴　融

不斗秾华不占红，自飞晴野雪濛濛。百花长恨风吹落，唯有杨花独爱风。

秾华，《诗·棠棣》："何彼秾矣，棠棣之华。"
此与宾客《杨柳枝》同以眼前语出奇。
吴融，字子华，越州山阴人，唐昭宗龙纪元年进士，官至翰林承旨卒，有《唐英集》三卷。

唐人七绝诗论七

从军行　　王昌龄

烽火城西百尺楼，黄昏独坐海风秋。更吹羌笛关山怨，无那金闺万里愁。

此格用"更"字作勾勒，比较两种不同之境界，但后者比前者更进一步,可表紧张强烈之感。

龙标《从军行》凡五首,此为第一首。

前两句写征人黄昏独坐烽火楼中,海(指居延海或青海)风吹寒,已甚凄苦。再闻羌笛声,引起思乡之感。结语为闺人设想,实写彼此相思,阻隔关山万里,无可奈何,乃更苦矣。

羌笛,《说文解字·竹部》:"笛,七孔,筒也,从竹由声,羌笛三孔。"是汉时古笛为七孔,传入之羌笛为三孔,皆与今笛不同。

"那"字可读平、上两声,义同。此处读上,无那,无可奈何也。金闺泛指闺阁,非指金马门。

送王校书 韦应物

同宿高斋换时节,共看移石复栽杉。送君江上已惆怅,更上高楼看远帆。

王之涣《登鹳雀楼》名句"欲穷千里目,更上一层楼"与此同意。送至江上情犹未尽,更登高远望之。

韦应物,字未详,长安人,曾官江州、苏州刺史,故称"韦江州"或"韦苏州"。诗风简淡清远似陶渊明,虽为盛唐诗人,世往往并称"陶韦"。有集传世。

戏题山居 陈羽

虽有柴门长不关,片云高木共身闲。犹嫌住久人知处,见欲移居更上山。

《归去来辞》"门虽设而常关",此乃反用之,长关可以谢客,无人知住处,可以不关矣。引起第三、四句意。

"见",《集韵》:"俗作'现'。"

陈陶,字未详,江东人,登贞元进士第。存诗一卷。

渡桑乾　贾　岛

客舍并州已十霜,归心日夜忆咸阳。无端更渡桑乾水,却望并州是故乡。

（解释见第一格）

并州唐时为太原府,号北京。

桑乾水即今永定河。

采莲子　皇甫松

菡萏香连十顷陂,小姑贪戏采莲迟。晚来弄水船头湿,更脱红裙裹鸭儿。

此诗亦收入《花间集》,共三首。唱诗上句加"举棹",下句加"年少"和声。写少女采莲情态绝佳。

菡萏,《尔雅》:"荷、芙蕖,其华菡萏。"荷、芙蕖皆总名,菡萏则专指其花。迟者因贪戏也。

皇甫松:晚唐人,字士奇,湜之子。

和袭美钓侣　陆龟蒙

一艇轻桦看晓涛,接䍦抛下漉香醪。相逢便傍蒹葭宿,更唱菱歌擘蟹螯。

袭美,皮日休字。

"桦"字新,今通用"划"。

"接䍦"亦作接篱,帽也。古人所饮之酒,实今醪醅,须以纱巾漉(过滤)之。陶渊明曾脱葛巾漉酒。

蒹葭,芦苇也。

陆龟蒙,字鲁望,长洲人,唐末隐于江湖之间,自号天随子。与皮日休友善,多所唱和,称"皮陆"体。

此首极写钓徒之乐,风格遒峭。

唐人七绝诗论八

　　西宫秋怨　（亦作《长信秋词》,共五首）第三首　　王昌龄

　　奉帚平明秋殿开,且将团扇共徘徊。玉颜不及寒鸦色,犹带
昭阳日影来。

　　用"不及"或"不如"为勾勒字,比较空间事物,同时可附带表示时间。
不及之程度,愈远愈妙。

　　凡用直喻,须使人意想不到,若孟郊诗"西风吹垂杨,条条脆如藕"者
实为最工。

　　少伯宫怨诗以此为第一。玉颜与寒鸦之丑何可相比,乃自叹不及,以
鸦犹能飞至君王所居之昭阳殿,日为君象,带影而来,己身不能,虽美何
益。不提怨字,怨之深可以意会。

　　"秋殿"一作"金殿","秋"字佳,与下文之团扇寒鸦皆有关联。

　　"且将"者不久也。"团扇"用班婕妤《怨歌行》事。婕妤初为汉成帝所
宠,后见赵飞燕日盛,恐久见危,求供奉太后于长信宫,作纨扇诗自悼。

　　　赠汪伦　李 白

　　李白乘舟将欲行,忽闻岸上踏歌声。桃花潭水深千尺,不及
汪伦送我情。

　　踏歌为且行且歌,以踏步为节拍。

　　太白游泾县桃花潭,村民汪伦时饮以美酒,临行伦复来送,故赠以
此诗。

　　此"不及"极有力。

云安阻雨　　戎　昱

日长巴峡雨濛濛，又说归舟路未通。游人不及西江水，先得
东流到渚宫。

云安县，唐属夔州，即今云阳。

巴峡即巴东峡，在今重庆。

渚宫，见《左传》，为楚王之别宫，在郢都西。

戎昱，字未详，荆南人，登进士第，建中年间曾官虔州刺史，负才名。
崔氏欲与通，使其改姓，戎拒之，有"千金未必能移姓，一诺从来肯杀身"之
句，为人传诵。有集五卷。

竹枝词　九首之二　　刘禹锡

瞿塘嘈嘈十二滩，人言道路古来难。长恨人心不如水，等闲
平地起波澜。

城西门前滟滪堆，年年波浪不能摧。懊恼人心不如石，少时
东去复西来。

《竹枝词》本巴歈民歌，宾客采风而拟作九首，遂开一体。其原委详见
诗序。杨柳枝虽亦出民歌，仍以抒情为正格，《竹枝》则多纪风俗，不用典
故，音节与寻常七绝不同，以拗体为贵。

瞿塘，《水经注·江水》："江水又东迳广溪峡，斯乃三峡之首峡，中有
瞿唐、东𪾢二滩……夏水洄复，沿溯所忌。瞿唐滩上有神庙，尤至灵验。
刺史二千石径过，皆不得鸣角伐鼓。商旅上水，恐触石有声，乃以布裹篙
足。今则不能，犹飨荐不绝。"

滟滪堆，《水经注·江水》：白帝城"水门之西，江中有孤石为淫预石，
冬出水二十馀丈，夏则没，亦有裁出处矣。乐府诗'瞿唐不可上，淫预大如
象。瞿唐不可下，淫预大如马'。"按淫预、滟滪皆"犹豫"一声之转，盖其峻
险使人望而犹豫也。

此两诗稍带理语气。乃变调,非正格也。

唐人七绝诗论九

陪族叔刑部侍郎晔及中书贾舍人至游洞庭　　　李　白

洞庭湖西秋月辉,潇湘江北早鸿飞。醉客满船歌《白苎》。不知霜露入秋衣。

此格以"不知"为勾勒字,表现两件事物之间并无因果关系,因而不能觉察。

潇湘,潇,清也。古时湘水最清,潇湘即清湘之意,非谓二水。

《白苎》,或作《白纻》,郭茂倩《乐府诗集》列入舞曲歌辞,南朝晋宋之间,擅作此辞者为汤惠休与鲍明远。

汤惠休《白纻歌》二首

琴瑟未调心已悲,任罗胜绮强自持。忍思一舞望所思,将转未转恒乃疑。桃花水上春风出,舞袖逶迤鸾照日。裴回崔转情艳逸,君为起歌心如一。

少年窈窕舞君前,容华艳艳持欲然。为君娇凝复迁延,流目送笑不敢言。长袖拂面心自煎,愿君流光及盛年。

鲍照《代白纻曲》二首

朱唇动,翠袖举,洛阳少童邯郸女。古称"绿水"今"白纻",催弦急管为君舞。穷秋九月荷叶黄,北风驱雁天雨霜,夜长酒多乐未央。

代白纻舞歌辞

　　吴刀楚制为佩帏,纤罗雾縠垂羽衣。含商嚼徵歌露晞。珠履飒沓纨袖飞。凄风夏起素云回。车怠马烦客忘归。兰膏明烛承夜晖。

　　诸诗皆欢娱之词,与"霜露秋衣"毫不相干。然而合为两句,则于极热闹中见凄凉矣。

旅次寄湖南张郎中　　戎昱

　　寒江近户漫流声,竹影临窗乱月明。归梦不知湖水阔,夜来还到洛阳城。

　　首二句写客中情况。
　　漫,广阔之意。
　　"竹影"句妙在用一"乱"字,便胜于韩、孟联句之"竹影金琐碎"。
　　第三句用"不知",有翻案之意,力量极大。

唐人七绝诗论十

桃花溪　　张旭

　　隐隐飞桥隔野烟,石矶西畔问渔船:桃花尽日随流水,洞在清溪何处边?

　　此格为发问。问句位置不同,或从首句问,或在三句问,或置于结句。大抵皆问而不答,缥缈不尽。勾勒字无定,或用"何处",或用"何事",或其他问辞。
　　飞桥为野烟所隔,故以"隐隐"形容之。
　　第三句用"尽日"言桃花之多,落英缤纷,随水流去,尽日不绝。并寄托漂泊之感。全诗意境以《桃花源记》为底本,另加渲染,若即若离,所谓"或袭旧而弥新"者也。

张旭字未详,吴郡人,以官右率府长史,人称"张长史"。善草书而好酒,见杜甫《饮中八仙歌》。

秦女怨　　蒋维翰

白玉堂前一树梅,今朝忽见数花开。几家门户重重闭,春色因何入得来?

《淮南子》:"春女思,秋士悲,而知物化矣。"

此诗写重门深锁,少女见梅开而伤春,妙在发问不通。

蒋维翰字里未详,登开元进士第。

渡浙江问舟中人　　孟浩然

潮落江平未有风,扁舟共济与君同。时时引领望天末,何处青山是越中?

浙江古称渐水,又称之江,以多曲折,故又称浙江。

越王栖于会稽,在唐为越州。浙江两岸多山,浩然意在览会稽山阴之胜,即兴而发此问,舟中人实难答也。

孟浩然,字浩然,襄阳人,生于初唐,卒于盛唐,在李白、王维之前,最擅五律,并称"王孟"。五律之面目遂自宫体变为模山范水之作。

春夜洛阳闻笛　　李　白

谁家玉笛暗飞声,散入西风满洛城? 此夜曲中闻折柳,何人不起故园情!

此首发问于首句,下三句皆言其影响,未尝答某家,一答反无情趣矣。

结句乃写实,非发问。用"暗"字切夜。

少年行　　杜　甫

巢燕养雏浑去尽,江花结子已无多。黄衫少年来宜数,不见堂前东逝波?

杜七绝声调以拗体为主,此亦近拗。

用"巢燕"出下文"堂前","江花"出"逝波"。"数",《广韵》亦读入声,音朔,作"频"解,谓宜常来也。"不见"是问语,意即"不见堂前东逝波乎?一去不复返矣。"

按:杜老此诗作于德宗上元二年,时年五十,居成都草堂,生活较为安定。同时作两首,第一首云:

莫笑田家老瓦盆,自从盛酒长儿孙。倾银泻玉惊人眼,共醉终日卧竹根。

皆有当及时行乐之意。

赠花卿　　杜　甫

锦城丝管日纷纷,半入江风半入云。此曲只应天上有,人间能得几回闻?

花卿名惊定,《旧唐书》载上元二年四月梓州刺史段子璋反,自称梁王。五月,成都尹崔光远率将花惊定讨之,斩子璋。惊定恃功,大掠东川。杜老时在成都,作《戏作花卿歌》,又赠以此诗。清杨伦《杜诗镜铨》引明杨升庵曰:"花卿在蜀,颇僭用天子礼乐,子美作此诗讥之,而意在言外,最得诗人之旨。"

重送道标上人　　刘长卿

衡阳千里去人稀,遥逐孤云入翠微。春草青青新覆地,深山无路若为归?

翠微,青葱而淡远之山色。

"若"者,不定之辞也。在此引申为问语,作"如何"解。

春草覆地,可知无路。何以无路,因去人稀少也。

夜上受降城闻笛　　李　益

回乐峰前沙似雪,受降城外月如霜。不知何处吹芦管?一夜征人尽望乡。

受降城,唐中宗时名将张仁愿于河北筑三受降城。唐时称塞外为"河北",即今河套以北。三城:东城在胜州(今顺义县);中城在朔州(今大同西北);西城在灵州(在今宁夏)。此指西城。

回乐峰,回乐,唐县名,故城在今甘肃灵武县南,"峰"应作"烽",李益别有《暮过回乐烽》诗云"烽火高飞百尺台"可证。

芦管,胡人卷芦叶为管吹之以作乐。此诗题"闻笛",笛与管常混用,芦管往往又称芦笛。

上两句写边塞一片凄清景色,下两句写征人闻胡乐而无不思乡之情。亦为边塞诗名作,然对照龙标"烽火城西百尺楼"一首,则逊其雄浑开阔。唐人七绝诗,青莲、龙标难学,刘、白与李益以有轨辙可循,可学而至。

李益,字君虞,陇西姑臧人,生于盛唐,殁于中唐,诗列中唐名家,官至礼部尚书。

刘阮妻　　元　稹

芙蓉脂肉绿云鬟,罨画楼台青黛山。千树桃花万年药,不知何事忆人间?

此用刘义庆《幽明录》所传故事:东汉明帝时,刘晨、阮肇入天台山采药,遇二神女,同居半年,忽思乡而归。子孙已易七世。重入山寻神女,渺无踪迹。

罨画,唐人称杂色彩绘为"罨画"。

从神女方面着笔,责刘、阮之无情抛弃,意主出世,不如《离骚》之上下求索,终恋旧乡也。

首句写貌美,次句写境美,三句写长生之乐,皆极热闹,末句发问,乃一扫而空,章法与太白《越中怀古》同。

题王侍御池亭　　白居易

朱门深锁春池满,岸落蔷薇水浸莎。毕竟林塘谁是主,主人来少客来多?

前两句写池亭之寂寞。蔷薇落,春已深矣;水浸莎,无人问也。引出第三句发问,而以结句渲染之。

感触甚深,惜本事不传。

秋　思　　张仲素

碧窗斜月蔼深晖,愁听寒螀泪湿衣。梦里分明见关塞,不知何路向金微?

首二句写思妇梦醒时情景:碧窗是窗外有丛树;斜月,夜已将阑;蔼,众多也。螀,蝉属,小而色青,秋时鸣声凄厉。

第三句点出梦境可到关塞。第四句发问,则欲去无路,潜泪自湿衣矣。金微山即今外蒙阿尔泰山。

古　意　　王驾

夫戍萧关妾在吴,西风吹妾妾忧夫。一行书信千行泪,寒到君边衣到无？

此亦思妇怀念征夫之辞，题作"古意"，盖仿古乐府诗，以朴质少文为贵。

萧关在今甘肃固原县。

"无"字为问辞，唐、宋人习用之，与"否"、"么"同义。白居易诗"能饮一杯无"、朱庆余诗"妆罢低声问夫婿，画眉深浅入时无"皆然。

王驾，字大用，河中人。大顺元年登进士第，仕至礼部员外郎。自号"守素先生"，有集三卷，今《全唐诗》仅存六首。

唐人七绝诗论十一

绿　柳　　贺知章
碧玉妆成一树高，万条垂下绿丝绦。不知细叶谁裁出？二月春风似剪刀。

亦为发问。唯前格为问而不答，或不须答，此格则自有答问。

首句写全树，次句写枝，柳身短而垂枝长，以丝绦比之，已奇而切。三句写叶发问，四句答，更奇警，但颇合理。二月春风转暖，万物萌动，而馀寒料峭，犹使人有锋利之感，比以翦（剪本字）刀，兼含两意。

贺知章，字季真，会稽永兴人，年辈早于李杜，自号"四明狂客"，曾官秘书监，人称"贺监"。

送郑佶归洛阳　　司空曙
苍苍树色水云间，一醉春风送尔还。何处乡心最堪羡？汝南初见洛阳山。

汝南，唐属临汝郡，在洛阳南。

此首妙在不言抵家而言初见洛阳山，意味无穷。

司空曙，字文明，广平人，官虞（兵）部郎中，大历时诗人。

蜀　葵　　陈　标

眼前无奈蜀葵何，浅紫深红数百窠。能共牡丹争几许？得人嫌处只缘多。

蜀葵是菜类，非今之向日葵。为锦葵科植物。"蜀"字含有"大"意，非地名也。或称"菺"，或称"戎葵"（见《尔雅》），五月开花，似木槿，五色夺目。

唐人最重牡丹。白香山《秦中吟·买花》："一丛深色花，十户中人赋。"可见其贵。当时又有人作诗讽之："近来无奈牡丹何，数十千钱买一窠。今朝始得分明看，也与戎葵不较多。"

陈标字旦未详，中唐时曾官侍御史。

江　南　　李群玉

鳞鳞别浦起微波，泛泛轻舟《桃叶歌》。斜雪北风何处宿？江南一路酒旗多。

鳞鳞，波纹貌。泛泛，犹飘飘也。《桃叶歌》，桃叶本晋王献之妾名，《隋书·五行志》云："隋时盛歌王献之《桃叶》之词曰：'桃叶复桃叶，渡江不用楫。但渡无所苦，我自迎接汝。'"斜雪言风之狂，酒旗为酒肆招子。第三句以行旅之苦反衬出江南繁盛之乐。

李群玉，字文山，澧州人，官弘文馆校书郎，诗列晚唐名家。

酒病偶作　　皮日休

郁林步障昼遮明，一炷名香养酒醒。何事晚来偏欲饮？隔墙闻卖蛤蜊声。

　　郁林,秦时属桂林郡,唐置郁林州,在今广西梧州。步障,屏幕也。
酲,《说文解字》:"病酒也,一曰醉而觉也。"蛤蜊,蜊读平声,入支韵。蛤,
贝类,为海产美味,始见于《淮南子》,作"合梨"。

　　此诗写酒人情趣甚妙。宿酲未解,畏寒,白日犹下帷幕。乃一闻墙外
叫卖蛤蜊,又欲饮酒。

　　皮日休,字逸少,后改袭美,襄阳人,咸通(唐懿宗年号)进士,弃官归
隐鹿门山,自号鹿门子、醉士、酒民。与陆龟蒙友善、唱和,时称"皮陆",诗
风生涩,自成一体。按此诗见"蛤蜊",唯近海处有之,断非作于襄阳。集
中有《和鲁望四明山九题》诗,盖同游浙东时作也。

唐人七绝诗论十二

出　塞　　王昌龄

　　秦时明月汉时关,万里长征人未还。但使龙城飞将在,不教
胡马度阴山。

　　此格为想像假设之辞,以"若使"、"但使"为勾勒字。

　　首二句概括时间空间,笼罩一切。明月终古不变,系以"秦时",是暗
推始皇;关塞非起于汉,系以"汉时"是暗推汉武,兼指当代。(唐人作诗,
每以汉代喻当代,如《长恨歌》"汉皇重色思倾国",实指明皇。)合为一句,
言古今皆置塞防胡也。北方游牧民族,殷称"鬼方",周称"荤粥""猃狁",
秦汉时称"匈奴",实皆一种。其酋不时率众南侵,为中原大患。秦皇、汉
武讨伐之功诚不可没,然而由防御变为开边,穷兵黩武,则又使全国百姓
困苦不堪矣。唐初武功极盛,北方已无边患,玄宗乃好大喜功,出塞远征
不已。故盛唐诗人作边塞诗无不言征戍之苦,龙标其一也。

　　龙城为匈奴大会祭天之地,在今外蒙古。汉武时大将军卫青曾破之。
飞将,匈奴人称李广为"飞将军"。阴山在今内蒙古,为河套以北诸山
总称。

后两句感慨遥深,盖作于天宝乱后。清陈沆《诗比兴笺》谓龙标古意诗有"一人计不用,万里空萧条"句,"一人"与此诗之"龙城飞将"皆指王忠嗣。"忠嗣身佩四节,控制万里,为国长城。数上书言禄山有异志。使明皇用其言,则渔阳之祸不作。故诗叹边臣之用舍,关天下之安危也。"此论甚是。

鹭鹚 来鹄

嫋丝翘足傍澄澜,消尽年光伫思间。若使见鱼无羡意,向人姿态应更闲。

丝指鹤顶长毛。伫思,《诗·燕燕》:"伫立以泣。"伫,久也。羡鱼,《淮南子·说林》:"临渊而羡鱼,不如归家结网。"作贪欲解。

此诗有讽刺意味。

来鹄字未详,豫章人,懿宗咸通中举进士,不第。有诗一卷。

唐人七绝诗论十三

春日归思 王 翰

杨柳青青杏发花,年光误客转思家。不知湖上菱歌女,几个春舟在若耶?

亦为想像之辞,从隔离之空间,想像同时之人事。勾勒字为"不知"、"遥知"等。此诗葱倩,使人神往。

会稽(今绍兴)有若耶山,溪在山下,相传西施浣纱于此,故又称浣纱溪。

王翰,字子羽,晋阳人,玄宗时官汝州刺史,贬道州司马。

九月九日忆山东兄弟   王 维

独在异乡为异客,每逢佳节倍思亲。遥知兄弟登高处,遍插茱萸少一人。

秦汉以来,统称太行山以东为山东,区域不止今山东省。

登高,梁吴均《续齐谐记》载桓景听术士费长房之言,于重九登高,佩茱萸囊,饮菊叶酒,以避灾。茱萸,《本草》称薮子,为小灌木,结子如椒,味辛,即《楚辞》椒桼之椒,可以为药。

此诗情深语浅,为千古名篇。

听夜雨寄卢纶　　李　端
　　暮雨萧条过凤城,霏霏飒飒重还轻。闻君此夜东林宿,听得荷池几番声。

凤城,为丹凤城之省称,通指京城,因秦穆公女弄玉吹箫引凤凰飞来京都得名。霏霏,雨轻;飒飒,雨重。

东林为寺名,在庐山。番,据《集韵》,可读贩,去声,义同。

李端,字正己,赵郑人,曾官杭州司马。

卢纶,字允吉,蒲庐人,曾官河中判官。据《新唐书·文艺传》,与李皆列"大历十才子"。

清明日次弋阳　　权德舆
　　自叹清明在远乡,桐花覆水葛溪长。家人定是将新火,点作孤灯照洞房。

弋阳县唐属信州,在今江西省东部。桐花为今之泡桐,春花;梧桐古称青桐,夏花。葛溪,即葛仙溪,俗传葛仙翁修炼于此。洞房,初见《楚辞·招魂》:"姱容修态,絙洞房些。"王逸注:"洞,深也。"本义为深邃之内室,非同今俗专称新婚所居。新火,清明节前二日为寒食节,禁烟火,清明复燃之,故曰新火。

结语凄绝。

权德舆,字载之,洛阳人,中唐时,官至同平章事(宰相)。

雁　　罗　邺

暮天新雁起汀州,红蓼花疏水国秋。想得故园今夜月,几人相忆在江楼。

蓼有数种,此为水蓼,花红色。

题为咏雁,实借雁起兴,写乡思。

罗邺,字未详,余杭人,唐末至五代时与罗隐、罗虬称"江东三罗"。

唐人七绝诗论十四

送魏二　　王昌龄

醉别江楼桔柚香,江风引雨入舟凉。忆君遥在潇湘月,愁听清猿梦里长。

亦为想像之辞,但非同时,而为想像将来情景。此格一诗中可写两种不同境界,意味往往更为深长。勾勒字可用"遥知"、"从此"等,亦可不用勾勒字。

龙标此诗大概作于沅水上。桔柚为南方果木,香袭江楼为日间岸上送别时景象。"江风引雨入舟凉"则行者已登舟矣。下言潇湘月夜,愁听猿啼,则为将来情景,故不冲突。

庐溪送人　　王昌龄

武陵溪口驻扁舟,溪水随君向北流。行到荆门上三峡,莫将孤月对猿愁。

　　庐溪为沅水之支流,在武陵境内。武陵郡汉置,即今常德,位沅水下游,沅水注洞庭湖再入长江,乃向北流也。人沿水北行,反言溪水随之,化无情为有情,此法唐人屡用屡妙。荆门,《水经注·江水》:"荆门虎牙,为三峡之口。"在今宜昌。"孤月"亦拟行人。三峡中多猿啼,行人闻之肠断。言"莫将"是慰藉语,实则无从避免也。

　　此首不用勾勒字,因从第二句起皆为想像未来之词。由洞庭而入江,一境;到荆门,另一境;上三峡,又另一境:层层推远,固非一二勾勒字所能提示也。

送韦评事　　王　维

　　欲逐将军取右贤,沙场走马向居延。遥知汉使萧关外,愁见孤城落日边。

　　逐,追随也。右贤,据《汉书·匈奴传》,单于之下,有左右贤王,各有部落。居延,本湖泽名,古称"流沙",见《书·禹贡》,在今甘肃额济纳旗西北。西汉初,为匈奴南下凉州之要道,因置县筑塞以防之。萧关,汉时为塞,唐时设县,故在今甘肃固原县东南。

　　此亦反对开边之诗,前两句仿佛颇有壮志,后两句想像出关以后所见,唯孤城落日,一片凄凉而已。

秋夜送赵洌归襄阳　　钱　起

　　斗酒忘言良夜深,红萱露滴鹊惊林。欲知别后思今夕,汉水东流是寸心。

　　斗酒,点明钱行。忘言,别愁难言也。萱,《离骚》作"薽",又名"鹿葱",《诗·伯兮》:"焉得谖草,言树之背。"《毛传》曰:"谖草使人忘忧。"《释文》曰:"本又作萱。"故又称"忘忧草"。其实萱根有毒,食之易失记忆。萱花色红,开于五月间,此处言秋夜,盖借表忘忧之意,不关时令。鹊惊林,盖暗用魏武《短歌行》"月明星稀,乌鹊南飞。绕树三匝,无枝可依"故实,表示离散失所。

佳处在后两句,言别后思念之情如汉水东流无尽,总过襄阳。

钱起,字仲文,吴兴人,天宝进士,与郎士元齐名,当时语曰:"前有沈、宋,后有钱、郎。"同列"大历十才子"。有《钱考功集》十卷。

送客贬五溪　韩　翃

　　南过猿声一逐臣,回看秋草泪沾巾。寒天暮雨空山里,几处蛮家是主人。

五溪,《水经注·沅水》:"辰水又右会沅水。名之为辰溪口。武陵有五溪,谓雄溪、樠溪、会溪、酉溪,辰溪其一焉。夹溪悉是蛮左所居,故谓此蛮'五溪蛮'也。"在今湘西辰州。

过猿声,在一路猿声之中经过也,用字生动新颖。

此诗纯从逐臣将来遭遇着想,亦无须用勾勒字。

韩翃,字君平,南阳人,天宝进士,官至中书舍人,为"大历十才子"之一。有集,已散佚。

春送郭大之官　司空曙

　　明府之官官舍春,春风辞我两三人。可怜江县闲无事,手板支颐独咏贫。

之官,犹赴任也。明府,唐时称州县官为明府。手板(应作"版"),笏也。此用晋王子猷事,见《世说新语》。

此诗前二句以春风喻郭人品,后两句写就任后冷况,亦无勾勒字。

写　情　李　益

　　水纹珍簟思悠悠,千里佳期一夕休。从此无心爱良夜,任他明月下西楼。

《说文解字》："簟，竹席也。"唐人席地而坐卧，今日本人犹如此。良夜，传《苏武诗》："烛烛晨明月，馥馥我兰芳。芳馨良夜发，随风闻我堂。"是此诗所本。

"从此"为勾勒字，言今后情景反衬以前之良夜。

自遣诗　　陆龟蒙

花濑濛濛紫气昏，水边山曲更深村。终须拣取幽栖处，老桧成双便作门。

濑，《说文解字》："水流沙上也。"花濑为地名，在顾渚，即今宜兴。《尔雅》："柏叶松身谓之桧，松叶柏身谓之枞。"

"终须"为勾勒字，言将来要如此。

唐人七绝诗论十五

送窦七　　王昌龄

清江月色傍林秋，波上荧荧望一舟。鄂渚轻帆须早发，江边明月为君留。

此格乃诗人情绪之扩大，蒙蔽一切，使之同化。在修辞学上谓之活喻，即事物不问其有无生命，均予以人格化。每用于感情最浓郁激昂之时。无勾勒字而形象浑然天成。

上两句为送人遥望时景。荧荧，宋玉《高唐赋》："玄木冬荣，煌煌荧荧，夺人目睛，烂兮若列星，曾不可殚形。"李善注："煌煌荧荧，草木花光也。"后世习用"荧荧"为闪烁不定之光。"波上荧荧"谓舟上有灯光，方在待发，与下句相应。下两句言须早发而江月有情正留光待君，乃人格化矣。唐代称武昌为鄂州。《楚辞·涉江》:"乘鄂渚而反顾兮,欸秋冬之绪风。"

闻王昌龄左迁龙标遥有此寄　　李　白

杨花落尽子规啼,闻道龙标过五溪。我寄愁心与明月,随风
直到夜郎西。

左迁,古人尚右,故以下迁贬官为左迁。龙标在今湖南黔阳县。夜郎
汉时为蛮民之国,故地在今贵州遵义地区。曹子建诗:"愿为南流景,驰光
照我君。"即"我寄愁心与明月"也。后二句用情深挚,出语明快,此青莲异
于龙标处。

移家别湖上亭　　戎　昱

好是春风湖上亭,柳条藤蔓系离情。黄莺住久浑相识,欲别
频啼四五声。

柳条藤蔓皆软,故用"系"字。
此诗妙在亭边诸物无不含情惜别。

第三岁日,咏春风,凭杨员外寄长安柳　　元　稹

三月春风已有情,拂人头面稍怜轻。殷勤为报长安柳,莫惜
枝条动软声。

三月春风,不寒而轻,故怜爱之。"软声",写风摇柳枝之声,为微之自
铸新辞,甚妙。
此诗寄柳,实以嘱咐情人。

折杨柳　　杨巨源

水边杨柳曲尘丝,立马烦君折一枝。唯有春风最相惜,殷勤

更向手中吹。

曲,酒母也,其细屑如尘,色嫩黄,唐宋人多用曲尘形容黄色。

极写春风多情,柳枝已折入人手,犹殷勤吹之。乃见诗人用情之深。

杨巨源,字景山,河中人,贞元进士,官至国子监司业,有诗集五卷,今存一卷。

汨罗遇风　柳宗元

南来不作楚臣悲,重入修门自有期。为报春风汨罗道,莫将波浪枉明时

汨罗本汨水,中分为汨水、罗水,后又合而为一,称汨罗江,为屈原自沈处。在今湖南东北部。"楚臣"指屈原。修门,《楚辞·招魂》:"魂兮归来,入修门些。"王逸注:"郢(楚都)城门也。"枉,《说文解字》:"邪曲也。"引申为冤屈,此处再引申之,作辜负解。"明时",指盛世。

此诗为子厚贬永州时途中作,极温柔敦厚之致。

昌谷北园新笋　四首之一　李　贺

斫取青光写楚辞,腻香春粉黑离离。无情有恨何人见? 露压烟啼千万枝!

昌谷本水名,源出河南渑池县,流至宜阳县入洛水。长吉所居,即在宜阳境内二水会合处。"青光"指竹,刮去竹上青皮为简,谓之"杀青",可书。楚辞,在此未必指屈、宋所作,乃长吉自作之诗。腻香春粉指新竹之美。"黑离离"则指字迹。后两句写竹,亦以自况诗情。长吉诗诡,往往错综变幻,极迷离惝恍之致。

李贺,字长吉,唐诸王孙,年二十七而卒,遗诗集四卷、外集一卷。

雨过山村　　王　建

雨里鸡鸣一两家,竹溪村路板桥斜。妇姑相约浴蚕去,闲杀
中庭栀子花。

妇姑,唐人称少妇为妇,老妇为姑。浴蚕,以水浸蚕子也。栀子花,又
称"蕡萄",佛经中谓之"林兰",甚香。

王建,字仲初,颍川人,大历进士,与张籍齐名。才情极高,所作宫词
百首,开以掌故入诗之风。

此诗随意写山村画境,结语饶有情趣。

竹　里　　李　涉

竹里编茅傍石垣,竹茎疏处见前村。闲眠尽日无人到,自有
春风为扫门。

此诗极闲适之致,宋杨诚斋(万里)晚年学之。

古人写竹,皆以映衬出之。如小谢"池北树如浮,竹外山犹影",东坡
"竹外桃花三两枝",皆然。

李涉,字未详,洛阳人,初与弟渤同隐庐山,后应辟出仕,唐宪宗时为
太子通事舍人,寻贬陕州司仓参军。文宗时为太常博士,复流康州。自号
清溪子,遗集二卷。

登崖州城作　　李德裕

独上高楼望帝京,鸟飞犹是半年程。青山似欲留人住,百匝
千遭绕郡城。

崖州在今海南岛。鸟飞取直径,极言途远。德裕字文饶,赵郡人。唐
时牛李党争甚烈,德裕为李党领袖,受武宗信任,执政六年,官进太尉,封
卫国公。宣宗立,李受牛党排斥,贬崖州司户参军,卒于贬所。有《会昌一

品集》。

意境愤慨凄厉，较东坡在儋耳诸诗之犹能自遣者异，盖文饶失势之沉痛甚于东坡，非仅胸襟宽狭不同也。

暮春浐水送别　　韩　琮

绿暗红稀出凤城，暮云楼阁古今情。行人莫听宫前水，流尽年光是此声。

浐水在长安，东流入渭。绿暗红稀乃暮春景象，造语近词。次句谓见长安宫殿在暮云中而生怀古悲今之感。后两句谓国事日非，盛世不再，借水婉转言之。

韩琮，字成封（一作代封），里未详，晚唐时官至湖南观察使。

和袭美木兰后池三咏　（选一）　　陆龟蒙

素面多蒙别艳欺，此花真合在瑶池。无情有恨何人觉，月晓风清欲堕时。

此咏白莲，后两句极有神韵，为王渔洋所称道，其《咏露筋祠》诗云"行人系缆月初堕，门外野风开白莲"，即从之化出。

未展芭蕉　　钱　翊

冷烛无烟绿蜡干，芳心犹卷怯春寒。一缄书札藏何事，自被东风暗拆看。

此诗小巧。首句刻画未展芭蕉状态如烛。札，笺札也，用以奏事。以蕉叶代纸作书，始见于《南史·隐逸传》记徐伯珍事。唐大书法家怀素于庵中多种蕉，取叶作书，自云"种纸"。

钱翊，字瑞文，吴兴人，晚唐时官至中书舍人，后贬抚州司马。

唐人七绝诗论十六

春宫曲　　王昌龄

昨夜风开露井桃，未央前殿月轮高。平阳歌舞新承宠，帘外春寒赐锦袍。

此格最难学。无勾勒字可寻，而意在言外，耐人思索。

露井桃，井无亭覆盖曰露井。《宋书·乐志》引古辞《鸡鸣高树巅》："桃生露井上，李树生桃傍。虫来啮桃根，李树代桃僵。"未央宫，萧何为汉高祖营建。月轮高，言夜已深。平阳歌舞，用汉武帝过其姊平阳公主家，悦歌者卫子夫，取入宫，立为皇后事，见《汉书·外戚传》。

此诗前两句铺叙宫庭夜深景色，托出春寒。后两句用意深微，言承宠者得独赐锦袍，则无宠者皆寒不言而喻矣。

青楼曲　　王昌龄

白马金鞍从武皇，旌旗十万宿长杨。楼头小妇鸣筝坐，遥见飞尘入建章。

青楼，唐人称贵家所居，亦谓之"青楼"，非同后世之专指妓院。白马金鞍谓小妇夫婿，乐府《陌上桑》："东方千馀骑，夫婿居上头。何用识夫婿，白马从骊驹。青丝系马尾，黄金络马头。……"武皇，唐人每以汉武帝比明皇。长杨，西汉诸帝校猎之所，扬雄有《长杨赋》。建章，汉武帝所建宫，在长安城内。

此诗借小妇目中，即事写景，不著议论，而明皇之荒纵无度自见。

寒　食　　韩　翃

春城无处不飞花，寒食东风御柳斜。日暮汉宫传蜡烛，轻烟散入五侯家。

飞花谓柳絮。御柳,植于宫墙内之柳树。传蜡烛,蜡烛在古代为奢侈品,非寻常人家所能有。

寒食为悼念介子推故,禁举烟火。日暮宫中始燃烛传赐外臣。五侯,有两说,西汉成帝时,诸舅王谭等五人同日封侯,当时称"五侯"。又东汉桓帝封宦官单超等五人为侯,亦称"五侯"。

此诗亦即事写景,托讽隐微。前两句言柳絮轻贱,处处皆能飞到,虽御柳亦如此。以"御"字连接下文。后两句言传烛五侯,言外之意即皇恩只及外戚、宦官等极少数权贵,不及他处也。唐时外戚宦官专权,亦如东汉,故君平此诗传诵当时。

酬曹侍御过象县见寄　　柳宗元
破额山前碧玉流,骚人遥驻木兰舟。春风无限潇湘意,欲采
蘋花不自由。

象县,唐时亦称象州,明、清时属广西柳州府。破额山,未详所在,或云湖北黄梅有破额山,显与此诗境不合。碧玉,形容水色之美,盖指柳江,流经柳州东南入象县。木兰舟,唐宋以来,习用为舟船美称,简作"兰舟",未必真为木兰木制。蘋花,草本,生浅水中,开花白色。"自由"一语,汉代已有之,《礼记·少仪》:"请见不请退。"郑玄注曰:"去止不敢自由。"

第三句"春风无限潇湘意",暗用《九歌·湘夫人》"白蘋兮骋望,与佳期兮夕张"辞意。下一句"欲采蘋花不自由",言外之意,乃佳期不可得也。

将赴吴兴登乐游原　　杜　牧
清时有味是无能,闲爱孤云静爱僧。欲把一麾江海去,乐游
原上望昭陵。

清时，同明时。孤云，陶渊明《咏贫士》："万族各有托，孤云独无依。"一麾，《文选》载宋颜延年《五君咏》咏阮咸云："屡荐不入官，一麾乃出守。"李善注："麾，指麾也。"是"麾"与"挥"同义，动词，言阮咸受荀勖排挤也。牧之云"欲把一麾"是误作名词旌麾之麾矣。沈括《梦溪笔谈》曾辨之。乐游原，唐长安城南高处。昭陵为唐太宗陵，在醴泉县西北九嵕山。

此诗首句自承无能为盛世效力，而云"有味"，实是反语。第二句承之。第三句点出将赴湖州。第四句言"望昭陵"是主旨，言外之意，恨未得在太宗朝为官也。牧之志在济世，非甘于闲静者，观其《罪言》可知。空怀抱负，未能抒展，故有生不逢时之感。

杜牧，字牧之，京光万年（今西安）人。杜佑之孙，官至中书舍人，有《樊川集》，今存。

唐人七绝诗论附录一

凉州词　　王之涣

黄河远上白云间，一片孤城万仞山。羌笛何须怨杨柳，春风不度玉门关。

此诗意境闳阔，气势雄浑，故昔人有谓与青莲"朝辞白帝"、龙标"奉帚平明"，同为唐人七绝之冠冕者，非妄评也。

王之涣生平事迹，惜为旧籍所不载。近年出土靳能所作《唐故文安郡文安县尉太原王府君墓志铭》，始知之涣字季陵，太原人，生于武后垂拱三年（公元六八七年）。曾官冀州衡水县主簿，遭人陷害，"拂衣去官，遂优游青山。在家十五年，复补文安县尉。于天宝元年（公元七四二年）卒于官舍。"又称其"尝或歌从军，吟出塞，传乎乐章，布在人口"，因知薛用弱《集异记》所载之涣与王昌龄、高适旗亭画壁故事，虽属小说家虚构，亦非无因。惜遗集失传，《全唐诗》仅辑存六首。然而此首与五绝《登鹳雀楼》"欲穷千里目，更上一层楼"并传颂千古。文章行远遗后在于质量，不在数量，更可证焉。

首句一作"黄沙远上白云间",或谓较佳,非是。盖虽切合边塞实景,而与第二句合看,则有陆无水,与题不称。唐时凉州沿汉旧制,其疆域实兼包今之宁夏、甘肃西部与青海、湟水流域也。只见黄沙直上,则立足点低,所见无非目前,或初稿如此。改作黄河,则立足点高,视野更阔,且兼有想像之美,与太白"唯见长江天际流"同妙矣。三、四两句以玉关之外无杨柳春风,极写征戍之苦,而语气飒爽,始与所写大景相称。

若就体制言之,则为唐人七绝熟格。唐人惯用三字名词,人名、地名、事物名等等,押于七绝末尾,取其重点突出,音节铿锵。此格可称之为"做韵",轨辙明显,颇易仿效。作者得一新事物,先寘诸第四句尾可也。

（铸按：以下诸诗，师皆未作解析。）

寄韩鹏　李颀

为政心闲物自闲,朝看飞鸟暮飞还。寄书河上神明宰,羡尔城头姑射山。

解闷　四首之一　杜甫

复忆襄阳孟浩然,清诗句句尽堪传。即今耆旧无新语,漫钓槎头缩项鳊。

送卢彻之太原，谒马尚书　司空曙

榆落雕飞关塞秋,黄云画角见并州。翩翩羽骑双旌后,上客亲随郭细侯。

听晓角　李益

边霜昨夜堕关榆,吹角当城片月孤。无限塞鸿飞不度,秋风吹入小单于。

杂 兴　　权德舆

琥珀芍开月映帘,调弦理曲指纤纤。含羞敛态劝君住,更奏新声刮骨盐。

木兰花　　白居易

腻如玉指涂朱粉,光似金刀剪紫霞。从此时时春梦里,应添一树女郎花。

竹枝词　九首之一　　刘禹锡

日出三竿春雾消,江头蜀客驻兰桡。凭寄狂夫书一纸,家住成都万里桥。

题酸枣县蔡中郎碑　　王　建

苍苔满字土埋龟,风雨消磨绝妙词。不向图经中旧见,无人知是蔡邕碑。

过温尚书旧庄　　白居易

白石清泉抛济口,碧幢红旆照河阳。村人都不知时事,犹自呼为处士庄。

吴城览古　　陈　羽

吴王旧国水烟空,香径无人兰叶红。春色似怜歌舞地,年年先发馆娃宫。

西归出斜谷　　雍　陶

行过险栈出褒斜,出尽平川似到家。万里客愁今日散,马前初见米囊花。

杜司勋　　李商隐

高楼风雨感斯文，短翼差池不及群。刻意伤春复伤别，人间惟有杜司勋。

泊秦淮　　杜　牧

烟笼寒水月笼沙，夜泊秦淮近酒家。商女不知亡国恨，隔江犹唱后庭花。

题桃花夫人庙　　杜　牧

细腰宫里露桃新，脉脉无言度几春。至竟息亡缘底事？可怜金谷坠楼人！

华清宫　　张　祜

红树萧萧阁半开，上皇曾幸此宫来。至今风俗骊山下，村笛犹吹阿滥堆。

阿㵾汤　　张　祜

月照宫城红树芳，绿窗灯影在雕梁。金舆不到长生殿，妃子偷寻阿㵾汤。

孟才人叹　　张　祜

偶因歌态咏娇嚬，传唱宫中十二春。却为一声河满子，下泉须吊孟才人。

立春日作　　韦　庄

九重天子去蒙尘，御柳无情依旧春。今日不关妃妾事，始知辜负马嵬人。

长江县经贾岛墓　　郑　谷

水绕荒坟县路斜，村人讶我久咨嗟。重来兼恐无寻处，落日风吹鼓子花。

和李秀才边庭四时怨　四首之一　　卢汝弼

朔风吹雪透刀瘢，饮马长城窟更寒。半夜火来知有敌，一时齐保贺兰山。

唐人七绝诗论附录二

杜甫七绝诗选　目录

江畔独步寻花七绝句七首
绝句漫兴九首
三绝句三首
漫成一首
夔州歌十绝句十首
承闻河北诸道节度使入朝欢喜口号绝句十二首
解闷十二首

（文不具录）

杜甫七绝诗论

杜老七绝诗，后人颇有争论。有云："少陵绝句，逢李龟年一首而外，皆不能工，正不必曲为之讳。"（管世铭《读雪山房唐诗钞》）有云逢李龟年一首，"与剑器行同意，今昔盛衰之感，言外黯然，即使太白、少伯操笔，当无以过。乃知公于此体，非不能为正声，直不屑耳"。（《杜诗镜诠》引黄后山说）凡此皆有所偏，未见全貌。若云："杜老七绝，欲与诸家分道扬镳，故而别开异境。"（李重华《贞一斋诗话》）则大体近似，而语焉未详，兹再细论之：

杜老在盛唐诗人中，最富革命精神，作诗以清新为贵。对各体诗，无不意在摆脱旧窠臼，自成面目；独辟蹊径，启迪后人。鉴于当时七绝，声调和谐，情致浓郁，已成正格，乃避而致力于变格。其变也自声调始。当时七绝皆为一周期之律诗，龙标无拗体，青莲除山中问答一首为拗体外，馀皆平仄协调。杜老则以拗体占多数。余尝作杜诗声调谱（铸按：此稿已散失），得一定例：全首以前二句拗者为多，前二句又以第一句为多。若夔州歌第一首第一句作"中巴之东巴东山"，七字皆平，可云拗之极矣。唐人七绝皆能歌，若此者乃断不可歌。以故学之者寡，至宋时黄山谷始喜用之，遂为江西诗派常格。

七律体制至杜老而完全成熟，其在夔州时所作组诗，如诸将五首、秋兴八首、咏怀古迹五首，音节铿锵，对仗工稳，且谋篇、布局、造句、炼字无不为后世诗家所推重，乃于同时作拗体七绝夔州歌十首与白帝城最高楼拗体七律一首，盖能正者始能变，愈深知格律者愈能知突破之方也。

在杜老以前，诗人之诗皆以抒情为主，发议论、叙时事，则杜老首创之，而诗之题材范围扩大，下开宋诗。议论之佳者，如论诗《戏为六绝句》，引论中已言之，不再赘述，其下者若"周宣汉武今王是，孝子忠臣后代看""兴王会静妖氛气，圣寿宜过一万春"（皆《承闻河北诸节度入朝欢喜口号绝句》语），则头巾气重，开邵康节《击壤集》之端，显属糟粕，亦不必为杜老讳也。

杜诗被公认为"诗史"，其成就在于面对现实，奋笔直书。由于"穷年忧黎元，叹息肠内热"，几乎将所见所闻之国难民瘼，一一形诸吟咏，初不限制于体裁篇幅。既可以为《奉先咏怀》、《北征》一类长篇，可以为《三吏》、《三别》一类中篇，当然对于七绝小诗，同样可以史笔。如三绝句：

去年渝州杀刺史，今年开州杀刺史。群盗相随剧虎狼，食人更肯留妻子。

二十一家同入蜀，惟残一人出骆谷。自说二女啮臂时，回头却向秦云哭。

　　殿前兵马虽骁雄,纵暴略与羌浑同。闻道杀人汉水上,妇女
多在官军中。

　　皆据实直书,不加修饰,实为有韵之史料。至此而唐人七绝常规一扫
而空矣。总之杜老七绝以拗体、议论、叙事为主,在当时为变体。意在独
创,但亦非存心与青莲、龙标争胜,工与不工,固在所不计焉。

唐人七绝诗论附录三　　参考资料

唐王涯宫词
唐王建宫词
唐曹唐小游仙诗
　　(皆印发讲义,未讲授。)

　　(一九三四年春,小石师讲授于金陵大学研究生班。一九四二年秋再
讲于国立白沙女子师范学院。门人吴白匋[原名徵铸]据笔记整理。)

小石先生言笑溫雅自之蔚然顧之書乃雄古媚

驟將錯森立不可逼視殆自寫句中奇氣乃

論書一語於津人探舟楫芰葒橡之隃及乃加焉

旨賓先生珍藏此冊於事業以迄相暉映矣

丙子十二月偃寧潘伯鷹璇觀因題

潘伯鷹题胡小石书册

遒麗矯變寬厚駘蕩書之
祕眇盡矣。 楊仲子

丙子歲莫
旨寅出眎小石此冊論書一首探微啟祕為之
三復不已

乔大壮题胡小石书册　　杨仲子题胡小石书册

胡小石先生年表
（1888～1962年）

谢建华

1888年（清光绪十四年，戊子），生。

公元1888年8月16日，阴历7月9日生于南京，祖籍浙江嘉兴。名光炜，字小石，号倩尹、南江先生，又号夏庐（斋名"愿夏庐"之省），晚年别号子夏、沙公。

父胡季石，清举人，长于古文和书法，家藏文物典籍甚富。先生受家庭熏染至深。

1893年（光绪十九年，癸巳），五岁。

在家受教于父季石先生，开始诵读《尔雅》等书。其父期望小石日后成一学者。

季石先生出于清著名学者兴化刘融斋（熙载）先生门下。刘以《艺概》一书享盛名，但非一般词章家可比，其治学方法实属清仪徵阮元、焦循一派，与乾嘉巨子戴东原（震）学派一脉相承，即以小学为基础进而攻治经、史、子、集。先生毕身从事古文字学，推本溯源，应是幼年即受到家教的陶冶与启发。

1899年（光绪二十五年，己亥），十一岁。

父胡季石先生殁。家贫，依靠母亲手工劳动（络经）收入及少量房屋租金维持生活。

就读私塾。

1901 年（光绪二十七年，辛丑），十三岁。

是年，全国科举废，改书院为学校。在此年之前，先生曾两次考秀才失败，得佾生（半个秀才）。

1903 年（光绪二十九年，癸卯），十五岁。

是年，清政府在南京创立三江师范学堂，由缪荃孙任总稽查。

1905 年（光绪三十一年，乙巳），十七岁。

3 月，考取宁属师范简易科，学习普通科学及教育学说。先生关心时政同情变法维新。

是年，三江师范学堂改为两江师范学堂，亦称两江优级师范学堂。两江总督周馥任命著名学者临川李梅庵（瑞清）任监督（即校长）。梅庵先生继承乾嘉朴学传统，从治经、治史、治诸子发展至考订金石文字。其时该校设置的"图画手工科"是我国最早在高等师范学堂中设立此科的。

1906 年（光绪三十二年，丙午），十八岁。

6 月，宁属师范毕业。

9 月，继续求学考取两江师范学堂预科。

1907 年（光绪三十三年，丁未），十九岁。

2 月，考取两江师范学堂，插班入农博分类科，学习生物、矿物、地质、农学等理论，通过实习，获取专门知识，接受当时传入的科学方法，着重分类与归纳。其时严复译的赫胥黎《天演论》风行，先生受其影响至深，多年来以达尔文主义为指导思想。入学不久，学堂监督李梅庵先生出题测试，题目出于《仪礼》。先生家里藏有一部张惠言的《仪礼图》，他小时候就爱看此书。这时便据此有条有理地写了一篇文章。当时新学已起，年轻人中已很少有人钻研三《礼》之学。梅庵先生发现一名学农博的新生竟然能做有关《仪礼》的文章，大喜过望，遂特加青睐，并亲自授以传统的国学。

同年，吕凤子先生考入两江师范学堂图画手工科。胡、吕均爱好书法，故同得李梅庵先生器重，为其入室弟子。

此时始习《郑文公碑》和《张黑女墓志》。

1909 年（清宣统元年，己酉），二十一岁。

秋，陈中凡考入两江师范学堂公共科。中凡先生在此上学期间曾与同学周实丹同登清凉山扫叶楼品茗，看到墙上悬有先生题署"清丝流管浑抛却，来听山中扫叶声"的对联。

12 月，从两江师范学堂毕业。

1910 年（宣统二年，庚戌），二十二岁。

2 月，毕业后留校任两江师范学堂附中博物教员。

时，清吏部主事陈散原（三立）先生旅居南京，李梅庵先生特介绍小石与胡翔冬拜于陈散原先生门下，从受诗学。

散原先生是清末诗坛"同光体"领袖之一，作品风貌与宋诗为近。他对历代诗歌的源流演变和大小各家创作方法及特色均理解深透，又非仅限于宋诗。在教学上因材施教，主张各就性情所近，从一体一家入手，继而摆脱陈言，博采众长，终于成就自家面目。散原先生命翔冬专习中晚唐五律，小石则从专习唐人七绝入手，而后再就性之所近，兼习各体。先生受其指教既能研究，又能创作，在后来讲授文学史和专家诗选时，不仅能从历史角度指出来龙去脉，而且能从艺术角度说出诗人甘苦。

是年，与同学杨仲子之妹杨秀英结婚。

1911 年（宣统三年，辛亥），二十三岁。

10 月，因辛亥革命起，离开附中。南京城将破，两江师范学堂停办。

其时,梅庵先生代署布政使。

11 月,李梅庵先生携家人离开南京寓居上海。离宁前,先生从城北居所急往城南藩署谒别。

1912 年(中华民国元年,壬子),二十四岁。

长女令晖生。

3 月—12 月,应江苏第四师范学校校长仇亮卿邀请,任博物教员。

3 月—6 月,应江苏镇江中学校长柳翼谋邀请兼课,教博物,后因换校长,不续聘而停止。

1913 年(民国二年,癸丑),二十五岁。

1 月,由李梅庵先生介绍,就聘长沙明德中学,任博物教员。因条件太差无法做实验,转而钻研《楚辞》,考证其中的花草树木。

1914 年(民国三年,甲寅),二十六岁。

4 月,因生病(怔忡)离开长沙回南京,住城南新桥梧桐树。

夏,卧病在家。

8 月,由仇亮卿介绍,任江苏第一女子师范学校教员,教博物后兼教国文。

8 月 23 日,收到李梅庵侄李健由上海发来的信,询问小石病情。此后又三次来信。

是年,先生见《流沙坠简》,揣摩临习,终身不辍。

1915 年(民国四年,乙卯),二十七岁。

次女令鉴生。

在 1911 年停办的两江师范学堂原址上成立了南京高等师范学校。

1916 年(民国五年,丙辰),二十八岁。

长子令德生。

此时,先生系统地学习、研究了经学和古代文学,曾手抄四本《仲尚杂记》,详尽地记下所读的书和心得。此一阶段的苦学为其后的厚积薄发打下了坚实的基础。

1917 年(民国六年,丁巳),二十九岁。

7 月,因与江苏第一女师校长吕惠如意见不合,离开该校。

先生自 1910 年两江毕业后直至 1917 年为中学博物教员,在采集动植物标本中不断发现日本人所定的我国动植物名的不妥之处,并根据《说文》、《尔雅》等典籍加以改正,就此对考订之学产生了浓厚的兴趣。他钦佩乾嘉学者程瑶田作《九谷考》的治学精神,经过实地调查考察,辨证《周礼》"九谷"之名实,论点精确,启发很大。因此,先生所作考订,除坚守乾嘉学风"无徵不信"外,特别注重对实物的调查研究,核对文献资料,务求互相印证,得到比较准确的结论。

8 月,由李梅庵先生介绍,去沪任上海仓圣明智大学国文教员。

10 月,因病(脚气)离开。

冬,卧病在家。

1918 年(民国七年,戊午),三十岁。

1 月,应李梅庵先生之召,到上海李先生家任家塾塾师,一方面教李先生弟侄经学、小学及诗文,一方面又受李先生的指点教导。李氏乃江西临川著名藏书世家,碑版拓本甚富,先生于此耳濡目染三载,受益良多。

初夏,先生曾患病回宁 10 多日,病愈,往沪前上李瑞清先生书一封云:"季恍、仲尚、旭君诸弟无恙。相别匆匆,不觉旬日,言念为劳。贱躯顷已平复,准以十七日车来沪白俟,面谈,不多道。渐热,自爱。光炜顿首。老太太、夫子、九先生尊前问。"后又回沪寓李氏家中。

此间,与小石父同年中举的嘉兴前辈沈曾植常过从梅庵,先生遂执同乡礼拜师于沈,学帖学及金石文字学。

其时晚清老宿像郑大寉、徐积余、刘聚卿、王静安、曾农髯等都流寓沪上,各出其平日所藏的金石书画、甲骨,相与观摩讨论。先生交游其间,得闻绪论,遂由碑版、法帖上溯金、石、甲骨刻辞。往往继梅庵先生所作题跋后自书心得,写成《金石蕃锦集》(二册),由震亚书局出版石印本。

1919 年(民国八年,己未),三十一岁。

1 月,曾农髯(熙)为小石撰写了《胡小石先生鬻书直例》云:"阿梅有弟子胡小石,名光炜,嘉兴人也。随父官江宁,因家江宁。其为人孤峻绝物,苟非所与必面唾之,虽白刃在前不顾也。及观其事师敬友则循循然,有古人风。初居两江师范学校中专壹科学,及学既成,据几叹曰:此不过传声器耳,于我何与哉。乃遂日求两汉经师家言,以古学为己任,于三代金文疑字,多所发明。其为文,则陶铸诸子百家,自立新说,不敢苟同也。初为书师阿梅,于大小篆隶分,六朝今隶、草隶无不学。既而曰:山阴父子且各立门户。遂取流沙坠简及汉以来断碣荒碑,举世所弃者,穷竟其未发之蕴,而皆以孤峻横逸之气行之。髯尝语阿梅曰:小石书有万马突陈之势,犹能据辔从容,盖六朝之宋董也。或者曰:小石隘,其书矫。髯曰:其隘也,不可及也;其矫也,此其所以卓然能自立也。愿以告世之乞小石书者。己未一月,衡阳曾农髯熙。

堂幅:四尺每幅二元,五尺三元,六尺四元,七尺五元,八尺八元,丈十二元,丈二尺十四元。

楹联:同堂幅

屏风:四尺至五尺每幅二元,六尺三元,七尺四元,八尺五元,丈八元,丈二尺十二元

琴条、模披:同屏风

团扇:每柄一元,摺扇倍之

名刺:每字一元

书眉、册首、铜牌:半于名刺

榜书:每方尺二元,至三尺者每尺三元

斋额:同榜书

册子:每页一元

卷子:每尺一元

寿屏:每堂百元

金石题跋:每通三十元

索为碑志寿文及诸杂文者其直别议

书碑志:议别

为索篆隶者:视原直加倍

泥金笺:加倍

堂福屏联书:来文者加倍

磨墨费:视原直十之一

收件处:四马路麦家圈震亚书局

　　　　北四川路清云里五弄底安定里二十

　　　　五号清道人寓

　　　　上海各大纸号

　　　　南昌张天宝楼

是年,有诗《己未初夏游北湖同胡三陈仲子流连昔游怆然有作》云:"花笑烟啼镜里妆,迎船无复旧垂杨。湖南苍姥还相识,弹鸭当年侧帽郎。刺水茭儿绿上眉,团洲又是养蚕时。云雷接叶缲车动,谁理悬霄一寸丝?"

其时,有行楷书《赠筠盦三世叔五言联》,有《临汉简轴》等于一十年代。

1920 年(民国九年,庚申)三十二岁。

次子白桦生,后出继舅家,改姓杨。

春,与两江师范学堂公共科届同学陈中凡先生初次相晤,很投缘,先生赠所著的《金石蕃锦集》两册与之,并出示所作诗作数首,其中一首与友人江头小饮云:"十年骑马上京华,银烛歌楼人似花;今日江头黄篾舫,满天风雨听琵琶。"陈中凡先生叹其轶材秀出,非侪辈所能几及。

阴历 2 月 19 日,作诗《龙华镇观桃花循江上游眺》云:"采春春已迟,稍叹芳林碧。馀霞照空江,落日不成夕。……"

4月15日学生扬州任华寄信于李弟处交小石师,内容是请安并"乞夫子法书一,乞夫子转请梅庵先生法书,未知梅庵先生肯否?或另具润资……"

9月,李梅庵先生逝世。其丧事由好友曾熙及门下弟子胡小石办理。

11月,由陈中凡先生推荐,先生离开上海北上受北京女子高等师范学校之聘,任教授兼国文部主任,教文学史、修辞学、诗歌选作等,兼部行政。

1921年(民国十年,辛酉),三十三岁。

三子令闻生。

7月,南京成立了国立东南大学。仲夏,陈中凡先生回南京至东南大学任国文系教授兼主任,先生继续在北京女子高等师范学校任教。

秋,由陈中凡先生推荐,已得到当局的首肯,先生准备赴南京东南大学就教,中途遭忌者所阻,未能如愿。继续在北京女高师任教。

这期间,致力于楚辞之学,综合旧闻,择善而从,复自出手眼,独创新说,有论《招魂》、论《离骚》、论《九歌》等文章。

此后,开始钻研甲骨文字。

是年初冬,执笔起草了《北京女高师国文部同窗会章程草稿》共十二条。

1922年(民国十一年,壬戌)三十四岁。

年初,北京女子高等师范学校改为国立北京女子师范大学,许寿裳先生担任校长,聘请鲁迅先生担任第三届国文部课程。许广平初入学。先生担任第二届国文部课程及主任。

期间,先生晚上常步行去住石驸马大街后宅的李大钊先生家闲谈。

7月,因与校当局不合,决定辞职南返。女师大部分留京的毕业生,与第二届国文部部分同学欢送先生,请李大钊先生作陪,并在学校大礼堂前假山上摄影留念。先生手执鲜花一束,站在中央,李大钊先生立其旁,其馀同学、老师分立于前。

8月,由张子高先生介绍去武昌高等师范学校任教授兼系主任,教散文、文学史、诗选。与国民政府监察委员、同盟会会员刘禺生先生和黄季刚先生为同事。

农历12月初五,作《夜书事》诗云:"西城飞火岁癸丑,今唯甲子逾十年。观货毁穰计卯酉,兵凶亦类星周天。穷冬抛卷且拥絮,异声破梦墙东偏。……"

1923年(民国十二年,癸亥),三十五岁。

仍在武昌高等师范任教。教学之馀,勤奋著述。当时研究:一、考订之学;二、金石之学;三、古音之学;四、词曲;五、章回小说;六、校勘;七、评点;八、疑古文尚书始末史;九、治仪礼始末史;十、韵书:广韵、集韵之类;十一、通史、通鉴及通鉴纪事本末之类;十二、有系统之学,通志;十三、艺术:画家、织锦、刻丝之类;十四、美术的工业、烧磁之类;十五、戏曲:宋元戏曲史;十六、谱录:年谱、家传皆始于宋人;十七、音韵:切韵、指掌之类;十八、语体文、语录之类;十九、今文学、三家诗考之类。

撰写《桐城周君传》、《论治选学之派别》、《论文选之长有五》、《杜诗批评》、《楚辞辨名》、《屈原赋考讲义》、《张若虚事迹考略》、《汉至宋书目考》、《庄子天下篇》、《荀子非十二子篇》、《宋代文学论》、《甲骨文字用点例》等。

秋,作《九日游洪山宝通寺》诗云:"武昌秋气喧,阴崖护春绿。……"

另有《武昌杂诗》一集,其中有《淄阳桥》、《黄土坡》、《鹤楼》、《昙华岭》、《抱水堂》、《梁园》等诗作。

是年,南京高等师范学校并入东南大学。

1924年(民国十三年,甲子),三十六岁。

1月,因人事纠纷离开武昌高师,回南京。

3月,西北大学校长傅佩青先生邀请先生任国文系教授兼系主任,教散文,兼系行政。6月,闻母病回南京。

9月,金陵大学改组国文系,由程湘帆先生介绍,任金陵大学教授兼系主任,讲授《楚辞》、《杜诗》、《李杜诗文比较》,由源流、体制而详述修辞、音韵风格等。又讲甲骨文,成《甲骨文例》油印本授学生。文章从甲骨文全篇出发,研究其书写款式、语法修辞,章句段落,分为若干常例,由此考订一字,可以根据其上下文而得其谊,再根据音义相关之理,由训诂通假推定其读音,其可信程度倍增。此文实为契文之学开了一条新路。

是年,次子白桦过继给杨仲子哥哥杨伯衡。

此次回宁,自筑小楼于将军巷31号,号"愿夏庐"。一楼为客厅。二楼北为先生自居,称北楼。其室内一榻倚壁,前列几案,皆堆典籍,室中置大案,为挥毫作书之所。三楼为藏书楼,牙签万卷。庐前有一池塘,环岸种杨柳,风景幽胜。

1925年(民国十四年,乙丑),三十七岁。

仍在金陵大学任教。

1月,收到老友冯友兰先生从北京寄来的新年贺卡云:"恭贺新禧冯友兰鞠躬"

2月12日、24日,3月7日连续收到学生谭其觉来信,告知小石师自己左眼病情,及治疗情况,感谢恩师去信关心。

8月,因孙洪芳先生邀请,先生也想重入国立学校,兼任东南大学教授、文理科长,教文学史。

1926年(民国十五年,丙寅),三十八岁。

仍在金陵大学任教,兼东南大学教授。

为补充办学经费一事,与本系陈中凡先生、叶长青先生、束世澂先生等联名致函胡适先生,呼吁从"庚子赔款"的退款中秉公接济金陵大学。

论文《〈远游〉疏证》发表于金陵大学学报《金陵光》。秋,为仲文先生作己未年旧作:"花笑烟啼镜里妆,迎船无复旧垂杨。……"

1927 年（民国十六年，丁卯），三十九岁。

6 月 9 日，东南大学与河海工科大学等在江苏省境内专科以上的九所学校合并为第四中山大学。

仍在金陵大学任教，同时兼第四中山大学文字学课教授，与金大校章多所抵触，先生主张变更旧章，但陈中凡先生因担任校务常委，遵守常委会的决议，拥护旧制，遂与先生发生了误会。

其间《说文古文考》作为金陵大学油印讲义。

8 月，由钱子泉先生推荐，为第四中山大学专职教授，系主任及中文研究所主任。教文学史、甲骨文、金文、楚辞、杜诗、书学史等。同时辞掉了金大教授职位。

9 月，复兼金陵大学教授。

冬，为仁齐仁兄题亲书横披"壁月常满"四个大字。

1928 年（民国十七年，戊辰），四十岁。

三女令宝生。

1 月 5 日，陈中凡先生离开金陵大学，应聘任暨南大学中文系主任兼教授。

2 月 9 日，第四中山大学改名为江苏大学。

春，先生将自 1921 年至 1928 年间先后在北京女高师、武昌高等师范学校、东南大学、金陵大学主讲为"中国文学史"课程，取学生苏拯的笔记加以审核，题名为《中国文学史讲稿上编》十一章，由上海人文出版社排印出版。此书篇幅不长，而具卓识，颇为学界所重。

5 月 16 日，江苏大学改称为国立中央大学。

作《齐楚古金表》论文发表于《图书馆学季刊》2 卷 3 期。

作《甲骨文例》，为中山大学语言历史研究所《考古丛书》之一发表。该书是我国第一本研究甲骨文文法的著作。继此之后又成《金文释例》一卷，其宗旨与体制与《甲骨文例》相同，先有油印讲稿，后发表于《中山大学语言历史研究所周刊》2 卷 17、18 期。

是年上巳与诸同事黄季刚、王晓湘、王伯沆、汪旭初、汪友箕、汪辟疆等教授于玄武湖修禊联句成《戊辰上巳北湖湖神祠修禊》,诗有:"掷笔大笑惊鸥眠,""人生何必苦拘挛?""尺箠取半亦可怜,""焉用蒿目忧戈铤。""浩歌归去徐叩舷,""烟水葭菼延复缘。"等句。

1929 年(民国十八年,己巳),四十一岁。

仍在中央大学任教,并兼金陵大学教授。

作《干支与古历法》发表于金陵大学《恩闻》第一期。

有《真、草二体临古四屏》、《临王献之十三行轴》等,书于二十年代。

1930 年(民国十九年,庚午),四十二岁。

四女令馨生。

仍在中央大学任教,并兼金陵大学教授。

此时,研习钟繇书法、北魏造像、刘平国开道记、甲骨文、金文、秦诏版等。

1931 年(民国二十年,辛未),四十三岁。

仍在中央大学任教,并兼任金陵大学教授。

秋,在中央大学讲授甲骨文及金文课程,倡导铜器上文字的变迁与花纹相适应之说,主张将文字、花纹作综合的研究。

其时,曾昭燏作为听课的学生,开始认识先生,惊其引证之淹博,说理之致密,自是每课必往听,亦尝登门请益。

1933 年(民国二十二年,癸酉),四十五岁。

9 月,学生黄永胜来信向先生请教,云:"有古文二十八字、籀文六字认识不真,怀疑之下,手边苦无法帖证之,求赐注明。指示此间,敬请教安。附呈古文籀文一币。"

11 月 10 日在中央大学《文艺丛刊》第 1 期发表长文《古文变迁论》。

1934 年（民国二十三年，甲戌），四十六岁。

仍在中央大学任教，并兼任金陵大学教授。

1 月，作《偶书与庆郎》云："山下兰芽短浸溪，松间沙路净无泥。……"

1 月 5 日，《每日画刊》（162 期）2 版刊登了寿县新出土的《楚王鼎》。作者方伯常先生云："《楚王鼎》系寿县新出土楚器中最贵重者。查列国时楚考烈王迁都寿春，即今之寿县，故所有出土各器，经识古家断为楚将亡时瘗藏于地之庙器。"与此文同时刊登了鼎的全貌图、楚王鼎之耳花纹之一斑图和楚王鼎之口边缘上之铭文。

2 月，先生在《国风》（半月刊）4 卷 3 期上发表了《寿春新出土楚王鼎考释》。

3 月，在《国风》4 卷 6 期上发表了《寿春新出土楚王鼎考释又一器》。

6 月，《齐楚古金表》再次发表于《国风》第 4 卷 11 期上，为《古文变迁论》作补充说明。

9 月，金陵大学成立国学研究班。先生讲授"书法史"。在大学开"书法史"课，这是始创，也是当时最高形式的书法教育。此举意义有三：一是与经学、小学、史学、诗学一样，书法也列为国学研究科目；二是改变了以往书法教育只注重实用书写技能的传授；三是说明书法作为一门学科应当建立较高的理论体系。

考入该班的学生在书法研究和创作上成绩卓著的有游寿（1906—1994，福建霞浦人，曾任黑龙江大学教授。与久居南京的萧娴在现当代书坛并称"南萧北游"）、朱锦江，以及选修"书学史"课的曾昭燏（1909—1964，湖南湘乡人，曾国藩五弟国璜长曾孙女，曾任中央博物院代理总干事、代理主任。1949 年南京博物院成立，任副院长、院长等职）。

是年，在听了董连枝演唱的梨花大鼓《剑阁闻铃》后作七绝一首《听歌》赠之。诗云："四座无声弦语微，酒痕护梦驻春衣。年年花落听歌夜，雨歇灯残不忍归。"

1935 年（民国二十四年，乙亥）。四十七岁。

仍在中央大学任教，兼金陵大学教授。

4 月、5 月，在《国风》第 5 卷 8、9 期上发表《安徽省立图书馆新得寿春出土楚王铊鼎铭释》。

作《书库方二氏藏甲骨卜辞印本》发表于《图书馆学季刊》9 卷 3、4 期。

9 月，金陵大学国学研究班续招新生，先生开设"程瑶田考古学"课。学生徐复亲受钟磬、九谷之学，为治名物之始。

10 月，作《考商氏所藏古夹钟磬》，发表于《金陵学报》第 5 卷 2 期。

先生酷爱昆曲。是年苏州班来宁演出，时人赏之者绝少，卖座有时不到一成，先生每场必往，并与黄季刚先生合买数十座，邀门生弟子往观。

此时矸习黄山谷书法、秦权量等。

1936 年（民国二十五年，丙子），四十八岁。

仍在中央大学任教，兼金陵大学教授。

作《金文释例》发表于《金陵大学文学院季刊》1 卷 2 期。

是年，由原国民党中宣部部长、江苏省政府主席叶楚伧介绍参加中国文艺社。

1937 年（民国二十六年，丁丑），四十九岁。

仍在中央大学任教。

8 月，先生竭数年之精力，钻研声音与训诂之关系，成《声统表》上下卷，发表于《金陵学报》。

是年将军巷 31 号住宅遭日军突袭炸毁，随中央大学迁往重庆。

1938 年（民国二十七年，戊寅），五十岁。

仍在中央大学任教。

是年有诗作《南京陷及期书愤》云："龙虎开天阙，金汤拥石头。崩腾狂寇入，梦寐一星周。吊楚南公誓，收京杜老讴。寸心与江水，奋激日东流。"

三月底四月初，台儿庄战役告捷，日寇受惩。先生在重庆闻后兴奋无比，作诗《台儿庄大捷书喜》云："乍有山东捷，腾欢奋九州。不缘诛失律，安得断横流。淮渼屏藩固，风埙早晚收。低回思白羽，一写旅人忧。"

与武昌师大同事刘禺生在重庆经常见面，受其反蒋思想影响颇深。

《大公报》颁布"部聘教授"名单，先生为中国古代文学部聘教授。

1939 年（民国二十八年，己卯），五十一岁。

仍在重庆中央大学任教。

3 月，为儿杨白桦题"白花堂"三个篆书大字。及行书对联"赏应歌枼杜，归及荐婴桃。"

《甲骨文例》为中央大学讲义增订本。

居重庆，母亲漆雕氏去世。先生麻衣芒鞋，扶梓葬于重庆南岸。时抗日前在南京唱梨花大鼓的董娘（连枝）所居距葬地不远。正盛暑，知先生将过，与其夫陈君于路旁张盖设茶水以待。先生甚感之，云饮此一杯水，胜于富家珍馐百味万倍也。

8 月，先生觉昆明自由和学术空气一般比重庆好，受云南大学校长熊迪之邀请，去昆明兼任云南大学教授兼文法学院院长，教诗选和楚辞，及院行政事务。

在昆明期间与思想进步的民族工商业家郑一齐相识，承其赠送马列主义书籍多种，开始阅读。

学生曾昭燏母亲逝世，葬于昆明龙泉镇，先生为书圹志，并亲吊于墓地。

有《临钟繇书卷》、《临甲骨文》、《临金文》、《临秦诏版》等书于三十年代。

1940 年（民国二十九年，庚辰），五十二岁。

1 月，离开云南大学回重庆中央大学。途中因随身携带郑一齐所赠进步书籍,被特务搜去,从此被列入黑名单。

阴历正月十八日,自昆明返渝州后与旧日南京好友相聚。座中有董莲枝鼓词,感为短韵,并赠董娘绝句四首。其一云:"国破歌益工,寸喉传万恨。长安今夕月,闻声定生晕。"其二云:"见汝秦淮碧,见汝汉水秋,见汝巴峡雨,四座皆白头。"

8月,因云南大学校长熊迪之再次邀请,先生第二次去昆明兼任云南大学教授兼文法学院院长,教诗选、楚辞。

在云南大学期间与西南教育部部长、民盟会员楚图南过往甚密。

是年,写《楚辞郭注义徵》。

1941年(民国三十年,辛巳),五十三岁。

1月,离开昆明云南大学,回重庆中央大学。

有诗《辛巳岁首返渝州作》云:"辽鹤重来感逝波,江城梅蕊意如何?云开遥见丘垄出,风起疑闻松柏歌。穿冢真应伴蝼蚁,弯弧谁敢射鸤鹅?浮屠关下滩声迥,永夜幽弦怨斧柯。"

2月,因白沙女子师范学院院长谢循初邀请移家迁至江津县白沙镇,任白沙女师学院教授,教散文、文学史、诗选。

因在白沙作诗较多,题款多用"沙公"。

其时,以碑体方笔作二王体书,结体布白,有来源亦有变化,各体书皆独具个人特性。有行书《自作小词卷》。

1942年(民国三十一年,壬午)五十四岁。

仍在重庆中央大学任教,给本科生讲授《中国文学史》和《书学史》两门课程。

兼任白沙女子师范学院教授。

时与中央大学美术系主任徐悲鸿先生交往颇多。一日,偕助教金启华往观徐氏画马。悲鸿先生请其录天马歌以助之增兴。后先生命金启华抄写《汉书·礼乐志》中"天马徕,从西极。涉流沙,九夷服。……"赠之。

1943 年（民国三十二年，癸未），五十五岁。

仍在重庆中央大学任教，兼任白沙女子师范学院教授。

《卜辞之囻即昌若说》发表于《中央大学文史哲季刊》1 卷 2 期。

4 月 2 日，由沈子善、潘伯鹰、沈尹默等人发起成立"中国书学研究会"。该会的研究方向重在书法教育。

7 月"书学研究会"创办了《书学》刊物，由重庆文信书局印行，先后聘请了欧阳竟无、马衡、胡小石、宗白华、王东培、许世瑛等人撰稿。先生在该刊物第 1 期发表了《中国书学史绪论》（一）。

8 月，重庆中央大学休假一年。因云南大学校长熊迪之邀请，先生任云大教授。其间昆明西南联合大学的罗常培先生托当时在研究所学习的金启华请先生为自己所主办的"文史哲演讲会"作讲座。先生作了"八分书在中国书学史上的地位"的讲座。罗先生亲自送请帖到先生住处，并出了海报。当时听讲座的有汤用彤、浦江清等，盛惊其专精独擅，非积数十年钻研不能到。

同月开始至下一年 7 月虽继续任白沙女子师范学院教授，但已不在该院领薪。

是年，曾为中大教务长胡焕庸先生书"洋洋大观"四字赠之。

此时研究《萧憺碑》、王献之书、金文等。

1944 年（民国三十三年，甲申），五十六岁。

仍任重庆中央大学教授，兼任白沙女子师范学院教授。

4 月 16 日，有诗《四月十六夜，昆明遇董娘，为吾唱〈闻铃〉也》云："弦急灯残梦影微，《淋铃》听罢泪沾衣。天涯犹是秦淮月，留照歌人缓缓归。"

5 月，纂集近期诗文曰《南江先生文稿》。其中有文《华秀叔先生五十寿颂》云："夫六家之学皆务于为治，百年之身莫大乎寿，故学优则仕，往训所期，不朽之业，功必先言苦。"又有诗《万斯年辞日》云："遥遥景胄，通海之华。导脉临黄，厥绪孔嘉。"

7 月，假期满回重庆中央大学。将回重庆前，在昆明西南联合大学研究院学习的中大毕业同学殷焕光、金启华和在昆明北平史学研究所的尚爱松和蒋维崧等在福建酒馆为老师饯行,极为欢洽。

9 月,中央大学成立了文科研究所中国文学部,先生任主任,先后为中文专业招收了十多名研究生。其中有濮之珍(后为复旦大学教授)、金启华(后为南京师范大学教授)、徐家婷(后为南京大学教授)等。

有《临王徽之草书轴》、行书《李东川歌行轴》、隶书《会甀争盟轴》。

1945 年(民国三十四年,乙酉),五十七岁。

仍任重庆中央大学教授。

9 月,"中国书学研究会"刊物《书学》出版第五期后停刊。

抗战胜利后,作诗《咏雾》云:"梦里巴山住九春,竭来京洛又迷津。世间万丑遮拦尽,毕竟蚩尤是圣人。"

12 月 3 日,教育部学术审议委员会来函云:"敬启者:本会此据杨树达君呈送著作《造字时有通借证及古文字研究》来会申请奖励,素仰台端对于该项学科研究湛深,敬请惠予审查。酬金叁千元,即由本部总务司另汇,相应检同该项著作暨审查意见表、空白收据各一份,即希查收,至祈于一周内审竣掷还为荷。此致胡小石先生。"

11 月,因白沙女子师范学院改组,不再兼任教授。

1946 年(民国三十五年,丙戌),五十八岁。

仍任中央大学教授。

春,在重庆参加中华全国美术协会,任监事。

夏,中央大学复员回南京。

8 月,金陵大学复员回宁来邀,先生任该校兼职教授,教文学史、诗选、楚辞。

冬,有人委请先生为蒋介石六十大寿书写寿序,并许以重酬,被严词拒绝。

是年在南京参加全国文艺作家协会,任理事。

1947 年（民国三十六年，丁亥），五十九岁。

仍任中央大学教授，兼任金陵大学教授。

元月，纂集近期文章为《南江先生文稿》，其中有文《处士陈君传》、《会稽陶君传》、《书王王孙印谱》、《尹妻潘夫人灵表》、《桐城周君传》。

冬至，有行书《跋林散之山水画卷》一首云："散翁此卷坚卓沈，厚其笔墨町畦当。……"

是年，南京学生掀起了反内战、反饥饿、反迫害，要求讲学自由的斗争。中央大学研究生同学会发出倡议，组织了"全国研究生联谊会"。先生在述作之馀，同情和支持进步师生的爱国运动，并向其研究生指示斗争策略和方法。他还与进步教授一起营救被捕的青年学生。为此特务机关曾把他列入"黑名单"，险遭不测。

期间先生经常阅读进步书刊，如艾思奇的《大众哲学》、郭沫若的《甲申三百年祭》、鲁迅的杂文集《准风月谈》、《南腔北调集》、《伪自由书》等。

1948 年（民国三十七年，戊子），六十岁。

仍任中央大学教授，兼任金陵大学教授。

元日作《投沙》、《夜》、《生》、《楼》、《坡所出富贵传》、《溪晨》、《晨霜南中所希有》、《题桃花便面》、《见流人鹑衣者》、《题门前橄榄》诗十首。其中《投沙》云："削迹非充隐，投沙岂恨枯。道凭稊稗在，人应马牛呼。野色古蛮锦，峦容浅降图。溪桥辉夕照，牢落影能俱。"诗《夜》云："微岚成薄醉，眉月向人低。社鼓村巫寝，村荒老鹖啼。坐山痴自茧，瞻宿景如圭。幽客知相忆，灯窗参伐西。"

春节之晨，学生刘溶池给先生拜年。先生提笔在信笺上写了"化大炮为纸鸢"行书六个字送之。表达了他反内战盼和平的迫切心情。

夏，先生六十诞辰，与宗白华、崔唯吾、杨白桦、谭龙云、唐圭璋、曾昭燏、游寿等在玄武湖摄影纪念。

10 月，为慧瑛题行书对联："虚舟有超越，洞庭空波澜。"

11 月,为陈独秀生前给黄淬伯先生有关音韵学的信题"仲甫先生论韵遗墨"。

冬,南京国民党政府教育部指令国立编译馆迅急将图书资料装箱,南迁福州。南京地下党谭平山同志指示编译馆进步馆员邵恒秋等组织护馆委员会,拒绝接受遣散费,拒绝南迁。先生支持这一措施,并鼓励学生积极参加"国立编译馆护馆委员会"。

年底淮海战役后,国民政府企图强迫中央大学南迁,先生与梁希同率学生护校,与之对抗。教育部欲以中央大学校长之名啖之,先生在全校师生大会上严词拒之。

有行书《北湖小诗书赠吕凤子轴》、《临汉简轴》、《诗十首行书卷》。

1949 年(民国三十八年,己丑),六十一岁。

仍任中央大学教授,兼任金陵大学教授。

1 月 31 日,中央大学教授会投票选举产生"中大校务维持会",选举欧阳翥、梁希、胡小石等 11 名委员。

3 月 29 日晚,先生在中央大学大礼堂前的广场上发表演讲,号召来宁参加"反饥饿、反内战、反迫害、要和平"游行示威的各校师生,肩负起历史的重任,呼吁国民政府能顺应历史潮流接受中国共产党提出的和平谈判条件。他说:日寇投降以后,内战又起,国不安宁,民不聊生,只有国共再次和谈成功,国家才能富强,人民才能安居乐业。

4 月 1 日,南京专科以上 10 所学校共 6 000 馀人走上街头,向市民呼吁,到总统府请愿。作为校维会常委,先生为保护同学们的安全,坐吉普车紧跟在游行队伍后面。后游行队伍遭镇压,险遭不测,学生死者二人。

4 月 11 日,南京各大专院校分别在中大、金大、政校为游行牺牲的同志举行追悼会。先生撰写了两副挽联,悬挂在礼堂南面墙上,其一是:"挽程履绎同学 你死,死得好惨,惨无人道;我哭,哭不出来,来悼英灵。"追悼会 8 点开始,由先生致悼词。

4 月 23 日,百万雄师胜利渡江,南京解放。

6月，南京市军管会正式接管中央大学。

8月8日，国立中央大学改名为国立南京大学。成立了由梁希、张江树、胡小石等21人组成的国立南京大学校务委员会。先生任文学院院长。

9月，由方光焘、陈瘦竹介绍，参加南京市文联。任南京市文物保管委员会委员、南京博物馆顾问。

是年，冬至1950年上半年，亲自带领南京博物院、南京市文保会一些同志调查南京市附近的古陵墓。

有《赠镇藩仁兄隶书轴》、《赠彝尊仁兄行书轴》、《临王献之鸭头丸帖轴》、《人间知也草书联》等，书于四十年代。

1950年，庚寅，六十二岁。

任南京大学教授，兼任金陵大学教授。

是年，当选为南京市各界人民代表大会代表。

在南京中奥文化协会及金陵大学讲演《南京在中国文学史上的地位》，后此文发表于《中国文化研究汇刊》第九卷。

3月9日，南京博物院正式易名挂牌，改国立中央博物院筹备处为国立南京博物院，简称南京博物院。先生被专聘为顾问，商定每周来院一次，垂询各项业务。如有重要工作，可随时来院。同时被聘为顾问的还有向达、徐森玉等人。他们与先生一起共同为院里鉴定各种文物，其中主要是收购字画。

4月3日，南京博物院因陈列展览需要，曾昭燏副院长请先生为周代重器毛公鼎拓片题字。

5月1日，南京附近江宁县东善镇祖堂山下，发现规模很大的古墓。南博曾昭燏副院长邀请先生共去现场调查，决定进行考古发掘。先生以六十馀高龄，常越陌度阡，登山陟岭，往回数十里去观看并指导。在发掘过程中，对出土的玉哀册文字内容，先生协助考证，确定是五代十国南唐皇帝李昪与皇后宋氏的钦陵和中主李璟与皇后钟氏的顺陵。南唐二陵是新中国成立后第一次发掘的帝王陵墓。

夏，陈毅司令员来宁，约见南京文艺界知名人士于玄武湖翠虹厅。餐后，陈毅请先生赋诗留念。先生略思片刻，即吟五绝一首应命："千秋倾城酒，十里送荷风。更以吞江量，完成跨海功。"

冬，南京博物院发掘南唐烈祖及中主二人陵墓。

1951 年，辛卯，六十三岁。

仍任南京大学教授。

春，为提高学生学习古典文学的兴趣，培养他们自学的能力，先生给南京大学中文系一年级学生开设"工具书使用法"新课。

3 月 23 日，先生应南京博物院考古部主任尹焕章先生之请，同去江宁县湖熟镇，调查史前时期的文化遗址。共发现老鼠墩、梁台、船墩等一系列傍秦淮河畔的台形遗址。这就是有名的"湖熟文化"遗址定名的由来。

8 月，因金陵大学与金陵女子学院合并，不再兼任金大教授。

是年，开始为南大中文系研究生讲《说文解字》部首，整理讲稿，成《说文部首疏证》。

1952 年，壬辰，六十四岁。

仍任南京大学教授。

7 月全国高等学校进行院系调整，南京大学文理学院和金陵大学的文理学院等合并，成立文理综合的南京大学。先生参加合并工作，为南京大学一方筹委会成员之一。

辞去文学院院长一职。

8 月任南京大学教授兼图书馆馆长。

1953 年，癸巳，六十五岁。

仍任南京大学教授。

1 月 16 日，先生为南京博物院工作人员，以及华东文物工作队和南京故宫分院的同志作《中国文字与书法》讲座的第一讲"殷代到战国文字的变迁"。

2 月 16 日,先生在南博作《中国文字与书法》讲座的第二讲"隶书与八分"。

2 月,患神经衰弱及风湿症。

此时,还时常临南朝碑、米芾书、曹全碑、张迁碑、礼器碑、金文等。

1954 年,甲午,六十六岁。

仍任南京大学教授。

9 月 10 日江苏省文联成立,南京市文联并入省文联。同时省作家协会成立。先生写诗表示祝贺。诗云:"屈原骚赋气如虹,李杜光芒祖国雄。枉向人家偷鼻息,东风今日压西风。""话本看来随剧本,农歌唱处接渔歌。他时成绩谁堪比,城外长江不较多。"

9 月 21 日—1955 年 6 月 7 日,给南大中文系 4 年级学生讲《楚辞》,每周二学时。导论共四讲,第一讲《楚辞的书》,第二讲《楚辞辨名》,第三讲《诗人屈原》,第四讲《屈原的作品》。逐字逐句地分讲《离骚》、《九歌》、《招魂》、《天问》等诗篇。

先生带学生周勋初参观南京市文联举办的古代服饰展览会。

1955 年,乙未,六十七岁。

2 月 16 日,先生以"工具书的使用法"结束了在南京博物院的《中国文字与书法》的讲座。

在南京博物院讲课期间,先生应邀为南博题写院名。

1956 年,丙申,六十八岁。

仍任南京大学教授。

5 月,先生出席南京师范学院学术讨论会,对学生徐复《从语言上推测〈孔雀东南飞〉一诗的写定年代》一文作了评价。

夏,与陈方恪、唐圭璋、孙望、徐复、杨白桦、金启华、刘珉英等赴汪辟疆教授家,设宴为汪先生祝古稀之庆。

9月,开始招收副博士研究生,首批入学者中有周勋初、谭优学、吴翠芬、杨其群。

9月初,在《在向科学进军》的战鼓声中,在"欢迎您,未来的中国语言文学家"巨幅标语下,南大中文系约二百名师生,假玄武湖绿茵纷缤,繁花满枝的樱洲开联欢会,欢迎首届五年制本科百馀名新生入学。胡小石、陈中凡、方光焘、黄淬伯、刘继宣、罗根泽等老教授以及洪诚、戚法仁、赵瑞蕻等数十位教师参加。

9月,在扇面上为弟子吴新雷题写三十年代所作的《听歌》诗,并署:"新雷贤弟雅鉴,沙公。"并盖上了他的"东风堂"朱文印章。

是年,曾在江苏省文联演讲《屈原与古神话》。

是年,南京博物院将先生所题的院名做成院牌悬挂于南博大门竖额上,保留至今。

1957年,丁酉,六十九岁。

仍任南京大学教授。

年初,先生虚七十岁。省委宣传部部长俞珉璜、副部长陶白、李进、唐圭璋、孙望、徐复、金启华等在宁弟子前往祝寿庆贺。其后陈方恪、徐家婷、吴翠芬、谭优学、周勋初、侯镜昶、郭维森、杨其群与先生师母一同前往大江艺术人像馆合影留念。陈方恪为照片题"讲堂松荫"。

是年,赠汉剧名女演员陈伯华七律一首云:"宛转歌喉一串新,汉滨如见弄珠人。乍逢赵女来秦殿,何减梅家有洛神。……"

有行楷书《湘中记轴》、行书《七律一首卷》。

1958年,戊戌,七十岁。

仍任南京大学教授。

先生将数十年散见于课堂讲授中的研究甲骨文的心得、途径和成果汇集为《读契札记》发表于《江海学刊》1958 年 1、2 期。

3 月，切除肿瘤，养病闲居，漫忆旧作，录五律、卜算子。

9 月，为慧瑛书《崔玖送朱樱》一诗，云："春去闲楼燕不知，红珠笼赠喜邻儿。今朝忽忆长安远，一岁樱桃乍熟时。"

10 月 6 日，先生参加"江苏省第二届人民代表大会第一次会议招待晚会"，观看《玉堂春·三堂会审》、《群英会·华容道》。

是年，有《跃进吟》十首，其一"跃进如火山，吐钢亿千吨。神威谁敢侮，美帝空愤愤。"其二"跃进如大云，变动成莫测。昔号病夫邦，今为工业国。"其三"跃进如飞电，一往便无前。成功日日进，五年需二年。"其四"国丰持以俭，节约今之纲。国富求更富，国强求更强。"

1959 年，己亥，七十一岁。

仍任南京大学教授。

作行书《一九五九年中秋前一日陪诸同志北湖翠虹厅集》云："凉风靖蚊蚋，美稼替呻吟。啸侣期湖曲，开堂爱柳阴。谈天八纮远，评史十年深。更喜蟾光满，来朝佳节临。"

10 月 1 日，作《国庆日喜女鉴同子牛牛自济南来会》云："山东勾氏女，一别四年强。上树才前日，携儿如我长。笙歌欢国庆，烽燧忆倭狂。祖国今来壮，休怜鬓发苍。"

同日作《国庆节颂词》其一云："神州革命力戡天，失喜华颠夜不眠。流血终摧三大敌，建邦便到十周年。雄风威震沧溟沸，美政光齐皎日悬，倒海移山等闲事，飞腾谁与我争先。"

是年，开始著《广韵正读》一书，其体例以《广韵》（中古音）所载反切为标准音，对照所收集的现代各方言，用声母递转、对转之理，解释其产生变易之原由。可惜只写成平、上、去三部分，未及入声而去世，后遗稿又遗失。

有《续李瑞清后跋王铎书卷》、《七绝二首、五律、卜算子行书卷》。

有行书《临中秋帖轴》、行书《临米芾书轴》、行楷书《即是远嗣五言联》

等,书于五十年代。

1960 年,庚子,七十二岁。

仍任南京大学教授。

4 月,成立江苏省书法印章研究会,先生任会长,傅抱石、黄七五、叶一鹤任副会长,丁吉甫任秘书长。

4 月,南京博物院院长曾昭燏和南博的罗宗真携在南京西善桥一座南朝初年墓发掘出土的两幅完整的"竹林七贤"砖印壁画的拓片,去先生住所请其鉴定。他据这两幅非常成熟的绘画技法考证,肯定是采用当时著名画家(如顾恺之,戴逵一流人物)的粉本刻印而成。

春至秋,治旧病住上海华东医院。诗《庚子三月卧疾淞滨柬彦通白匋》云:"乱眼风花上步廊,栏干斜照晚苍苍。招携未许穷春草,牢落偏教住病坊。独塔殊人灵谷月,柔波溯梦北湖航。明年此日江鲖壮,载酒须迟海客尝。"

是年,江苏省文联邀请先生作书法讲座,讲《书艺要略》,内容分:1. 古文变迁;2. 八分在书艺上之关系;3. 学书诸常识。全文在《新华日报》上发表,后又转载于《江海学刊》。

是年有书《题李鳝蕉阴鹅梦图》云:"不逐清波就曲池,画师点笔费人猜。……"

1961 年,辛丑,七十三岁。

仍任南京大学教授。

2、3 月间,书行书对联:"大孤山远小孤出,二月已破三月来。"

4 月 13 日,当选为中国人民政治协商会第三届南京市委员会副主席。

5 月,在南京大学纪念校庆举办的讲座中,他以 73 岁高龄的抱病之身,两次走上讲台作了诗人杜甫及其诗作精华《羌村三首》与《北征》的讲座。当时的南大校长郭影秋、南京师范学院段熙仲教授专程来听课。

5月，在南京市文联举办的学术讲座上作题为"《北征》小笺"的专题报告。对唐代诗人杜甫《北征》一诗的思想和艺术成就以及背景作了分析论证。

7月1日，为纪念建党四十周年，江苏书法印章研究会在江苏省美术馆举办《江苏省首届书法印章展览》，展览半年前已在《新华时报》上刊登了征稿启事，故全省44个市、县作者寄送书、印稿件十分踊跃，共收到867件作品。经评委评选展出书、印作品共389件。前言由于吉甫执笔经先生看过定稿。展览印有"纪念册"，封面及扇页均由先生题鉴。展览之后，《江海学刊》第七期发表了先生的《书艺略论》。

是月，《跋何蝯叟隶书史晨碑字课册》末句云："昔人用功深而耳目苦隘，我辈今日耳目之资广矣，所得乃不及前贤远甚，岂不愧哉！辛丑五月沙公。"另有《跋张瑞图书》。

是年，应江苏省委宣传部之建议，开始写《中国书学史》，写至二王书而宿疾作，未能完稿，后又遗失。

晚年时常临六朝碑、隋碑、六朝写经、王羲之书、颜真卿书、汉简、乙瑛碑、金文等。

1962年，壬寅，七十四岁。

公元1962年3月16日，阴历2月11日晨7时43分逝世于江苏省工人医院（现为江苏省人民医院），享年七十四岁。

3月4日，葬于南京中华门外雨花台望江矶公墓，1997年迁至卡子门外金陵华侨永久墓园。

2004年年底，南京市浦口区求雨山文化园内建成胡小石纪念馆且对外开放。胡小石、杨秀英合葬墓亦迁至馆后。

胡小石先生曾有遗言，死后以藏书赠南京大学图书馆，以所藏文物赠南京博物院。

南京博物院院长、胡先生学生曾昭燏撰书《南京大学教授胡先生墓志》全文如下：

先生讳光炜，字小石，号倩尹，又号子夏，夏庐，晚号沙公，浙江嘉兴人也。自父季石公迁于金陵，遂家焉。先生幼孤，家贫，从师读，母以络经给膏火资。年十九，入南京两江师范学校，始为临川李梅庵先生弟子，然所习专业为生物学。毕业于两江师范后，至长沙明德中学任教。阅一年，乃之上海，就馆于梅庵先生家，兼从梅庵先生学，并执贽于乡先辈沈子培先生之门，同时问诗于义宁陈散原先生。其后任教于北京女子高等师范学校，武昌高等师范学校，西北大学，东南大学，金陵大学，云南大学，白沙女子师范学院，中央大学。南京解放后，任南京大学文学院院长兼教授，兼任江苏省人民代表大会代表，江苏省人民委员会委员，中国人民政治协商会议南京市委员会副主席，江苏省文物管理委员会主任委员，江苏省文学艺术界联合会委员，江苏省书法印章研究会主席，南京大学图书馆馆长，南京博物院顾问。计主讲席者，前后五十有三年，及门弟子不下数万，经先生培育在学术上能卓然自立者实繁有徒。先生学极渊博，于古文字、声韵、训诂、群经、史籍、诸子百家、佛典、道藏、金石、书画之学，以至辞赋、诗歌、词曲、小说，无所不通。其生平所最致力者，一曰古文字之学。将甲骨、吉金、许书文字，融会贯通，旁引经义以及后代碑刻、竹木简书，用以探求古文字形、音、义嬗进变迁之迹，更以文例董理甲骨、金文，独辟蹊径，至为精粹。所著甲骨文例、金文释例、说文古文考、说文部首疏证、夏庐金石文题跋、齐楚古金表、古文变迁论、声统表、读契札记等书，为当代学者所推崇。二曰书学。先生从梅庵先生有年，书法自梅庵先生而发扬变化之，兼契、篆、简牍、碑、帖之妙，得其神髓，故能独步一时。尝讲授中国书学史，于文字之初起，古文、大篆、籀书之分，篆、隶、八分之别，下至汉魏碑刻以及二王以降迄于近代书家，其干源枝派，风格造诣，咸为剖析，探其幽奥，历来论书法，未有如此详备而湛深者也。近方以其讲稿著录成书，未毕而疾作。三曰楚辞之学。先生合史学、经学、文学三者以讲楚辞。其阐明屈子之心迹，则具史家之卓见，注释当时之名物，则用清代经师考据之法；遇文辞绝胜处，则往复咏叹深思，发其微妙。故其独到之处，并世莫之与京。著有离骚文例，远游疏证，楚辞辨名、楚辞郭注义徵、屈原与古神话等文，近著楚辞札记，尚未定稿。四曰中国文学史之研究。先生讲中国文学史，不囿于正统成见，尝谓一代有一代之所胜，一代有一代之风格。于周代则取诗三百篇与金文中之韵文，于战国则取离骚，于两汉则取乐府、辞赋，于魏晋南北朝则取五言诗，于唐取其诗，于宋取其词，于元取其曲，于明清取其南曲、小说与弹词。著中国文学史一书，考镜源流，阐述发展，影响至巨。先生为文，以龙门为宗。于诗，潜心陶谢与工部特深，又酷好谢皋羽，所作绝句，直追中晚唐。偶作小令，有宋人风致。复精赏鉴，于前人书画，过眼辄别真伪。先生笃于风义，每年逢梅庵先生忌日，必素食。在北京女子高等师范时，与李大钊先生厚，大钊先生之死，先生哀之甚至，其后辄形诸梦寐。解放前，先生虽历执教于高等学校，不与政事，而睹外患之日深，生民之涂炭，常有愤世嫉俗之语，为国民党反动派所忌，名在黑籍中，几陷不测。淮海战役起后，蒋贼自知覆亡在即，冀逃之海岛延岁月之命，强南京高等学校南迁，先生挺身出，与梁希先生同率学生护校以与蒋贼抗，伪教育部欲以中央大学校长之名啖先生，先生于全校师生大会中严词拒之。四月一日，先生偕诸生请愿于总统府，伪军梃刃交下，诸生死者二人，先生亦几死于凶残者之手。南京解放，日月重光，中国共产党及政府重先生之学，更敬先生之为人，在政治、文教各方面畀以重任。先生亲见人民之出水火而登衽席也，数十年积郁忧愤，为之一扫，亦感于党与政府知己之深，誓以其毕生之力，献诸人民。近年来，虽患肝疾，时感委顿,而讲学著书,用力甚勤,方将罄其所学,以贻来者,有志未竟,倏尔长逝,伤哉!弥留前,曾有遗言,以藏书赠南京大学图书馆,以所藏文物赠南京博物院。盖先生于国家文教事业,爱之深切,虽病中亦未尝须臾忘也。先生生于公元一八八八年阴历七月初九日,卒于一九六二年阴历二月十一日,享年七十五岁。配杨夫人,与先生伉俪甚笃,家庭雍睦,五十馀年如一日。子三人:长子令德、娶陈慧瑛;次子白桦,出继舅家杨氏,娶黄果西;三子令闻,娶王月玲。女四人:令晖,适谭龙云;令鉴,适勾福长;令宝,适杨君劲;令馨,适初毓华。孙一人:大石。女孙一人:石瑛。三月有四日,令德等奉先生遗体葬于南京中华门外雨花台望江矶公墓。近云师说法之地,傍烈士归骨之丘,当岁时伏腊,风雨晦明,与英魂毅魄,陟此高冈,同睹祖国河山之永固,宏图之日新,亦可以无憾矣。昭燝受业于先生之门,适今三十有一年,其间获侍砚席,质疑问难者亦十馀载,自愧菲材,未能承先生之学于百一。今者星坏山颓,曷胜摧慕,想音容以仿佛,抚履杖而如存。爰志数言,勒此贞石。庶几千秋万岁,发潜德之幽光;秋菊春兰,寄哀思于泉壤。

胡小石先生是我国著名的教育家、学者、诗人、书法家,毕生致力于古文字学、声韵学、书学、楚辞之学、中国文学史之研究。他逝世之后,南京大学组织成立了胡小石教授遗著整理委员会,由当时负责文科的副校长范存忠教授任主任,并由在南京工作的前中央大学与金陵大学早期毕业的学生段熙仲、唐圭璋、吴白匋、曾昭燝、孙望诸先生参加筹划,晚年弟子侯镜昶任学术秘书。后因"文革"而停止了工作。

1982 年在范存忠先生的主持下整理出版了《胡小石论文集》,共收论文 14 篇,系先生的部分著作。它们是:1.《屈原与古神话》;2.《楚辞辨名》;3.《〈楚辞〉郭注义徵》;4.《〈离骚〉文例》;5.《〈远游〉疏证》;6.《张若虚事迹考略》;7.《李杜诗之比较》;8.《杜甫〈北征〉小笺》;9.《杜甫〈羌村〉章句释》;10.《南京在中国文学史上的地位》;11.《古文变迁论》;12.《齐楚古金表》;13.《考商氏所藏古夹钟磬》;14.《书艺略论》。附录为《愿夏庐诗词钞》,诗钞共 187 首、词 18 首。

1988 年江苏美术出版社出版了《胡小石书法选集》共收书法作品 116件,时间跨度 50 馀年。

1989 年 12 月 26 日至 1990 年 1 月 10 日在南京十竹斋画廊举办了《胡小石书法展》,吴白匋先生作书法展的前言。

1990 年南京大学中文系举办了"胡小石、陈中凡、汪辟疆三教授百年诞辰学术纪念会",南京大学出版社出版了由南京大学古典文献研究所编写的《古典文献研究(1989—1990)》,其中收集了《胡小石先生传》(作者:吴白匋)、《南京大学教授胡先生墓志》(作者:曾昭燏)、《悼念胡小石学长》(作者:陈中凡)、《胡小石老师在女高师》(作者:程俊英)、《追悼胡小石先生[附:胡小石先生考古著作目录]》(作者:曾昭燏)、《忆小石师的一次演讲及其他》(作者:金启华)、《忆恩师胡小石先生二三事》(作者:刘溶池)、《胡小石师的教学艺术》(作者:周勋初)9 篇文章和一幅先生的手迹。

1991 年,出版了《胡小石论文集续编》收入了《中国文学史讲稿》、《唐人七绝诗论》、《愿夏庐题跋初辑》、《愿夏庐题跋续辑》及《愿夏庐诗词补钞》(共 49 首)。

1995 年出版了《胡小石论文集三编》收入了《甲骨文例》、《书库方二氏藏甲骨卜辞印本》、《卜辞中之𤔲即昌若说》、《读契札记》、《金文释例》、《寿春新出楚王鼎考释又一器》、《安徽省立图书馆新得寿春出土楚王铊鼎铭释》、《说文部首》、《说文古文考》、《文于二氏所藏汉熹平石经周易残石校字记》、《声统表》。

　　此年表在写作过程中得到徐复先生、金启华先生、周勋初先生、孙洵先生,以及胡先生亲属的热情帮助和指点,特别是周勋初先生的详细审订。在此一并表示衷心的感谢。

1998 年 4 月 25 日

　　(刊于《胡小石研究》〔《东南文化》专辑〕,1999 年)

图书在版编目（CIP）数据

胡小石文史论丛 / 周勋初编. —南京：南京大学
出版社，2016.10
（南雍学术经典/张一兵，周宪主编）
ISBN 978－7－305－17605－0

Ⅰ．①胡…　Ⅱ．①周…　Ⅲ．①文史—中国—文集
Ⅳ．①C52

中国版本图书馆 CIP 数据核字（2016）第 221997 号

出版发行	南京大学出版社
社　　址	南京市汉口路 22 号　　　邮　　编　210093
出 版 人	金鑫荣
丛 书 名	南雍学术经典
书　　名	**胡小石文史论丛**
著　　者	胡小石
编　　者	周勋初
责任编辑	张宗友　胡　豪　　　编辑热线　025－83594071
照　　排	南京理工大学资产经营有限公司
印　　刷	扬州市江扬印务有限公司
开　　本	787×960　1/16　印张 18.25　字数 278 千
版　　次	2016 年 10 月第 2 版　　2016 年 10 月第 1 次印刷
ISBN	978－7－305－17605－0
定　　价	45.00 元

网　　址：http://www.njupco.com
官方微博：http://weibo.com/njupco
官方微信号：njupress
销售咨询热线：(025)83594756